U0153977

Contents

漫活著
讀作品、性別與人文

成為他山之石與自我礎石：臺灣的電玩動漫研究階段回顧

梁世佑

本書收錄的論文為 2016 年 10 月 15 日於淡江大學舉辦之「第五屆御宅文化國際學術研討會暨第三屆巴哈姆特論文獎」部分內容。第五屆研討會合計共收到 51 篇論文投稿，其中 26 篇通過初審，21 篇通過複審。研討會當天根據題目、論旨與發表人、評論人的時間配合，分為 8 個場次，每個場次發表 2 至 3 篇論文。分別為：「電子遊戲的技術發展與文化體驗」、「漫畫敘事與世界觀」、「哲學與自由意志」、「視覺與圖像表現」、「產業與政策實現」、「身體與性別認同」、「虛與實：聲優、聖地和乳搖」與「劇情設定與社會鋪陳」。

研討會當天發表的論文經過評審意見與作者進行第二次修改，收錄其中 17 篇論文集結出版。由於本研討會舉辦 5 年來，不管論文數量、研究題材或論文品質每年均顯著提升，也開始獲得海外大學與研究機構的關注與肯定，所以本屆出版上、下兩冊，以便收錄更多優秀論文供國內外學者或有興趣的同好研究引用，更作為臺灣電玩動漫文化領域研究發展的軌跡見證。筆者作為御宅

文化國際學術研討會主辦人，見證了臺灣在此一領域的發展，也藉此機會作一回顧，並提出當今問題與未來展望。

輕學術：由內而外，多元擴展

「**御宅學術研討會**」乃是國立交通大學數位動畫文創學程的一項計畫。筆者相信應該毋須向翻閱這本書的您解釋，何謂御宅族（OTAKU），以及這一詞彙和尼特（NEET, Not in Employment, Education or Training）或繭居族的差異，您亦能夠理解此一文化族群和社會大眾濫用之「宅男腐女」一詞有何不同。

我們認為廣義的御宅族不僅僅單指特定動漫或電玩，更可以包含電子遊戲、桌遊、角色扮演、輕小說、電影、數位藝術、科技產品或任何流行娛樂載體，稱之為廣義的內容產業。而本研討會不僅將其視為一門學術來加以研究，更希冀能拓展全新的閱覽者與消費族群來接觸這一領域。此一構想絕不是想否定學術之嚴謹性，更非意圖進行典範的解構與批判，而是我們認為：學術並非只專注艱深冷僻的理論問題，作品的研究與相關技術的探討也應該可以平易近人，同時兼具知識性、學術性、可讀性和商業價值。

為了鼓勵學生創作與提供一個學術知識性的討論空間，在黃瀛州、許經麥、胡正光教授與筆者的共同努力之下，於 2012 年舉辦了第一屆御宅文化學術研討會「動漫的現代社會文化意涵（アニメと漫画に代表される現代社会の文化意義）」，不僅作為學程與大眾的一個交流場域，更使其與當代社會的脈動相結合。透過日本交流協會、開拓動漫誌等組織的協助，邀請了日本著名的御宅文化研究者，早稻田大學的東浩紀教授來臺訪問演講。

隔年我們與臺灣推理作家協會合作，舉辦了第二屆學術研討會「娛樂媒體中的日本社會顯影」，把關注的視角從動漫主體擴大到電視連續劇與推理小說，試圖論證娛樂媒體如何體現當代臺灣、日本，乃至於整個亞洲生活的某種思想型態，更成為一窺當代流行文化本質與內涵的有效工具。會後經過摘選和審查，由國立交通大學出版社出版《另眼看御宅：跨媒體傳播下的日本文化剪影》論文集，成為本研討會研究成果的一個體現。論文集於 2014 年初在臺北國際書展亮相即獲得一致的好評，使這本學術論文集不僅創下由國立大學出版之動漫論文集先例，更獲得 2014 年文化部中小學生優良課外讀物推介之肯定。這更使我們樂觀地認識到：關於電玩動漫的長篇論述，在臺灣確有一定的市場；許多玩家與吾等比肩，正在期待將此一娛樂去污名化與正典化。

為了回應許多支持者的期待，筆者向臺灣地區最具規模，也是華人世界最具權威與公信力的電玩資訊網站：巴哈姆特提出合作協議。其站長陳建弘先生向來不遺餘力支持臺灣電子遊戲與娛樂產業的發展，非常慷慨地同意協助舉辦研討會，並採納筆者的建議，創立一專門之「**巴哈姆特論文獎**」來鼓勵所有從事撰寫動漫電玩論文的同好。該論文獎由研討會主辦人與外聘專業人士（包含海外學者專家）進行獨立公正之匿名評選，研討會當天公開頒獎並由巴哈姆特致贈獎金，對於陳建弘先生以及所有巴哈姆特同仁的支持，我們深表感謝，更希望能夠透過本研討會與「巴哈姆特論文獎」來促進業界、學界與玩家之間的交流。

2014 年 10 月 18 日舉辦的「第三屆御宅文化學術研討會暨巴哈姆特論文獎——幻境與實相：電子遊戲的理路及內涵」收到意料之外的支持與廣度。例如有篇論文的作者任職於香港立法機構，因遇當時香港佔中運動而無法來臺發表；還有一篇論文的作者僅五專教育程度，卻寫了一篇專業的考證論文，從墓誌銘、各種史料的考

證與爬梳，細緻辯證一個歷史和遊戲印象交錯的問題，這些論文都體現了這一領域海納百川的多元性，這也是我們舉辦本研討會目的之一：各行各業、任何學歷的人都能參與。2015 年的第四屆御宅文化國際研討會從一開始徵求時便有 40 篇論文報名，經過初審和再度篩選，最後有 20 篇論文發表，收到來自香港、日本和中國多所大學的研究者投稿，尤其是北海道大學還補助作者來臺與會，顯現本研討會的受重視程度。因此，該次會議將場地移往交通大學內更為正式、寬敞的國際會議廳，並採取同時間、多場次的發表，到了晚上閉幕時，現場依舊有近百觀眾聆聽。誠如前面所言，學術未必枯燥，冷硬的理論條理也可以變得趣味橫生且面向所有人，普及知識的討論和多元學科的交流應用，始終是我們的使命和心願。

他山之石，也應是自身礎石

2016 年，我們迎來了新的里程碑。其一，前往其他學校舉辦御宅文化國際學術研討會，擴大相互的交流；其次，臺灣作為深受日本動漫文化影響的國家，臺灣的日本動漫研究可以作為怎樣的他山之石，也同時藉此反省自身的文化研究與內容產業呢？

本研討會往年皆在新竹的交通大學舉辦，但隨著參與的人數與發表的論文逐年增加，以及海外投稿者逐年成長，2016 年我們決定暫別交通大學場地，移師他校舉辦。一來拓展與其他學校的交流和合作，且更試圖把御宅文化研究傳播到其他學校和組織之中，而非固守於一個學校、一個系所或單位。第五屆御宅文化國際學術研討會非常榮幸能與淡江大學未來所合作，感謝紀舜傑所長與全體未來所工作同仁與同學，讓會議得以順利圓滿成功。未來我們會秉持這一想法，與其他學校或研究單位合作舉辦研討會，不侷限於北部，也可以前往中南部，甚至有朝一日可以前往其他國家舉辦。

與此同時，今年（2016）本研討會獲得日本方面的重視。除了交通大學和日本慶應大學舉行合作，於 8 月邀請 KMD 研究所所長稻蔭正彥教授與知名御宅文化研究者杉浦一德教授率領 12 位該校研究生來臺交流並發表共同研究成果外，研討會也獲慶應大學的研究生投稿參與。另外從 2016 年 3 月開始，我們受邀前往日本多所大學和研究機構進行交流訪問，介紹臺灣電玩動漫領域的市場現狀與研究方向，並交流有關於臺灣和日本在此一領域合作的可能性。與此同時，我們也不斷反省——當日本研究介紹到本研討會時，當前往日本進行交流，以及每年有超過 360 萬人次前往日本、無數的動漫、遊戲、偶像被廣大臺灣消費者所接受與擁護時⋯⋯

不僅作為他山之石，我們也應該關心到自身的動漫、遊戲產業與內容文化。

也因此，第五屆御宅文化國際學術研討會接受了針對臺灣本土作品、產業發展和市場機制進行研究的論文。包括討論臺灣設立漫畫博物館和相關文創計畫推動可行性，也有以臺灣歷史為主題的動漫文本研究。不可諱言，這些論文的數量或品質相較於以日本或歐美作品為討論的論文仍稍遜色，素質也參差不齊，但這廣納多元主題的呈現，勢必是一個重要的里程碑。

臺灣目前在某些領域上還是擁有硬體技術的優勢，但在軟體和廣義的數位文化內容產業上（無論遊戲、小說、戲劇、音樂或遊戲）都面對非常嚴峻的考驗。臺灣的文化內容產業是否將整個被掏空，閱讀者只能接受外來舶來品的餵食？從現在開始的 10 年間或許就是關鍵。因此本研討會將繼續深入研究海外歐美日本的作品，吸納海外作品、產業的優點，同時也加速針對國內內容作品、產業文化的理解與研究。此兩者相互溝通、並翼而飛，以高規格的學術標準

加以出版收藏，透過更實際的資源支持和海外實際經驗的分享，讓跨領域的人才得以交流，讓好的內容產品得以不斷培育產生，這將是未來我們的目標。

　　未來也誠摯地歡迎您來參與，並請不吝指教。

▲第五屆御宅文化國際學術研討會與會者合影。

論文介紹與研究

梁世佑

本屆研討會共收到 51 篇論文投稿，其中 26 篇通過初審，21 篇通過複審。研討會當天共分 8 個場次，每個場次發表 2 至 3 篇論文。分別為：「電子遊戲的技術發展與文化體驗」、「漫畫敘事與世界觀」、「哲學與自由意志」、「視覺與圖像表現」、「產業與政策實現」、「身體與性別認同」、「虛與實：聲優、聖地和乳搖」與「劇情設定與社會鋪陳」。綜觀本研討會五屆以來的研究，可以明顯看到研究數量與品質的顯著提升，以及研究範圍的廣度和深度大幅提升。

在《過動》一冊以「ACG 產業文化與可能性」為大方向，就讀於文化大學的楊雅婷和日本慶應大學的郭家寧同時提出十分熱門具備吸引力和商業性的題目：聲優和聖地巡禮。「聲優」一詞為日文「聲音的演員」，泛指日本職業化的配音演員，不僅單純的獻聲，隨著高度的商業發展，聲優也逐漸走向偶像化，更與各種商業跨界合作、地方品牌相互合作。楊雅婷的〈虛與實的融合體 2.5 次元的魅力〉透過口頭訪問和問卷調查，清楚呈現臺灣一般年輕人如何認識聲優，以及對於聲優的看法為何，是

理解聲優文化的很好切入點。

聖地巡禮是指文學作品、電視劇、電影、漫畫或動畫等愛好者根據自己喜歡的作品，造訪故事背景區域或取材、拍攝地，該場所則被稱為聖地。在本質上這與前往歷史遺跡或是宗教徒至特定聖地朝聖並無不同，但隨著日本近十年來日常系動畫以及地方角色經濟的興起，主打聖地巡禮以及以特定現實街道、地理位置為號召的ACG 作品已經如雨後春筍般出現，此一現象也與當地偶像、地區限定商品有密切的合作。筆者認為，郭家寧的〈現實與虛擬的交叉點──聖地巡禮的發展與前景〉是現有相關研究中，通論、廣泛且好讀的聖地巡禮介紹，也是意欲開始朝聖，或是想要對日本更多理解的同好玩家最好的入門文。

曾出版過多本熱門著作，也是知名專欄作家的劉揚銘為本屆論文提交了一篇絕無僅有的大作，一篇關於女性身體乳搖的研究。為什麼動畫中的女性胸部會強調乳搖？乳房的搖擺除了感官挑逗和性慾刺激，是否又具備什麼歷史與文化的因素？王建奇的〈論電玩遊戲中虛構生物的價值定位──以《Pokémon》為例〉則以今年度最火紅的精靈寶可夢為主要探討對象，到底虛擬生物在遊戲中是如何被認識和界定的？陳柏均則從沉浸理論探討當今遊戲的深度體驗。不論是在 PC、網頁手機或是各大遊戲平台上，QTE 系統多用來增加玩家的遊戲臨場感，這兩者無非都是想要給玩家一個更好的遊戲體驗，在虛擬世界中找到一個全新的歸屬，筆者認為會是人們之所以捕抓寶可夢，或是希望能更加深入在虛擬世界的遊戲體驗中，也莫過於類似的原因。

黃惠鈴的〈歐洲聯盟遊戲產業政策之探討〉是臺灣少見關於歐洲遊戲產業的觀察與討論，可以讓我們更加瞭解他山之石，當我們自詡也要扮演相同角色時，更需要多方觀點；胡又天的〈論我輩將

宗教、靈異與 ACGN 互注的潮流〉乃是一與眾不同之論文，正如其人之風格。胡先生畢業於臺灣、中國和香港三所知名大學，分別完成學士、碩士和博士學位，研究易經、流行音樂歌詞、東方和布袋戲，多方的涉獵和廣泛的閱覽構成本文的特色和主旨：我們如何把各式各樣的領域和 ACG 結合？本文雖然充斥個人特色，但此一不符傳統學術規範的作品，或許正是我們輕學術多元價值所提倡的一環。而如果胡又天的作品是棒喝潮音，那周文鵬的〈2 次元版圖的接合與加固：論中國動漫意識的生活化及產業化──以「有妖氣」現象為例〉可謂古寺鐘磬，透過條理的分析來說明中國大陸現今市場和產業的變化，值得關心整個廣義華文市場的朋友一讀。

在《漫活著》則以「讀作品、性別與人文」為主軸，收錄多篇精彩、各具觀點的作品解析。林齊晧的〈解放命運的奴隸：論《JoJo的奇妙冒險》之人體圖像及其人文意涵〉以荒木飛呂彥老師之知名作品為探討核心，他從《JoJo》中的站姿、身著的衣服看到了什麼意涵？這不單單是文藝復興美學的呈現，更是一種人類對於自我命運的再思索。本文獲得巴哈姆特論文獎之肯定，唯受限版權相關因素，在本論文集中難以文圖對照，無法表現原始發表的精彩，實為遺憾，在此筆者表達誠摯的歉意。黃璽宇〈以多瑪斯論《心靈判官》中人之自由與該追求的幸福〉以神學大師 St. Thomas Aquinas 為切入點來討論《心靈判官》這部作品。一個生活在完美系統控制下的人們，所有的心理狀態、喜怒哀樂都被數值精確計算著，人的自由又在哪裡？本論文更試圖指出「人應該處於怎樣的狀態才是善且完滿的？」

任職於中央研究院的賴芸儀〈論自然法與自由意志兩大古典課題之辯──從希臘悲劇《安蒂岡妮》到日本輕小說《廢棄公主》〉是一篇非常深入但也不太好讀的作品，或者筆者應該坦白地說，寫下本篇序言時，只記得當天賴小姐帶著貓耳頭飾進行發表，其他的

都通通不記得了（笑）。吳思萱和陳柔安各自提交了關於性別討論的論文，這兩篇〈《少女革命》——論女性主體的性別角色、認同與出走〉和〈《玻璃假面》面具前後的性別與能動性〉剛好以兩部非常重要，但是其中「女性角色」意義十分不同的作品作為切入點。《玻璃假面》描繪女主角北島真夜（麻雅）學習演戲和成為職業演員的歷程，是一個努力熱血向上的故事，當然周圍會有許多討厭嫉妒她的人，所以必須克服各種難關；而《少女革命》則是一個因為世界上太多公主渴望白馬王子，不如自己來扮演王子的刻板印象再詮釋。這兩篇關於性別的論文，實在非常適合一起讀。

趙海涵〈論細田守家族題材作品中「母性」與「母職」的衝突——以《狼的孩子雨和雪》為例〉，探討細田守的代表作之一。不管是《夏日大作戰》、《怪物的孩子》，貫串細田守作品的中心觀念都是人與家族的羈絆和守護，而貫串了雨和雪十餘年成長過程的，最後到底是狼還是人？筆者深覺這是一篇探討母親意義的優秀論文。陳韋佑〈歡迎來到地球——試論飯島敏宏的巴爾坦星人論〉乃是本屆論文中篇幅最長的大作，他細緻地考察了巴爾坦星人，並思考其中關於暴力、文明、正義和相互理解的重要性。筆者雖然不是《超人力霸王》系列的相關粉絲，但拜讀這篇論文時，可以真切地感受到作者的情感和熱情，並認為此種熱愛是 ACGN 迷群最重要的一件事。楊哲豪的〈漫畫作為溝通互動的場域——以《航海王》為例〉，則是以知名漫畫《航海王》（ONE PIECE）為例，探討漫畫如何作為一敘事的切入點來連結當代社會的許多議題，例如關於恐怖主義、文化消費等問題。最後漫畫作為一個載體可以成為一個共享的場域，讓不同國家、語言的讀者都可以透過相同的圖案來交流這些深入但重要的議題，到達「視域融合」（Fusion of Horizons）之效果。下冊最後一篇為筆者的〈《FINAL FANTASY》的真實幻想論〉，該文試圖以《FINAL FANTASY》這款知名的角

色扮演遊戲為例，說明其概念的「幻想」乃是建立在一套中介現實世界和虛構添加物下的合理結果，使得這樣的幻想可以超越文明的時序性和歷史直線進步主義，達成一種混沌且多元的想像。

　　綜觀本屆論文，不僅題材多元、內容豐富，許多深刻的題目也開始被關注到。誠如序言所說，我們期待下一屆會有更多優秀的作品，以及關於日本、歐美乃至於臺灣本土作品來進行文化的研究、跨界的思索與多元的解釋，這也是我們衷心的期待。現在，請充滿熱情和意念，享受著「**過動 · 漫生活**」吧！

解放命運的奴隸——

論《JoJo 的奇妙冒險》之人體圖像及其人文意涵

林齊晧

> 兩個囚犯從監獄的鐵窗向外眺望，一個看到泥土，另一個仰望
> 星辰。
>
> ～〈不滅之詩〉（*Immortal Poetry*）

　　《JoJo 的奇妙冒險》（ジョジョの奇妙な冒険，以下簡稱
《JoJo》）第 1 集引用〈不滅之詩〉，暗喻主角 JoJo 與 DIO 截然
不同的命運，跨越百年的血族恩怨就此揭開序幕。這一首小詩，也
指引了《JoJo》冒險寓言的方向——命運有如牢籠，人生於世就像
在這個大監獄裡頭掙扎；但看似無奈的處境，要「看向泥土」還是
「仰望星辰」，卻是囚犯可以憑意志選擇的。

　　橫豎都是監獄裡的囚犯，選擇眺望的景象還有任何意義嗎？有
的。這是《JoJo》系列反覆辯證的命題：不做命運沉睡的奴隸，要
喚醒、解放命運。思辨生命意義、探索人生旅程的英雄寓言，是蘊
藏在《JoJo》各種奇妙人體圖景裡的聖像。要刨挖出聖像的真面目，
需要借用文藝復興以降的圖像學與人文歷史為刀，此亦為針對荒木
飛呂彥心靈與創作的一探究竟。本文囿於篇幅與學力，未能完整詳
述，但願拋磚引玉，在開拓《JoJo》有如神話系譜的鑽研道路上能
有所指引。[1]

1　本文撰稿出版時，《JoJo》第 8 部仍在連載中，故僅以完結的第 1 至 7
　　部為討論素材，而為了方便中文讀者查詢，所引用的漫畫單行本皆為臺灣
　　東立出版。受限於圖像版權的問題，本文已將圖片全數移除，但相關註釋
　　中仍保有討論圖片之出處，提供讀者參考查詢。另外，張義東教授、周文

一、荒木飛呂彦與《JoJo 的奇妙冒險》

  《JoJo》系列是日本漫畫家荒木飛呂彦的代表作，1987 年連載開始，截至 2016 年累積已有 8 部主題故事、漫畫單行本 117 餘冊。《JoJo》的人物風格強烈、別具感染力，加上貫串各部、世代交替的劇情，以及造型和異能多采多姿的「替身」（スタンド）超能力設定，《JoJo》與眾不同的魅力堪稱獨領風騷。

  《JoJo》的一大特徵，是綺麗多彩的替身圖像和人體姿態，漫畫角色群在荒木的筆觸揮灑中，表現出風格迥異、別出心裁的各類人體姿勢。這些身體扭曲甚至匪夷所思的特殊姿勢，衍生出所謂「JoJo 立」（ジョジョ立ち / JoJo pose）的動漫文化現象；不僅在 2 次元動漫作品、同人創作中看得到不少「JoJo 立」的致敬，3 次元的現實世界裡也有如「鬼教官」[2] 這樣以傳授「JoJo 立」聞名的人物與社團，縱使是不熟悉《JoJo》系列的人，或多或少都能感受到《JoJo》奇妙的魅力。這些人體圖像，除了姿態奇妙，或是借鏡時尚設計，或用以表現繪者的強烈風格以外，有沒有更深一層的意義？這些人體圖像承載著何種訊息，傳達繪者的何種思想？本文以此為線索，考察荒木飛呂彦的繪畫風格與思想，進而探討這些人體圖像所蘊含的人文藝術精神。

  荒木飛呂彦（あらき ひろひこ，本名荒木利之），1960 年 6 月 7 日生於日本宮城縣仙台市，仙台設計專門學校畢業。1980 年以短篇作品《武裝撲克》（武裝ポーカー）出道，獲得第 20 屆「手塚賞」準入選，並於 1981 年登上《週刊少年 JUMP》1 月號。此後直到 1987 年，荒木陸續發表了若干短篇漫畫及連載作品，首部連載為 1983 年的《魔少年 BT》（魔少年ビーティー），隔年即推

鵬教授提供本文許多精闢的建議，令筆者獲益良多，特此致謝。

2 「鬼教官ファンサイト」：http://kajipon.sakura.ne.jp/art/jojo-oni.html

漫活著
讀作品、性別與人文

出第 2 部連載作品《巴歐來訪者》（バオー来訪者）。[3]1987 年荒木飛呂彥 27 歲時，於《週刊少年 JUMP》開始連載《JoJo 的奇妙冒險》，往後持續發展成連續多部的故事，構成主題與角色各異的《JoJo》系列。

　　《JoJo》橫跨好幾個世代、家族血脈糾葛的故事型態，不難讓人聯想到大河劇，其實這是荒木受到《伊甸之東》（East of Eden，又譯「天倫夢覺」）和美國影集《根》（Roots）的影響。[4]《伊甸之東》改編自美國作家史坦貝克（John Steinbeck）的同名小說，以聖經中的該隱與亞伯故事為喻，敘述家族三代從南北戰爭時期一直到第一次世界大戰的糾葛。改編電影版著重在原著第三代兄弟的部分（劇情所比喻的該隱與亞伯），不難聯想到《JoJo》第 1 部的喬納森與迪奧。《根》是小說改編的迷你影集，描述黑奴歷經好幾個世代，爭取自由的血淚史，1977 年在日本播出後反應熱烈，「根」（ルーツ）以及男主角名字「クンタ キンテ / Kunta Kinte」甚至成為當時社會流行語。[5]劇中傳承後代的自由精神、面對殘酷命運的勇氣，同樣在《JoJo》系列中看到軌跡。

二、人間讚歌：《JoJo》的人文主義

　　《JoJo》的核心主題是「人間讚歌」，意即歌頌人類的價值。依照荒木飛呂彥的解釋，「人間讚歌」強調人類自身的力量與美好，依靠己力克服困難、開拓人生的道路，而非祈求神明、仰仗奇蹟。[6]

3　荒木飛呂彥著、集英社編集，《HISTORY・JOJOVELLER 完全限定版別冊》（東京：集英社，2013 年 9 月），頁 2-3。

4　荒木飛呂彥，《荒木飛呂彥の漫画術》（東京：集英社，2015 年 5 月），頁 221-222。

5　BS-TBS ルーツ，http://www.bs-tbs.co.jp/roots/（擷取日期：2016 年 9 月）

6　荒木飛呂彥，《荒木飛呂彥の漫画術》，頁 220-221。

在《JoJo》第 1 集單行本的作者評語欄中，荒木指出《JoJo》故事的主題是透過「人類」與「非人類」之間的戰鬥來歌詠人類，[7] 因此《JoJo》人物的戰鬥幾乎不依賴機械，而著重在肉體戰與精神戰的層面。[8]

（一）歌頌人類的讚歌

「人間讚歌」一詞首次出現在漫畫中，是在第 3 集〈恐怖是我的囊中之物之卷〉（恐怖を我が物とせよの卷）。面對變成屍生人的開膛手傑克，喬納森一行人對於傑克變態殘忍的行徑深感恐懼，齊貝林男爵透過與傑克的正面對決，向喬納森等人啟示何謂真正的勇氣：「『勇氣』是去了解『恐怖』並且把『恐怖』化為我的囊中之物！……，人間讚歌就是『勇氣』的讚歌，人類的優越就是勇氣的優越！」[9] 齊貝林男爵以此精神來突顯人類與屍生人之間最大的分別。此處可以看作一種隱喻，恐怖的屍生人象徵著人類面對的困境與異常，齊貝林所稱頌的「勇氣」則是坦然面對的達觀，克服恐懼的試煉才能盡顯生而為人的價值與優越。

在往後的故事中，「人間讚歌」雖然沒有變成漫畫裡時常出現的口頭禪，但確實成為荒木飛呂彥經營《JoJo》故事的根本思維：

> 肯定「勇氣與人類是非常美好的」的想法，我從一開始就沒有改變過。我想「無論如何，人類都是最棒的」這麼一句極其簡單的話──也就是「人間讚歌」，就是『JOJO』最根本的思維。每次我畫起新的一部故事，都會將這一點銘記在心。[10]

7　荒木飛呂彥，《JoJo 的奇妙冒險》，第 1 集，封面作者評語欄。

8　荒木飛呂彥著、SPUR 編集部編，《JOJOmenon》（東京：集英社，2012 年 10 月），頁 16。

9　荒木飛呂彥，《JoJo 的奇妙冒險》，第 3 集，頁 98。

10　荒木飛呂彥著、吳勵誠譯，《JoJo 的奇妙冒險名言集 Part4~8》（臺北：

綜觀《JoJo》系列發展，每一部雖然各有特色與著重的主題，但基本上主角群的冒險仍不脫離「人間讚歌」的旋律：面對困境，產生克服的意志，最後「完成歷險」。所謂的「完成歷險」是此處值得留意的地方，「人間讚歌」強調的價值，未必是要達到完美結局，重點在於實踐的過程；例如第 1 部主角喬納森在結局中身亡，第 6 部甚至讓主角全滅的安排，加上其他各部故事中的悲劇性質，皆可知荒木飛呂彥傾向於動機意志的實踐過程，而非追求結果的皆大歡喜。人物履行其信念，無論結果是否完滿，都能算是歷險的完成。

荒木所說「人類是非常美好的」（人間が素晴らしいもの）一語也值得推敲。《JoJo》描繪的人類美好之處，通常不會是物質的享受或外在體表的美好，也並非極力呈現人類本身的完美，而是心靈層次的事物，乃至於看似不完美的痛苦。在第 1 部故事中，變成屍生人的騎士布拉霍（ブラフォード）被喬納森的波紋擊潰，原本身為人類的高潔靈魂甦醒，從毫無痛覺的屍生人回歸到人類，布拉霍告訴喬納森：「這種『痛覺』才是『生命』的感受。有『痛苦』才會有『喜悅』，有這種感覺才能成為人類。」[11] 此語顯示了在「人間讚歌」命題中，肉體的存在與感受是何等重要，甚至是人之所以為人的條件。而布拉霍所謂的痛苦，不只是生理的痛，亦可以涵蓋心理感受的痛，苦難的滋味未嘗不是生而為人的美好。

無論是美好或苦難，對人全面的肯定就是「人間讚歌」的思維：「無論如何，人類都是最棒的」（人間がとにかく一番）。這種對人本身的肯定，一方面呼應了荒木受到文藝復興思潮的影響，[12] 另一方面形成《JoJo》逐漸擺脫純粹的善惡二元對立，在彰顯人的價值前提下，所謂的「惡」、「反派」也擁有更立體的揮灑空間。

東立，2014 年），頁 202。

11　荒木飛呂彥，《JoJo 的奇妙冒險》，第 4 集，頁 52。

12　荒木飛呂彥，《荒木飛呂彥の漫画術》，頁 201。（東京：集英社，2015 年 4 月）

《JoJo》少有純粹惡的反派，他們的行動有其個人境遇的脈絡。做為王道路線的少年漫畫，荒木卻沒有刻意強調善惡二元論，反之向讀者示現了人性的群像。因此，惡役擁有他們獨特的美學，惡人也有其救世主，故事中的「殺人鬼」竟然只是一個追求平穩生活哲學的人；第6部的主要敵人普奇神父是為了「全人類的幸福」而行動，第7部的瓦倫泰總統擁有極為強烈無私的愛國心，他們各有立場與理念，並且和主角群一樣試圖克服命運裡的難關。[13]

除了「人間讚歌」，《JoJo》常被人提及的精神關鍵詞還有「黃金精神」（おうごんのせいしん）與「漆黑意志」（しっこくのいし）。「黃金精神」語出自第4部第47集喬瑟夫之口，他在東方仗助等人身上看到了「存在於正義光輝中的黃金精神」（「正義」の輝きの中にあるという「黃金の精神」），必定能守護杜王町的未來。[14]「漆黑意志」則源於第7部主角喬尼，在《飆馬野郎STEEL BALL RUN》第8集與槍手林可的對決中，林可形容喬尼是受「漆黑意志所驅使」的人[15]，後來第15集喬尼面對替身「南北戰爭」的攻擊時，為了奪回聖人遺體，喬尼突破迷惘、下定必勝的決心，一旁的傑洛認為喬尼為了取勝而顯露出捨棄人性的黑暗面。[16]

「黃金精神」與「漆黑意志」看似是衝突對立的兩面，事實上就本質而言兩者仍未脫「人間讚歌」的主旨。本文並不用類似遊戲

13　有趣的是，時間如果靜止，命運便不會發生，為了征服命運，《JoJo》出現了不少時間系替身能力的主要反派。DIO 為了克服喬斯達血統的宿命，有了暫停時間的「世界」，吉良吉影能回溯時間的「第三爆彈」，迪亞波羅預測未來、令時間快進的「緋紅王者」，普奇神父讓時空加速的「天堂製造」、瓦倫泰總統可以在平行世界無限地延續自己軀體的「D4C」。第2部的卡茲沒有替身能力，但他的目標在於克服隨著時間出現的太陽，最終成為征服生命的究極生命體。

14　荒木飛呂彥，《JoJo 的奇妙冒險》，第 47 集，頁 61。

15　荒木飛呂彥，《飆馬野郎 STEEL BALL RUN》，第 8 集，頁 65。

16　荒木飛呂彥，《飆馬野郎 STEEL BALL RUN》，第 15 集，頁 195。

漫活著
讀作品、性別與人文

設定的方式，將這兩項詞彙看做《JoJo》人物的屬性或人物持有的道具、裝備，因此討論哪個角色有沒有「黃金精神」或「漆黑意志」實無必要。回歸到漫畫文本的脈絡，無論是「黃金精神」或「漆黑意志」，都是角色們為了克服命運而展現的特質；而「漆黑意志」在歷代《JoJo》主角中，表面上是最為異色、突顯人性黑暗的一種，但就喬尼對決「南北戰爭」的過程可以清楚看見，這是喬尼面對自身迷惘，終於堅定信念的一戰，並在戰鬥中讓自己的替身（亦即精神）得到成長。綜上所述，「黃金精神」與「漆黑意志」可以說是「人間讚歌」的註腳。

（二）命運的奴隸：《JoJo》的命運觀

「命運」一詞是《JoJo》極為常見的用語，與「人間讚歌」這個主題的關係密不可分。《JoJo》相信命運是必然性的存在，由不可見、難以捉摸的力量所驅使，以各種形式降臨到人物身上。《JoJo》的命運觀支配了人物之間的關係，在第 1 部第 2 集中，史彼特瓦根說：「命運……人的邂逅與分離，或許都是由命運所支配、決定的……」[17]，第 4 部提及的「替身使者會互相吸引」法則[18]，以及第 6 部 DIO 主張人與人的邂逅由「引力」所致，而且必有其意義，[19] 都說明了命運所產生的必然性。荒木飛呂彥在第 6 部第 16集的作者評語欄中這樣說：「命運不是偶然的，而是有道理可循，『JOJO』裡也引用了這種看法，或許這無法用科學來證明，但我感覺就是如此。」[20]

荒木飛呂彥在創作人物時會製作詳細的「身家調查書」設定稿，宛如現實世界人物的檔案資料，增加角色的立體感。在多年來

17　荒木飛呂彥，《JoJo 的奇妙冒險》，第 2 集，頁 181。
18　荒木飛呂彥，《JoJo 的奇妙冒險》，第 32 集，頁 9-10。
19　荒木飛呂彥，《STONE OCEAN》，第 15 集，頁 16-18。
20　荒木飛呂彥，《STONE OCEAN》，第 16 集作者評語欄。

重複這樣的創作模式裡，荒木逐漸發現自己隱約呼應《JoJo》的命運觀，筆下的人物好像有了自我意志一般展開行動：

> 而當我一再重複這個步驟，持續畫漫畫到現在，就不免深深感覺到一種「必然」，會覺得這人物是「注定應畫而被畫出來」的。換句話說，這就是所謂的「命運」或「宿命」。雖然人物都是存在於「漫畫」這種作品中，但就跟實際存在的人一樣，漫畫的故事與人物本身也有著命運與宿命。不只自己有「命運」，敵人也有「命運」，於是一定會在某處爆發衝突。於是我開始認為，《JoJo》之中登場的人物，其目的就是為了努力克服這一點。從第 5 部到第 7 部，都有個主題叫「活著的悲哀」。簡而言之，我描寫的是勇於面對「命運」的人。[21]

雖然《JoJo》強調「命運」的存在，但並不主張順服的宿命論，即便活著有無可奈何的悲哀，仍要有坦然面對的勇氣。在第 1 部第 1 集的卷首，荒木飛呂彥引用了〈不滅之詩〉：「兩個囚犯從監獄的鐵窗向外眺望，一個看到泥土，另一個仰望星辰。」[22] 詩句象徵第 1 部的喬納森與迪奧，兩人在面對自身命運（監獄的囚犯）採取了不同的應對（看到泥土與看到星星）。這首詩句後來出現在第 6 部的徐倫，字詞稍有不同；在戰鬥險境中徐倫質問自己到底是「看到牆壁、還是看到星空的囚犯」，為了見到父親承太郎，當然必須選

---

21 荒木飛呂彥著、吳勵誠譯，《JoJo 的奇妙冒險名言集 Part4~8》，頁 200-201。

22 荒木飛呂彥，《JoJo 的奇妙冒險》，第 1 集卷首。以下為日、英原文：二人の囚人が鉄格子の から外を眺めたとさ。一人は泥を見た。一人は星を見た。Two men look out through the same bars. One sees the mud, and one the stars.

漫活著
讀作品、性別與人文

擇成為仰望星空的那一位。[23]

《JoJo》故事中「命運」的降臨看似是不可違逆的，第 5 部的最終反派迪亞波羅說「我們全都是被命運選召的士兵」[24]，意思是所有人都受到命運的擺佈，但是迪亞波羅不願為人卒子，要得到「箭」的力量從而支配命運。第 4 部的吉良吉影在覺醒新的替身能力後，說已經發生過的命運不容改變：「因為在『前一個早上』被打破的東西，它就已經被冠上一定會摔破的命運了……，水到渠成！這就是『命運』！」[25] 既然如此，那麼選擇成為〈不滅之詩〉中「仰望星辰」的人，又有何意義可言？這裡探討的是「命運與自由意志的糾葛」，《JoJo》的命運觀是超越既定命運。[26]

面對命運，然後超越命運，第 5 部給了相當明顯的啟示。故事的尾聲，主角喬魯諾一行人終於打敗迪亞波羅，卻也犧牲了眾多同伴的性命，喬魯諾仰望天際像是緬懷逝去的朋友們一般，說道：「我們能夠走到這一步，表示我們已經獲得完全的勝利……，一切到此為止吧……，命運是『沉睡的奴隸』，而我們依靠自己的力量解放了命運……」[27]，命運不由自主，所以是奴隸；但命運正在沉睡，可以透過自身的力量來喚醒（解放）。

〈沉睡的奴隸〉（眠れる奴）是第 5 部最後的篇章，故事以前傳的方式將時間拉回到布加拉提等人認識喬魯諾之前。在該篇中出現了一位替身使者，其替身能力「ROLLING STONES」會將他

---

23 荒木飛呂彥，《STONE OCEAN》，第 8 集，頁 47。
24 荒木飛呂彥，《JoJo 的奇妙冒險》，第 63 集，頁 50。
25 荒木飛呂彥，《JoJo 的奇妙冒險》，第 45 集，頁 83、85。
26 中条省平，〈「JOJO」的壯闊哲學〉，收錄於荒木飛呂彥著、吳勵誠譯，《JoJo 的奇妙冒險名言集 Part1~3》（臺北：東立，2014 年 1 月），頁 190、194。
27 原文為「オレたちがここまで到達したことが完全なる勝利なのだ。これでいいんだ全ては。運命とは眠れる奴隷だ、オレたちはそれを解き放つ事が出来た…」荒木飛呂彥，《JoJo 的奇妙冒險》，第 63 集，頁 132。

人未來死亡的命運雕刻在滾石上，被刻劃出將死命運的對象，若直接接觸「ROLLING STONES」就會遭到安樂死。故事中「ROLLING STONES」顯現了布加拉提死亡的樣貌，最後在伙伴協力奮戰之下逃過一劫。「ROLLING STONES」的本體說「我們每一個人都是『命運的奴隸』」[28]，但是最後見識到布加拉提等人頑抗命運的行動，感慨若是乖乖接受被「ROLLING STONES」安樂死的命運，或許日後也不必踏上苦難之路，並說：「衷心希望他們都是『沉睡的奴隸』……當他們在覺醒之後……就能開拓出一條極具意義的道路……」[29] 到此完整揭示了《JoJo》的命運觀，面對命運，即使結局注定將是苦難，也必有承受苦難的意義和啟示，這個將沉睡奴隸喚醒、實踐命運的過程，即是一種超越。

三、文藝復興：《JoJo》的人體圖像

　　《JoJo》漫畫的特徵之一，是強烈的人體圖像風格。膨大誇張的肌肉、違反人體結構的姿勢、充滿戲劇性的體表演出，諸如此類的畫面構成《JoJo》系列的視覺景觀，此種風格樣式，是荒木飛呂彥在相當程度上受到了西方繪畫的影響所致。西洋美術研究者藤原えりみ指出，《JoJo》系列中可以見到文藝復興、矯飾主義（Mannerism）以及巴洛克（Baroque）風格一貫脈絡的筆觸。[30]

　　荒木飛呂彥不僅受到西方繪畫的刺激，其所處的日本社會也是他最大的養成之所，此處要簡略談一談日本漫畫史上「劇畫」（げ

28　荒木飛呂彥，《JoJo 的奇妙冒險》，第 63 集，頁 178。

29　荒木飛呂彥，《JoJo 的奇妙冒險》，第 63 集，頁 216-219。

30　藤原えりみ，〈西洋美術：肉体のアラベスクが奏でるディストーション狂想曲〉，《美術手帖》，Vol.64，No.975，頁 52。藤原えりみ現為西洋美術相關媒體工作者，替《Brutus》、《美術手帖》等期刊雜誌執筆，同時為女子美術大學、國學院大學兼任講師。

きが）的影響。荒木曾多次提及喜愛的漫畫家楳圖一雄（楳図かずお）、梶原一騎、白土三平以及橫山光輝等大家，他們的作品對荒木的漫畫創作提供了豐富的養分；後三者還被荒木選入《JOJO A GO！GO！》別冊中的三大漫畫家。³¹ 這幾位漫畫家都是「劇畫」的代表人物，「劇畫」風潮興起於 1950 年代中葉，某種程度上是對於手塚治虫的反動；「劇」之一詞有著戲劇、劇烈之意，相對於大眾文化流行的輕鬆、搞笑的漫畫風格，劇畫追求更強烈的真實性與嚴肅的表現方法。³²

在「劇畫」代表漫畫家的影響之下，1980 年出道的荒木飛呂彥也名列劇畫風格的其中一人，在《JoJo》連載開始時能看到他較為黑暗的畫面風格，故事敘述含有劇畫一般嚴肅的命題。荒木飛呂彥自陳，他的漫畫相當大程度受到前述漫畫家作品的感染，《JoJo》的故事、角色塑造、構圖與表現風格都找得到他們的影子。例如 1971 年橫山光輝《巴比倫 2 世》（バビル 2 世）劇情懸疑奇妙地展開方式，以及在沙漠之中身穿學生服，邁向遙遙地平線的戰鬥之旅也直接影響了《JoJo》第 3 部主角承太郎的角色形象。又如白土三平《神威外傳》（カムイ外伝）中的心理戰與頭腦戰，和直接在漫畫中使用類似百科圖解的形式，在《JoJo》中都不陌生。³³

---

31 荒木飛呂彥，《JOJO A GO！GO！》別冊 DISC 3（東京：集英社，2000 年 2 月），頁 82-83。

32 王馨蔓，《手塚治虫漫畫中佛像圖繪之研究》，中央大學藝術學研究所碩士論文（桃園：中央大學，2014 年），頁 66。

33 荒木飛呂彥，《JOJO A GO！GO！》別冊 DISC 3，頁 83。另外，第 1 部還有著濃厚的 80 年代劇畫格鬥氣息，出現不少鑲嵌著東方神秘的招式名稱，這些名稱多以漢字搭配片假名外語使用，例如「波紋疾走」（オーバードライブ）、「空裂眼刺驚」（スペースリパー・スティンギーアイズ）、「天地来蛇殺」（ヘルヘブンスネーキル）、「稲妻十字空裂刃」（サンダークロススプリットアタック）等等。

（一）《JoJo》的圖像誌：從抄襲爭議談起

在討論《JoJo》的人體圖像之前，我們先釐清幾個觀念：荒木飛呂彥筆下的人體圖像是百分之百原創嗎？其風格是如何形塑而成？受過哪一些繪畫或藝術的影響？此處可以借用圖像誌的方法來解析。從這個問題切入，首先從關於《JoJo》的「抄襲」爭議談起，在此事件的批評與盲點之中，將《JoJo》圖像的脈絡爬梳清楚。

約莫 2011 年前後，日本的網站上流傳出《JoJo》多幅「抄襲」時尚雜誌的檢證對比圖片，如網站「蜜あふるる約束の地」的文章〈ジョジョの奇妙なパクリ問題〉[34]，引發擁護派與反對派之間的筆戰，由於荒木飛呂彥「疑似抄襲」的衝擊太大，甚至有讀者因此對荒木飛呂彥感到絕望。在臺灣，由於 2016 年 6 月時發生網路圖文畫家「人二」屢次抄襲事件，《JoJo》這件陳年舊事也被拿來討論比較一番，非官方的臺灣臉書粉絲頁「ジョジョの奇妙な冒険・JoJo 的奇妙冒險・JoJo's Bizarre Adventure」對於這系列抄襲爭議發表了若干看法，其立場是認為除了有公開道歉的塔羅牌事件之外，多屬致敬與參考的範疇，不能認定為抄襲。[35]

網路流傳的〈ジョジョの奇妙なパクリ問題〉一系列對比圖片乍看很嚇人，但是仔細思索過荒木飛呂彥的圖像承襲脈絡，就能輕易突破其中的盲點。首先，誠如上述粉絲頁所言，荒木在不同媒體平台、公開場合中都曾經表示過自己參考與模仿的來源，荒木飛呂彥在 2000 年出版的《JOJO A GO! GO!》別冊中列舉對他影響重要的幾位藝術家：達文西（Leonardo da Vinci, 1452-1519）、喬托

---

34 〈ジョジョの奇妙なパクリ問題〉，「蜜あふるる約束の地」，網址：http://guinguin.cocolog-nifty.com/blog/2011/06/post-dc5d.html（擷取日期：2016 年 9 月 2 日）。

35 臉書粉絲頁「ジョジョの奇妙な冒険・JoJo 的奇妙冒險・JoJo's Bizarre Adventure」，網址：https://www.facebook.com/JoJosBizarreAdventureTW/posts/996663980428754（擷取日期：2016 年 9 月 2 日）。

（Giotto di Bondone, 1266-1337）、維拉斯奎茲（Diego Velázquez, 1599-1660）、高更（Paul Gauguin, 1848-1903）、迪奧（Christian Dior, 1905-1957）、羅丹（Auguste Rodin, 1840-1917）、羅佩茲（Antonio Lopez, 1943-1987）、凡賽斯（Gianni Versace, 1946-1997）、皮克（Bob Peak, 1927-1992）、畢卡索（Pablo Picasso, 1881-1973）。[36] 其中時尚設計師羅佩茲的畫作，就常被荒木飛呂彥加工引用。

　　學者成実弘至在《美術手帖》裡有一篇專文〈ファッション：トランスジェンダー化するキャラクター像〉中也舉例對比《JoJo》直接運用了哪些現成的時尚設計元素，從另一個媒材（攝影）挪用至自己的媒材（漫畫）中。[37] 這一類挪用，在荒木的作品中誕生出另一種風格，如竹內オサム談手塚治虫引用他人作品重新加工的案例：

> 過去的故事如何讓它昇華？如何當作一塊編織物再造它的新生命？而時代的精髓又是以什麼樣的形式編織進新的故事裡呢？這樣的創作歷程正可以考驗一個大眾取向的創作者才能，而漫畫家的創造力必定也在這樣的過程中被孕育出來。[38]

荒木飛呂彥無論是圖像、敘事方式，都找得到受到其他作品的影響或挪用。如同前文提及的《伊甸之東》和《根》構成荒木的家族傳

---

36 荒木飛呂彥，《JOJO A GO！GO！》別冊 DISC 3，頁 98-99。

37 成実弘至，〈ファッション：トランスジェンダー化するキャラクター像〉，《美術手帖》，Vol.64，No.975（東京：株式会社美術出版社，2012 年），頁 64-69。成実弘至為前京都造型藝術大學準教授，現於京都女子大學任教。
竹內オサム著、鐘嘉惠譯，《手塚治虫：不要做藝術家》（臺北：台灣東販，2009 年 11 月），頁 169。

38 竹內オサム著、鐘嘉惠譯，《手塚治虫：不要做藝術家》（臺北：台灣東販，2009 年 11 月），頁 169。

承概念，橫山光輝、白土三平等劇畫風格和作品呈現轉化成《JoJo》的內容，以及下文舉例的文藝復興圖像，與其說荒木飛呂彥是「獨創性」的漫畫家，不如說是具有「再創性」，賦予過去的作品新的生命。[39]

（二）超越人體：文藝復興以降的影響

《JoJo》受到文藝復興的影響一說，在不同時期的作者訪談、專文討論中都可以找到，荒木本人亦時常提及達文西、米開朗基羅的作品。文藝復興之所以在荒木的創作生涯中成為一個關鍵轉捩點，是青年時期於義大利旅行所汲取的靈感，讓荒木在這塊文藝復興的寶庫尋得創作的突破口。

1980 年荒木獲得第 20 屆手塚賞準入選的出道作《武裝撲克》，在當時被評審委員批評「有趣但是畫技太差」，此語讓荒木飛呂彥奮力鑽研畫技，一邊參考喜歡的白土三平、橫山光輝等漫畫家，一邊摸索自己的畫風。荒木飛呂彥說，突破創作困境的契機是《JoJo》連載之前的義大利取材旅行，親眼見識到古希臘、羅馬、文藝復興以及巴洛克等時期的人體雕塑，借用了人體造型、姿態等藝術原理，轉化為荒木自己畫風的特徵。[40]

荒木具體指出義大利的巴洛克藝術家貝尼尼（Gian Lorenzo Bernini, 1598-1680）的大理石雕刻作品《阿波羅與黛芙妮》（*Apollo and Daphne*）對他產生的視覺衝擊，壓倒性的魄力、美感與人體姿態，在當時的日本藝術與漫畫界中幾乎不得見，因此得到將這類藝術轉化為自己繪畫風格的靈感。[41]

---

39 有關漫畫的再創性、模仿與創作的論述，參見夏目房之介，《マンガ学への挑戦 進化する批評地図》（東京：NTT，2004 年 10 月），頁 164-167。

40 荒木飛呂彥，《荒木飛呂彥の漫画術》，頁 178-181。

41 荒木飛呂彥，《荒木飛呂彥の漫画術》，頁 180-181。

漫活著
讀作品、性別與人文

▲◀ 貝尼尼的《阿波羅與黛芙妮》，約於
1622-1625 年完成。
圖片來源：Wikimedia Commons

　　《阿波羅與黛芙妮》描述黛芙妮逃避太陽神阿波羅的追求，最後變成一棵月桂樹的神話故事。這件雕塑表現阿波羅追上即將變成月桂樹的黛芙妮之瞬間，在強烈的動勢之中保持著整體的和諧感。此件作品從不同的角度觀察，可以得到多樣的視覺經驗，荒木飛呂彥特別指出黛芙妮迴轉揚升的動勢，[42] 而這個幻化為植物的瞬間提供了《JoJo》系列中替身現象的靈感樣貌。荒木飛呂彥在《JoJo》中挪用的藝術圖像，以下再試舉幾個案例：

　　1. 羅丹，《亞當》*Adam*, 1880-1881

　　《亞當》青銅雕塑是羅丹在 1880-1881 年的作品，羅丹本身以及該件作品同樣受到米開朗基羅的影響。《JoJo》第 1 部第 5 集的卷末插圖中，將此姿態挪用到了喬納森的身上，一手向後，另一手前置自然垂下，頭部至肩部隨著動勢垂向地面。

▲ 圖片來源：Wikimedia
Commons

42　荒木飛呂彥，《荒木飛呂彦の漫画術》，頁 181。

2. 米開朗基羅，《利比亞女祭司》 *The Libyan Sybil*, 1511

《利比亞女祭司》為西斯汀教堂穹頂畫作之一，此圖像色彩溫暖明亮，人體姿態平穩但蘊涵著動勢。《利比亞女祭司》表現一位女性雙手翻書、側身旋轉，在人體骨架上可以看出《利比亞女祭司》的肩膀、軀幹寬大，且肌肉壯碩有力，其形態較接近男性的軀體；側身的背部描繪中，雖然呈現平穩的背部形態，但仔細檢視其肌肉原理，可以發現其實《利比亞女祭司》做出的旋轉相當劇烈，脊椎骨幾乎已面向觀眾的方向。同樣的手法出現於《JoJo》第 2 部柱之男桑塔納的背面圖像。[43]

▲ *The Libyan Sybil,* 圖片來源：Wikimedia Commons

3. 米開朗基羅，《日》（梅第奇墓） *Day, Medici Chapel*, 1519-1534

米開朗基羅創作生涯中期的作品，《梅第奇墓》作品是由兩組雕像而成，棺木上斜躺的人像分別為《日》、《夜》、《晨》、《昏》，米開朗基羅所表現的這 4 座人體裸像透過肢體的伸展，突顯了人體

---

43 荒木飛呂彥，《JoJo 的奇妙冒險》，第 6 集，頁 128。

漫活著
讀作品、性別與人文

肌肉的線條以及厚重感。
其中象徵白天的《日》，
以強烈扭轉的結構呈現生
命晨起的動勢。《JoJo》
第 51 集封面由納蘭迦擺
出了這個姿態。

▲ *Day, Medici Chapel,* 圖片來源：flickr via Art Gallery ErgsArt

4. 米開朗基羅，《半人馬之戰》*Battle of the Centaurs*, 1492

米開朗基羅 17 歲時的浮雕作品，主題取材自希臘神話的場景。

《半人馬之戰》雕刻的人
體形象可以說是米開朗基
羅人體造像的原點，在此
作品中已表現出他的個人
特色：糾結纏繞的人體、
強烈伸展的肌肉群體。相
較《JoJo》第 2 部出現的
柱之男浮雕，雖然未必是
直接挪用，但可以看出一
些人體刻劃的共通點。**44**

▲ 圖片來源：Wikimedia Commons

5. 席勒，《席勒自畫像》*Self Portrait with Physalis*, 1912

除了文藝復興以降到巴洛克的影響，荒木飛呂彥的體表風格還
可以見到近代表現主義的氣息，例如 20 世紀初期奧地利畫家席勒
（Egon Schiele, 1890-1918）的人物圖像，亦曾為荒木飛呂彥所挪

---

44 荒木飛呂彥，《JoJo 的奇妙冒險》，第 7 集，頁 127。

用。[45] 席勒的作品風格強烈，擅以誇張變形的手法表現激動活躍的生命力，筆下的人物肢體常見緊張扭曲、情緒生動，色彩強烈鮮明、線條奔放大膽。

◀ *Self Portrait with Physalis,*
圖片來源：Wikimedia
Commons

▲ 席德的其他人體作品。緊張的身體動態和扭轉的肢體，
可以聯想到《JoJo》中的人體圖像。圖片來源：Wikimedia Commons

45　荒木飛呂彥，《JoJo 的奇妙冒險》，第 7 集，頁 102 的西薩側臉。

漫活著
讀作品、性別與人文

6. 高更，《海灘騎士》*Riders on the Beach*, 1902

此處援引印象派的高更畫作《海灘騎士》，對比的是荒木飛呂彥在彩圖中的配色。高更將《海灘騎士》的地面畫成了粉紅色，超乎現實、大膽的用色方法在《JoJo》當中屢見不鮮，荒木飛呂彥也時常在不同的插圖裡改變人物的配色。《JoJo》第 4 部的一張大幅插圖，即參考了高更《海灘騎士》的地面用色方法以及人物群組遠近散置的構圖。[46]

7. 畢卡索，《坐在椅上的沃爾嘉》*Portrait d'Olga dans un fauteuil*, 1917-1918

《JoJo》第 61 集封面喬魯諾的坐姿與椅子，參考了畢卡索這一幅圖像的座椅和人物配置，特別是座椅的植物與畫面的融合。荒木挪用後再創為不同的空間感與動勢。

▲ *Portrait d'Olga dans un fauteuil,* 圖片來源：Wikimedia Commons

---

46 插圖原刊載於《週刊少年 JUMP》1993 年 7 月號，收錄於畫冊《JOJO6251─荒木飛呂彥の世界》（東京：集英社，1993 年 12 月），頁 70。

（三）米開朗基羅的人體圖像

　　荒木飛呂彥喜愛文藝復興藝術，在《JOJO A GO! GO!》別冊中特別致敬喬托、達文西兩位巨匠，對於米開朗基羅的崇敬也散見於荒木飛呂彥的文章或訪談。《JoJo》第4部曾出現過一幅有趣的畫面，替身使者噴上裕也，將自己的帥勁比喻成米開朗基羅的雕像。[47]

　　其他有關米開朗基羅的引用，還有第5部尾聲〈沉睡的奴隸〉，故事談到米開朗基羅雕刻《大衛像》的典故，米開朗基羅認為早在他挑選大理石塊的時候，就已經看到大衛蘊藏於其中，他的雕刻只是將大衛從大理石中解放出來。[48] 畫面引用了米開朗基羅作品《垂死的奴隸》（*Dying Slave*, 1516）。[49]

▲ *Dying Slave,* 圖片來源：Wikimedia Commons

---

47 荒木飛呂彥，《JoJo 的奇妙冒險》，第 43 集，頁 113。

48 「ROLLING STONES」替身設計也是荒木飛呂彥受到這個故事的啟發。荒木飛呂彥著、集英社編集，《STANDS‧JOJOVELLER 完全限定版別冊》（東京：集英社，2013 年 9 月），頁 194。

49 荒木飛呂彥，《JoJo 的奇妙冒險》，第 63 集，頁 178。

《JoJo》人體圖像承接對米開朗基羅風格的模仿與再創，進一步解析《JoJo》的體表，可以透過理解米開朗基羅的人體風格著手。有關米開朗基羅的藝術研究，國內外都已經有相當豐富的成果，於此不再爬梳贅述。米開朗基羅作品中，人體並未遵循前期文藝復興時期古典的均衡與和諧原則，他更著重的是肉體的強烈力度。身為雕刻家的米開朗基羅對人體的觀察，特別著重於二度空間的立體性，與平面繪畫的二度空間不同，他的作品裡人體光影明暗與對比特別明顯，肌肉的立體性也具備雕塑的量體感，成為他對西洋繪畫的重要影響。

　　米開朗基羅具備深厚的人體解剖學知識，並運用在他的人體圖像中。但是為了他個人藝術風格的表現需要，米開朗基羅會犧牲符合解剖學的人體結構標準，改以局部緊繃、誇張的形態來表現。例如《大衛像》。米開朗基羅調整了大衛肌肉緊繃、筋脈突起的手部比例，使其顯得更具份量。[50]《JoJo》也有類似的體表現象，為了表現風格與姿態，激烈扭轉或誇張膨大了人體結構。

　　值得留意的是，米開朗基羅的人體思維同樣受過其他作品的影響。所謂 16 世紀挖掘出的希臘羅馬時期雕像《殘軀像》（*The Belvedere Torso*），其四肢已殘破不全，僅存軀幹部分以及少部分的四肢根部。《殘軀像》在西方藝術史研究上受到相當的重視，自米開朗基羅以迄現代的藝術史學研究，談論到《殘軀像》也都會論及米開朗基羅的人體造像創作。從米開朗基羅的素描、繪畫、雕刻中能找到其對軀幹的體悟，探索出人體軀幹是一種富含無限表現潛

---

50 大衛看似過大的頭部，則可能是因為雕像原預定立於屋頂高度的佛羅倫斯教堂東側扶壁（buttressed）上方，為了不讓頭部因仰望透視而顯得太小所做的比例調整。參見劉俊蘭，〈更勝自然：米開朗基羅雕塑中的人體形貌與結構〉，《雕塑研究》，第 9 期（臺北：財團法人朱銘文教基金會，2013 年 3 月），頁 17。

力的抽象形式與獨立表現題材,可以不斷地再創造與再詮釋。[51]

《JoJo》的命運觀以及打破善惡二元論的概念,甚至也能追溯到米開朗基羅的代表作之一《最後的審判》(*The Last Judgment*, 1535-1541)。自此作品後米開朗基羅的風格進入矯飾主義的初步探尋,以及晚年重視藝術過程與精神層次的境界。《最後的審判》延續了米開朗基羅青壯年時期的藝術風格,以肉體的強烈力度打破文藝復興重視的和諧、均衡,在諸多翻轉的軀幹、伸展的肢體、飽滿的肌肉、多變的表情所形成的人體大觀中,可以看見米開朗基羅運用人類身軀來傳達心靈意志的主題。

▲ 左、中圖:米開朗基羅的《男性裸像》(西斯汀穹頂畫) *Ignudi, Sistine Chapel Ceiling* (1508-1512),圖片來源:Wikimedia Commons
▲ 右圖:《殘軀像》(*The Belvedere Torso*),圖片來源:Wikimedia Commons

《最後的審判》不僅僅只是米開朗基羅在技術上的突破,同時在人文意涵上也賦予了新的時代意義。《最後的審判》不再像中古的審判題材一般,只是單純地表現聖經故事或單調地畫出善惡 2 元

---

51 花亦芬,〈「殘軀」——藝術創作的源頭活水:Torso Belvedere 對米開朗基羅的啟發與影響〉,收錄於《國立中央大學人文學報》,第 26 期(桃園:中央大學,2002 年 12 月),頁 144。

漫活著
讀作品、性別與人文

的價值觀；他在作品中將焦點回到了人類本身，在面臨末日審判時的焦慮、恐懼、疑惑、沉思等情緒，米開朗基羅捨棄傳統末日審判的固定技法，將聖經題材以個人方式重新詮釋，此舉在文藝復興時期也別具時代意義。荒木飛呂彥和米開朗基羅一樣不斷地挑戰自己的技藝與風格，勇於突破形式與傳統，無論是《最後的審判》或《JoJo》系列，都充分顯示了其不斷挑戰的特質，對觀者而言更是心靈與視覺上的挑戰。

四、〈解放奴隸：《JoJo》人體圖像的精　神超克〉

第5部最後一個篇章〈沉睡的奴隸〉，「ROLLING STONES」雕刻出布加拉提的死亡命運，預告了他的苦難之路。在追蹤老闆迪亞波羅的旅途上，布加拉提早已經被奪去生命，靠著邁向真實的信念、傾注靈魂的力量來驅使著空殼般的身體，注意到此事的，只有為布加拉提注入「生命能量」的喬魯諾。與迪亞波羅的最終對決中，布加拉提成功破解了「銀色戰車鎮魂曲」的弱點，讓迪亞波羅奪箭失敗；最後隨著肉體的虛弱，布加拉提的靈魂化出一陣雲煙，向天際昇華。

布加拉提印證了「ROLLING STONES」的預言，在苦難之路上開拓出意義，將沉睡的奴隸喚醒。〈沉睡的奴隸〉是一段充分顯現《JoJo》人間讚歌與精神超克的寓言，命運的奴隸最後獲得了釋放——靈魂從有形的肉體釋放、生命從苦難的命運釋放，宛如《大衛像》走出米開朗基羅的大理石，高潔、和諧又滿懷著激情振奮。

（一）從「渾厚外煥」到「緊緻內斂」

《JoJo》人體圖像在激烈壯闊的身軀群體中，蘊含精神超克的願望，綜觀長年以來荒木飛呂彥筆下的《JoJo》人物體表，從「渾

厚外煥」轉趨為「緊緻內斂」。第 1 部至第 7 部可以概略分成三個階段：「渾厚外煥的陽剛性」、「緊緻內斂的陰柔性」和「過渡期的中性」。各部畫風隨著時間而有差異，甚至同一人物卻有風格、氣質的微妙不同。例如第 3 部的 DIO 與第 6 部普奇神父回憶中的 DIO，兩者於故事中的時間軸一致，卻有造型體態、氣質上的差異。

第 1 至 3 部的人物是標準「渾厚外煥的陽剛性」時期，健壯寬厚的軀體，如同岩石般的肌肉群組，這種「兄貴」型的外觀顯現人物的英雄氣質。第 4 部屬於「過渡期的中性」，人物正逐漸走向中性化，前期的健美兄貴已不多見，到第 5 至 7 部正式進入「緊緻內斂的陰柔性」，人物從米開朗基羅式的雄壯雕刻轉變為時尚雜誌的模特兒，渾厚的力量收為內斂，但仍未失去體表的力道。

（二）身體意象：可塑性與對無限的追求

在《JoJo》眾多的人體群像中，除了前述的文藝復興式的氣質，還可以依照性質歸類出幾種身體意象的類型，其中包含了身體局部的觀察。宏觀的部分，《JoJo》的人物身軀多半處在「移動」（locomotion）的旅程中，面臨環境變化所帶來的風險、限制與挑戰，身體意象便在此宏觀之中展開；第 7 部橫斷北美大陸的意象應是最能呼應此點，最後一集喬尼回憶起旅程不斷跨越河川，沿路祈禱平安，而最終自己也從不良於行成長至向前邁進。在本小節僅試舉兩個案例，以呼應《JoJo》精神超克的概念，類型可以概略分為「可塑性」、「對無限的追求」。

1. 可塑性

《JoJo》中的身體有極高的可塑性，經常發生身體變異、變形、分裂與重組、異質轉換、靈魂出離、伸縮、透明、溶化……諸多現象，身體可能隨著狀況（例如替身攻擊）或人物角色的精神而發生變化。[52] 第 1 部的石鬼面首先帶出這種由常態變化成吸血鬼的塑造，

---

52 這些異質變化的特性，也受到了恐怖電影的影響。參見：尾之上浩司，〈モ

第 2 部的柱之男卡茲最後成為完美生物，身體能隨心所欲變化成各種動物；眾多超越凡身的案例不勝枚舉。另一個令讀者印象深刻的是第 4 部的角色身高變化，以及第 7 部瓦倫泰總統的判若兩人。

荒木飛呂彥提過對這個變化的看法，依照劇情的推進，人物氣質、台詞會發生變化，並且直接反映在筆下人物外型的變化。[53] 換句話說，作者本身對人物的意象改變。荒木飛呂彥亦曾說過筆下的人物有其自身的命運，體表與氣質的變化形塑或可說是角色在故事中成長所致。但是也有像第 6 部的安納蘇，原先是女性後來變成男性的中途設定變更問題。

2. 對無限的追求

第 6 部的徐倫為了對抗普奇神父的新替身「C–MOON」重力反轉的攻擊，利用自己的替身能力「Stone Free」將身體線形化，塑造成沒有表裡之分的「莫比烏斯環」（Möbius strip）——亦近似於表示無限大的符號「∞」，讓「C–MOON」重力造成正反面翻轉的攻擊失效。徐倫的精神力量超越了肉體的限制，讓身體重新形塑為象徵無限的莫比烏斯環，是第 6 部中相當精彩的一戰。[54]

第 7 部「黃金長方形」也是類似的概念。傑洛教導喬尼要投出無限迴轉的鐵球，須善用黃金比例的長方形。齊貝林一族的鐵球技術就是為了追求無限而發展出來，並運用在醫療與處刑上。[55] 在後期與瓦倫泰總統的對戰中，「黃金長方形」延伸到騎術，讓喬尼的替身攻擊大幅成長，用無限迴轉的力量攻破瓦倫泰總統。[56]

ダンホラー：『ジョジョ』におけるホラー映画の恩恵〉，《美術手帖》Vol.64，No.975，頁 70-75。

53 荒木飛呂彥著、SPUR 編集部編，《JOJOmenon》，頁 23。

54 荒木飛呂彥，《STONE OCEAN》，第 16 集，頁 225、228，第 17 集，頁 8。

55 傑洛解釋了黃金長方形的由來，圖像並再次引用致敬文藝復興和古典雕像。荒木飛呂彥，《STEEL BALL RUN》，第 11 集，頁 13-14。

56 荒木飛呂彥，《STEEL BALL RUN》，第 20 集，頁 81。

「莫比烏斯環」與「黃金長方形」的符號都指向「無限」的概念，在《JoJo》劇情裡，兩者都是故事人物為了突破困境、超克命運，超越一般肉體的限制所發展而來的力量，其終極的目標則是通往奧秘的無限。我們可以將此視作《JoJo》身體的神話寓言，命運的超越者在凡間的竭力爭鬥，最終使得苦難之路造就不凡的意義。

五、結語

　　荒木飛呂彥創作《JoJo》之初就特意強調人體姿態的表現，這是他受到義大利取材旅行時親身見證的藝術所影響，他要創造能留下記憶，將永恆的瞬間封入畫中的漫畫。[57] 誇張的「JoJo立」、激烈翻轉的人體群像、從渾厚外煥到緊緻內斂的體表演變，《JoJo》的人體圖像權衡寫實與理想的表現形式，從僵硬的圖像法則中解放出來，運用身體意象表述人物的精神、心靈與意志圖像。這些特性都可以找到米開朗基羅式的共通點，挑戰觀者的視覺與精神。

　　《JoJo》一以貫之的主題「人間讚歌」，反覆叩問「人是什麼」、「命運為何物」、「為何而活」的深遠思考。「人間讚歌」是荒木自稱在偶然之下誕生的產物，[58] 但是依照荒木的命運觀，這個偶然的真相其實有道理可循。《JoJo》繽紛群像反覆演繹的寓言，承認命運不可違逆的存在性，但命運同時是沉睡的奴隸，可以透過人的自由意志來喚醒。19世紀史學家布克哈特（Jacob Burckhardt，1818-1897）討論文藝復興時期對人的概念，引用《論人的尊嚴》，上帝對亞當說：

　　　　我沒將你塑造成是必死的，但也沒將你塑造成注定永生不朽

57　荒木飛呂彥，《荒木飛呂彥の漫画術》，頁187-188。
58　荒木飛呂彥，《荒木飛呂彥の漫画術》，頁220。

的。我之所以這樣做，是為了讓你自由地選擇生命的道路，而且能憑自己的選擇超越各種阻礙。……只有你的生命是一個發展的過程，隨著你的自由意志成長，在你的生命深處潛藏著種種發展的可能。[59]

重點是邁向真實、完成使命的過程，無論是精神或是身體，都有無限的可能。

人文主義與悲劇的融入，讓《JoJo》有別於單純的王道漫畫，而有值得一再研讀與探索的深度。《JoJo》就像是喬斯達家族的神話系譜，從其人體圖像中可以尋得深藏的寓言聖像，揭露人與命運的啟示。如果我們將《JoJo》的圖像、故事視為神話的象徵符號，那麼內容的合理性、設定的前後矛盾在此觀察之下已然不那麼重要。《JoJo》向命運提出挑戰，質問「活著的意義何在」，倘若如同荒木飛呂彥所言，活著有其悲哀的話，那麼《JoJo》透過人體圖像傳遞的人文意涵便在勇於接納生命的實像，令沉睡的奴隸甦醒，活著的苦難必然有其意義──這是人邁向奧秘的奇妙冒險。

---

59 《論人的尊嚴》為文藝復興時期義大利哲學家皮科（Giovanni Pico della Mirandola，1463-1494）著作，轉引自 Jacob Burckhardt 著，花亦芬譯，《義大利文藝復興時代的文化：一本嘗試之作》（臺北：聯經，2007 年 2 月），頁 424。

參考書目

一、漫畫

荒木飛呂彥，《JoJo 的奇妙冒險》，第 1 集～第 63 集，臺北：東立。

─────，《JoJo 的奇妙冒險 STONE OCEAN》，第 1 集～第 17 集，臺北：東立。

─────，《飆馬野郎 STEEL BALL RUN》，第 1 集～第 24 集，臺北：東立。

二、畫冊

荒木飛呂彥，《JOJO6251─荒木飛呂 的世界》，東京：集英社，1993 年 12 月。

─────，《JOJO A-GO!GO!》，東京：集英社，2000 年。

─────，《JOJO A-GO!GO!》別冊 DISC3。東京：集英社，2000 年。

─────，《JOJOVELLER》，東京：集英社，2013 年 9 月。

三、專書

Jacob Burckhardt 著，花亦芬譯，《義大利文藝復興時代的文化：一本嘗試之作》，臺北：聯經，2007 年 2 月。

竹內オサム著、鐘嘉惠譯，《手塚治虫：不要做藝術家》，臺北：台灣東販，2009 年 11 月。

荒木飛呂彥，《荒木飛呂彥の漫画術》，東京：集英社，2015 年。

荒木飛呂彥著、集英社編集，《HISTORY・JOJOVELLER 完全限定版別冊》，東京：集英社，2013 年 9 月。

─────，《STANDS・JOJOVELLER 完全限定版別冊》，東京：集英社，2013 年 9 月。

荒木飛呂彥著、吳勵誠譯，《JoJo 的奇妙冒險名言集 Part1~3》，臺北：東立，2014 年 1 月。

─────，《JoJo 的奇妙冒險名言集 Part4~8》，臺北：東立，2014 年 2 月 20 日。

夏目房之介，《マンガ学への挑戦 進化する批評地図》，東京：NTT，2004 年 10 月。

何政廣編，《文藝復興的巨匠：米開朗基羅》，臺北：藝術家，1998 年 10 月。

魏道慧，《人體結構與藝術構成》，臺北：魏道慧，2011 年第 6 版。

韓雪岩編著，《藝術巨匠 米開朗基羅》，河北：河北教育，2011 年 11 月。

漫活著
讀作品、性別與人文

四、期刊雜誌

荒木飛呂彥著、SPUR 編集部編，《JOJOmenon》，東京：集英社，2012 年 10 月。

成実弘至，〈ファッション：トランスジェンダー化するキャラクター像〉，《美術手帖》，Vol.64，No.975，東京：株式会社美術出版社，2012 年 11 月 1 日，頁 64-69。

藤原えりみ，〈西洋美術：肉体のアラベスクが奏でるディストーション狂想曲〉，《美術手帖》，Vol.64，No.975，頁 52-57。

尾之上浩司，〈モダンホラー：『ジョジョ』におけるホラー映画の恩恵〉，《美術手帖》，Vol.64，No.975，頁 70-75。

花亦芬，〈「殘軀」──藝術創作的源頭活水：Torso Belvedere 對米開朗基羅的啟發與影響〉，收錄於《國立中央大學人文學報》，第 26 期，桃園：中央大學，2002 年 12 月，頁 143-221。

劉俊蘭，〈更勝自然：米開朗基羅雕塑中的人體形貌與結構〉，《雕塑研究》，第 9 期，臺北：財團法人朱銘文教基金會，2013 年 3 月，頁 1-43。

五、學位論文

王馨蔓，《手塚治虫漫畫中佛像圖繪之研究》，中央大學藝術學研究所碩士論文，桃園：中央大學，2014 年。

蘇信恩，《米開朗基羅宗教藝術的基督徒人文主義》，輔仁大學宗教學研究所碩士論文，臺北：輔仁大學，1994 年。

六、網路資料

BS-TBS ルーツ，http://www.bs-tbs.co.jp/roots/（擷取日期：2016 年 9 月 1 日）

「ジョジョの奇妙な冒険‧JoJo 的奇妙冒險‧JoJo's Bizarre Adventure」，網址：https://www.facebook.com/JoJosBizarreAdventureTW/posts/996663980428754（擷取日期：2016 年 9 月 2 日）。

「鬼教官ファンサイト」：http://kajipon.sakura.ne.jp/art/jojo-oni.html（擷取日期：2016 年 9 月 1 日）

「蜜あふるる約束の地」，〈ジョジョの奇妙なパクリ問題〉，網址：http://guinguin.cocolog-nifty.com/blog/2011/06/post-dc5d.html（擷取日期：2016 年 9 月 2 日）

以多瑪斯論《心靈判官》中人之自由與該追求的幸福

黃璽宇

一、研究方法與範圍

（一）研究範圍

由於《心靈判官》作品眾多，本文以「巴哈姆特動漫瘋」[1] 所刊載的《PSYCHO-PASS 心靈判官第 1 季》[2] 及《PSYCHO-PASS 心靈判官第 2 季》[3] 為研究範圍。其中，《PSYCHO-PASS 心靈判官第 1 季》為 2012 的版本，[4] 不是新編集版。本文之研究亦不包含此兩者外的作品或文字檔案。[5] 故其他作品資料與詮釋說明若與之衝突，皆以研究範圍所提供之訊息為主。

多瑪斯則以《神學大全》系列 [6] 為研究範圍。

（二）研究方法

本文以動畫作品進行分析。然，動畫作品無法提供文本資料供研究，故筆者將動畫中所提到與本文相關之內容，逐字紀錄成文

---

1 http://ani.gamer.com.tw/。

2 2012，Production I.G 製作，群英社代理，見 http://ani.gamer.com.tw/animeVideo.php?sn=3851。

3 2014，龍之子製作公司，群英社代理，見 http://ani.gamer.com.tw/animeVideo.php?sn=5953。

4 2012 年 10 月 11 日首播，集數 22。

5 諸如：漫畫《監視官 常守朱》；《監視官 狡嚙慎也》；劇場版：《劇場版 PSYCHO-PASS サイコパス》；遊戲、小説、設定集、廣播劇……等等。

6 多瑪斯‧阿奎那《神學大全》全 19 冊，2008 年由中華道明會、碧岳學社出版。下述所提到之《神學大全》皆據於此。

漫活著
讀作品、性別與人文

本，並依集數及項目分類。再使用文本詮釋法對文本內容做詮釋與說明，可能遇到的問題有二，一為此動畫作品中有許多人物，每個人物在劇情中的狀態皆有不同，無論是對正確訊息的了解程度，或是人物個性不同導致所使用的詞彙不同。於是，人物所述說之內容是否為具參考價值的正確資訊是第一個問題（可能因劇情需要，對世界觀的描述不盡正確）；[7] 二為因動畫作品中時間是流動的，所以人物在前期的描述與正確的事實可能不盡相同。[8] 但慶幸的是，在資料比對及整理後，發現《心靈判官》[9] 中人物的用詞相符且資訊正確度極高，代表文本可用於研究並詮釋作品世界觀的正確度也高，於是本文部分使用文獻建立與文本詮釋法來進行寫作。

再來使用比較分析法將多瑪斯論人的理論與《心靈判官》所提出的概念對觀，以找出《心靈判官》中人的闕失與遺憾。

在此要特別說明的是，由於《心靈判官》的論證說明時所需要引用及舉證的文獻量過多，故行文中只會舉出重要引文，其餘請以代號對應附錄自行參考。

---

7 如征陸智己：「在這個機械可以讀出人心的時代……」（《PSYCHO-PASS 心靈判官》〔《心靈判官》〕第 1 季，第 1 集：12 分 47 秒），但希貝兒並不是「機械」，只是不知道真相者都認為「她」是機械。

8 若研究的作品為懸疑推理類型，便較易產生為了劇情而有的情報限制或正確與否之問題。

9 本文所提及之《心靈判官》一詞皆指研究範圍所界定的內容，即第 1、第 2 季動畫。

二、《心靈判官》中的人與社會

（一）《心靈判官》中如何定義人

　　《心靈判官》一作中最常出現的詞莫過於「心靈指數」、「犯罪指數」、「色相」。此三個名詞貫串整部作品，這確實也是此作品的重要核心。在作品中，人可被希貝兒測量，得出心靈指數，人與人之間的認識便以此為基礎，[10] 人也在這心靈指數中被定義。本節說明心靈指數、犯罪指數及色相所代表的意義與關係，最後說明在本作品中的「人的定義」。

　　由於《心靈判官》對上述三者的使用極為頻繁，且常混合使用。所以在說明三者定義前，首先要強調的是三者是各自獨立且不同的。第 1 季第 3 集，當主角群在調查多隆工廠連續殺人案時，由於工廠設施無法連接外界網路，所以內部的員工只能使用沒有被希貝兒運算過的色相判定作為人員管理的指標。其中，征陸智己在調查時提到：「架設在這裡的掃瞄器能測出的，頂多就是得自色相判定的承受壓力傾向。如果要根據週波數掃瞄的數據算出人的精神構造，甚至診斷出職業適性或犯罪指數，就非得要藉助希貝兒先知系統的分析了。」[11]

　　意指上述三者各自獨立，而從第 1 季第 13 集中宜野座伸元：「更何況現在妳的心靈指數已經受損了，最糟的狀況，甚至可能導致犯罪指數的惡化。」[12] 則更可知三者是截然不同的。[13]

10　宜野座伸元：「過去給大門加裝物理性的鎖是理所當然的事情，因為要在懷疑他人的前提下才能夠維持社會秩序，……但現在已經不需要再去懷疑別人、防著別人了，在路上碰到的每個陌生人，都是經心靈指數保證過的安全善良人士。這個社會就是在這樣的前提下成立的。」（《心靈判官》第 1 季，第 14 集：08 分 04 秒）。

11　《心靈判官》第 1 季，第 3 集：09 分 00 秒。

12　《心靈判官》第 1 季，第 13 集：12 分 47 秒。

13　其他相關文本請見附錄：A1、A11、A14、B7。

確定心靈指數、犯罪指數、色相三者的絕對差異後，再進一步說明心靈指數在劇中的定義為：(1) 分析聲像掃瞄所讀到的生體力場；[14] (2) 能判斷個人靈魂的基礎計測值。[15] 但這生體力場或計測值的內容是指什麼呢？我們從附錄的 A 部分第 1 點征陸智已所述「這裡的掃瞄器能測出的，頂多就是得自色相判定的承受壓力傾向。如果要根據週波數掃瞄出的數據算出人的精神構造，甚至診斷出職業適性或犯罪指數，就非得要藉助希貝兒先知系統的分析了。」由此可知，心靈指數包含職業適性、犯罪指數及色相；再由附錄的 B4、C1、C2、C3、C4、C5 內容，可知心靈指數包含了職業適性。所以，心靈指數內容至少含有：色相、犯罪指數及職業適性。

而犯罪指數又是什麼？犯罪指數於第 1 季第 13 集由禾生壞宗（未知）提到：「我們稱這種罕見的例子為免罪體質者……屬於聲像掃瞄的偵測值和犯罪心理不一致的特殊事例。」[16] 此段是在說明免罪體質者無論有無犯罪心理，當被主宰者瞄準判定時，犯罪指數都不會升高。然而在正常情形下，聲像掃瞄偵測的犯罪指數應該要升高，卻沒有升高，這便與犯罪心理不一致，但犯罪指數應當要與犯罪心理一致。於是我們可以說，犯罪指數指的是「犯罪心理」，並非「犯罪行為」。[17] 而希貝兒仍然是使用資料及聲像掃瞄推斷來

---

14 槙島聖護：「分析聲像掃瞄所讀到的生體力場，解讀出人內心的樣貌，科學智慧終於能夠揭開靈魂的秘密，讓這個社會急遽改變。」（《心靈判官》第 1 季，第 11 集：15 分 49 秒）。

15 片尾說明：「能判斷個人靈魂的基礎計測值，俗稱心靈指數。」（《心靈判官》第 2 季，第 11 集：22 分 22 秒）。

16 《心靈判官》第 1 季，第 13 集：06 分 32 秒。

17 如犯人還沒有發生犯罪行為就已造成區域壓力上升，及測出犯罪指數。犯人：「咦，怎麼這樣……我什麼都還沒做啊。」（《心靈判官》第 1 季，第 2 集：13 分 42 秒）槙島聖護將船原雪割喉之時，犯罪指數是 0；東金美沙子利用空難事故做技術研究亦沒有被制裁。由此可見，犯罪心理（要希貝兒可判斷）才是影響犯罪指數的主因，而不是犯罪事實。

得知人的狀態，是由外在的觀察推理認識，並非真正的看透人心，[18,19] 所以才要吸收免罪體質者作為系統構成成員。[20]

劇中的犯罪指數深深影響一個人的生死，[21] 於是每個人都努力將自己的犯罪指數壓低。有許多因素會影響犯罪指數上升，且皆與犯罪心理有關。征陸智己：「總之我肯定是擁有和犯罪相關的天份，所以我的犯罪指數才會這麼嚇人的高啊。」[22] 狡嚙慎也：「宜野座，不要試圖去瞭解罪犯的心理，當心會陷進去。」[23] 其他可從附錄的 A7、A8、A9、A15 得知，犯罪指數的上升是為了解（或具有）犯罪心理。然，劇中的犯罪心理指的又包括什麼？從 A4 得知，犯罪心理包括「懷疑他人」；從 A5 得知，犯罪心理可以是想要「加害他人」；從 A12 得知犯罪心理可以是「懷疑社會」；從 A13 得知犯罪心理可為「反希貝兒」；再從 A16 得知「降低犯罪心理是了為堅持法治，不用私刑」。由上述可知，造成犯罪指數上升的因素有反社會、異化[24]、懷疑他人、反希貝兒（因為其代表社會制度），以及想加害他人。

18　對應 E1 的「完全解讀出人心」，其實不然。

19　即真正的存在自身，存在的實體，非外在依附體。此概念在哲學史中龐雜，在此不多做説明。

20　原因於「希貝兒的構成」一節説明。

21　希貝兒系統：「犯罪指數 98，不屬於執行對象。」（《心靈判官》第 1 季，第 12 集：14 分 44 秒）。常守朱：「犯罪指數 300 以下的對象，適用的是麻醉槍模式。」（《心靈判官》第 1 季，第 18 集：15 分 30 秒）。犯罪指數超過 100 便會被麻醉槍制裁，超過 300 就死定了，因為用的是致命實彈槍（可見《心靈判官》第 2 季，第 1 集：〈299/300〉）。

22　《心靈判官》第 1 季，第 2 集：14 分 03 秒。

23　《心靈判官》第 1 季，第 5 集：03 分 10 秒。

24　異化為使和諧的兩者分離、對立。詳可見馬克思著，伊海宇譯：《1844年經濟學哲學手稿》，臺北：時報文化，1990。與黑格爾著，賀自昭譯：《精神現象學》，新竹：仰哲，1989。兩書中論異化概念之部分。

漫活著
讀作品、性別與人文

總結來說，犯罪指數指的是一個人的犯罪心理狀態，這犯罪心理的判定是否會影響社會安定或他人安全。

　　再來說明「色相」為何。色相在劇中是從白到黑，由好到壞。色相一詞在劇中的使用是較容易使人混淆的，因為色相又與犯罪指數及心靈指數有關，劇中亦常以色相的混濁代表犯罪指數高。筆者認為，劇中的色相有廣義與狹義之分，以下說明之。我們從[25]「架設在這裡的掃瞄器能測出的，頂多就是得自色相判定的承受壓力傾向。如果要根據週波數掃瞄的數據算出人的精神構造，甚至診斷出職業適性或犯罪指數，就非得要藉助希貝兒先知系統的分析了。」[26] 及「到頭來，能靠機械化程式判定的，最多也只有根據色相診斷做出的壓力計測而已。」[27] 得知，色相便是壓力之計測。壓力是為色相的狹義定義。

　　說明色相的廣義定義前，我們藉由論證色相與犯罪指數的關係來了解若單以壓力作為色相定義的不足。色相與犯罪指數並非相同指數，[28] 但犯罪指數高者色相便混濁，犯罪指數低者色相潔淨。若將色相定義為壓力，則壓力大⇔犯罪指數高？壓力小⇔犯罪指數低？頂多可說明兩者是正相關。但已有兩者非相同指數的前提（且色相的壓力計測可以機械測出，犯罪指數不可）。於是，從色相的壓力計測可得出顏色，犯罪指數也會影響顏色，因此可得知，色相應當受到壓力及犯罪指數影響，如此才可說明以下兩段文字。狡嚙慎也：「換作是一般人，光是想到要製造令希貝兒先知系統失靈的裝備，色相就會混濁了。」[29] 狡嚙慎也：「雜賀老師當時曾特別為

25　其他相關文本請見附錄：A1、A2、A3、A6、A10、B7。可得出色相即為壓力之大小。

26　《心靈判官》第 1 季，第 3 集：09 分 00 秒。

27　《心靈判官》第 1 季，第 17 集：12 分 52 秒。

28　同上引。

29　《心靈判官》第 1 季，第 15 集：13 分 09 秒。

解放命運的奴隸　049

公安局搜查官們開了一堂課……上那門課的學生色相變混濁，犯罪指數開始上升。」**30** 這兩段話指出色相會混濁，若將色相解釋為壓力，除非是上課的學生擔心被當掉，不然壓力無法準確。但若將色相解釋為犯罪心理，則可以理解色相為什麼會混濁，第一段引文是由於反希貝兒的反罪心理，使犯罪指數升高，進而色相混濁；第二段則是由於理解犯罪心理，使得犯罪指數升高，而色相混濁。結論：色相（至少）含有兩部分，一是可以機械測量的「壓力」；另一部分需要靠希貝兒判斷的犯罪指數。

值得注意的是，犯罪指數是不被色相範疇所「包含」的，因為色相判定不能得出犯罪指數，只可判定出壓力，所以沒有將犯罪指數隸屬於其下的能力，犯罪指數對應的色相顏色是希貝兒判斷的結果。於是，色相只能是含有但不包含犯罪指數的。色相可被壓力及犯罪指數影響，但只有在希貝兒的協助下，這色相才能反應出犯罪指數。所以廣義的色相定義為「壓力」及「犯罪指數」。

心靈指數為靈魂的計測，至少包含職業適性、色相及犯罪指數。其中，犯罪指數為是否有反社會或危害他人的犯罪心理，不可靠機械測定，需要由希貝兒判斷。色相則是有廣義與狹義之分，狹義的色相為可以機械測定的壓力，廣義為犯罪指數及壓力，此兩者共同影響色相，而廣義的色相亦是影響心靈指數顏色的因素。

人在此定義與判斷下，不再是完整的人，而是被系統判斷評量化的人。人被聲像掃瞄得到的資料，以能力測定、心理推斷來區分跟定義，缺乏了生為人的行為主體性，人與動物沒有差別性，理性 **31** 沒有在此定義或觀察中出現，也讓人缺少存在的形上基礎。**32**

---

30 《心靈判官》第 1 季，第 9 集：13 分 42 秒。

31 因為理性是人所獨有，其他動物沒有。

32 即人的根源，世界從何而來，從何而去。詳可見形上學相關書籍。

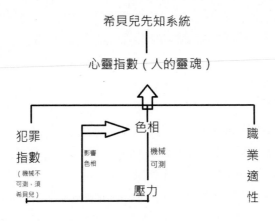

希貝兒先知系統

心靈指數（人的靈魂）

犯罪指數（機械不可測，須希貝兒）

影響色相

色相（機械可測）

壓力

職業適性

圖1 色相、心靈指數、犯罪指數的關係圖。（圖片來源：筆者整理）

（二）希貝兒先知系統

　　希貝兒先知系統為劇中的社會管理者，也代表著社會制度。社會的一切都是建立在希貝兒系統之下。不但計算監督全國人民的心靈指數，亦幫他們安排人生的發展，並用各種手段鞏固自己的統治權力。以下說明希貝兒先知系統的能力、目的、構成及社會控制。

　　希貝兒作為社會制度的基礎與支柱，必當要有維持社會與管理社會的能力，從船原雪與常守朱聊天時所提到：「讓適才適所，人盡其才。這正是希貝兒帶給人類的恩澤。」[33]可得知希貝兒有推斷職業適性的能力，從「根據週波數掃瞄的數據算出人的精神構造，甚至診斷出職業適性或犯罪指數，就非得要藉助希貝兒先知系統的分析了。」[34]再推知希貝兒能算出精神構造、職業適性跟犯罪指數。[35]總的來說，希貝兒能以掃瞄聲像得到的生體力場[36]去測量出

---

[33] 其他相關文本請見附錄：B1、B2、B3、B4、B5。

[34] 《心靈判官》第1季，第3集：09分00秒。

[35] 可見本文「希貝兒計算出心靈指數」。

[36] 槙島聖護：「分析聲像掃瞄所讀到的生體力場，解讀出人內心的樣貌，科

心靈指數，而心靈指數中含有可機械測量的色相與不可機械判斷的職業適性與犯罪指數。

這樣一座將人類生活從生到死的規劃及社會都控制於其下的系統，其目的是自利？又或是為了讓人類生活得到美滿與幸福？希貝兒是由誰設置，目的又是什麼？劇中並沒有直接明確的說明，但我們可從「消除了各種矛盾與不公的合理性社會，那才是全人類的理性所追求的終極幸福。一座完美無缺系統的完成，希貝兒乃成為實現了此一理想的具體存在。」[37] 及「目前的安定繁榮，實現了最大多數人的最大幸福的當代社會。……人生的規劃也好，欲望的達成也好，當今無論面對什麼樣的選擇，人們與其自己煩惱，都寧願求助於希貝兒的判定。這使得我們得以建立一個在人類歷史上，從未有過的富足而安全的社會。」[38] 此兩段引文中可知道希貝兒是為了達到消除各種矛盾與不公，打造一個合理性社會，並認為那是全人類理性所追求的幸福。[39] 而「她」[40] 也確實讓社會安定繁榮，[41] 雖然沒有消除犯罪的可能性。[42] 但仍讓人在社會中皆有工作

學智慧終於能夠揭開靈魂的祕密，讓這個社會急遽改變。」（《心靈判官》第 1 季，第 11 集：15 分 49 秒）。

37 《心靈判官》第 1 季，第 20 集：05 分 55 秒。

38 《心靈判官》第 1 季，第 13 集：03 分 20 秒。

39 筆者認為，這全人類的理性為希貝兒自己的推論與判斷，因為按照多瑪斯，理性（reason）為智性功能的思考活動，但在此社會制度下，人類的理性思考自由是被壓抑的。再者，人該當追求的幸福不當只是富足安全的社會，此點在下述「人類該追求的幸福」一節中說明。

40 希貝兒沒有性別形體，但鑑於其為大腦集合體，常用描述生物的他／她。但劇中希貝兒系統的命名與聲音為女性，故在此使用「她」作為希貝兒先知系統的指稱。

41 這是與其世界觀中的其他國家相比：「我國才能成為目前地球上唯一一個成功運作的法治國家。」（《心靈判官》第 1 季，第 17 集：11 分 51 秒）。

42 但犯罪的可能性正是身為人自由意志的展現，將於之後的部份說明。

漫活著
讀作品、性別與人文

機會，[43] 保障人在社會中的人身安全。[44] 為了達到這一目的，希貝兒必須讓系統本身是完美無缺的，所以使自身完美[45] 也是希貝兒的目的之一，但這不是最終目的，而是她為了達到富足而安全社會所需要的必要狀態。

　　劇中的大多數人認為掌管大權的完美系統是由一堆機械或超級電腦組成的。「她」真正的面貌也的確是「統合人體大腦的活動擴張其思考能力，這樣高速化後的系統。」[46] 即人類大腦的集合體，[47] 並且是由具有免罪體質[48] 人的大腦所集合的。然而，上段提到，希貝兒為了達到實現人類最大幸福的目的，必須是要完美的，但這樣的構造是否能達到她所需要的完美？希貝兒系統是以免罪體質者所構成，其原因是：「就是要擁有不受過往人類的規範所束縛，……能夠從局外者的觀點來俯瞰並裁定人類的行為，系統要求的是這樣的天賦。」[49]「藉由容許無法管理的異數的出現，擬定能夠讓彼此共存的手段，以使系統獲致實質上的完美……只要將系統的運作交給脫出系統的人就行了，這是最合理的結論。」[50] 希貝兒以具有高度觀察力或推斷力的精英免罪體質者作為系統建構的成員，並持續的吸收免罪體質者，這是由於免罪體質者為聲像掃瞄與犯罪心理不

---

43 希貝兒系統「職業適性考核，能夠徹底發揮個人能力，保障個人生活安定」（《心靈判官》第 1 季，第 12 集：04 分 16 秒）。

44 宜野座伸元：「在路上碰到的每個陌生人，都是經心靈指數保證過的安全善良人士。」（《心靈判官》第 1 季，第 14 集：08 分 04 秒）。

45 系統的完美性及完美必要是第 2 季的重點議題。

46 《心靈判官》第 1 季，第 17 集：11 分 51 秒。

47 相關文本請見附錄：B6。

48 希貝兒系統：「過去我們還具有個別人格與肉體時，每一個都是脫出了希貝兒先知系統管理的免罪體質者。」（《心靈判官》第 1 季，第 20 集：04 分 46 秒）。

49 《心靈判官》第 1 季，第 17 集：14 分 03 秒。

50 《心靈判官》第 1 季，第 20 集：04 分 46 秒。

合之人。也就是，希貝兒沒有能力判斷其犯罪心理，即無法推論免罪體質的心理，[51] 於是藉由持續吸收免罪體質者來增加其思想的廣度，並在第 2 季結尾，將會使希貝兒的「集合性心犯罪指數」上升的成員全數銷毀，讓她的成員都是不反社會（犯罪指數低）的免罪體質者。這樣一來，希貝兒的構成成員不單是在思考觀點上的卓越，更是具有社會和平性。見圖 2 說明：

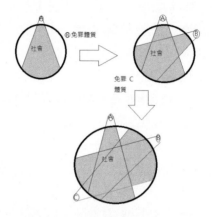

圖2 希貝兒以免罪體質者作為構成成員的轉變（圖片來源：筆者自製）

　　灰色區域為希貝兒的可思想範圍。可以肯定的是，希貝兒在不斷吸收免罪體質者的過程中就如同在 debug，讓自己不斷修正，更新思想角度與廣度。但作為人腦的集合體，始終還是會落於受造物的限制，[52] 要說此是完美的系統是為太過，但可肯定她在思考能力上的卓越。

---

51 「即使集希貝兒全體智慧，也無法測量出的人格就被稱作免罪體質……藉著發掘並吸收這類珍貴人才進來，系統才能不斷擴張它思考的廣度，獲得作為一個智慧體的新的可能性。」（《心靈判官》第 1 季，第 17 集：14 分 41 秒）。

52 詳見《神學大全》第六冊，第 91 題，第 5 節，頁 41-42。論自然法：有趨善避惡的天性、保全自己的天性。

接下來討論希貝兒的社會控制，希貝兒所表現出的社會控制在許多方面，見附錄：D2、D8可得知希貝兒是有意鞏固自己的社會管理權的；從D1得知希貝兒的政治控制；從D3、D4得知希貝兒將有效降低犯罪指數的醫療方式與藥物禁止；[53] 並在D5、D6、D7可知希貝兒進行的思想控制。[54] 從這幾點看來，她是有意識的維持自己的社會管理權，並認為這樣對人類是好的。

總結上述，希貝兒系統是以免罪體質者作為構成成員的人腦集合體，這集合體以其思想與運算能力讀出人類的心理狀態，並以此作為社會管理的基礎。在這基礎上，幫人類決定了人生發展，限制思考範圍。有意的使用手段來鞏固自己的社會管理權。嚴格來說，這不是法治，[55] 且劇中甚至沒有提到與法律相關的社會制度，只有第2季第11集出現法律字眼，兩次都是與常守朱相關。分別是，鹿矛：「妳可以不顧法律直接制裁我啊。」常守朱：「我的心裡沒有那個選項。」[56] 及「或許最後來臨的是正確的法律和秩序，還有和平與自由也說不定。」[57] 這社會是希貝兒的人治，且是有私欲的人治，將她所判斷的幸福作為個別人追求的目的與框架，徹底忽視了人的自由意志與人性。

（三）在此社會中的人

上兩節說明了在這世界中，人是如何被定義的，人又是在什麼樣的社會管理系統下生活的，本節將說明被定義的人在這樣的社會

---

53 若不禁止，會使希貝兒無法有效判斷犯罪指數，亦無法找出正確的免罪體質者。如此會使希貝兒無法實行有效的社會管理與無法進化。

54 若反對或懷疑希貝兒者將被視為犯罪心理，最終就是被制裁。亦可參考本文對犯罪心理的說明。

55 對應人治而論。

56 《心靈判官》第2季，第11集：03分34秒。

57 《心靈判官》第2季，第11集：19分49秒。

中，是否還具有自由與德行？

　　從以下引文可知，人在這樣的社會下，仍有看似自由選擇的權利。水無瀨佳織：「明明在經濟部和科技部都拿到了適任資格，是妳自己全部推掉而選了公安局的不是嗎？。」[58] 滕秀星：「妳想選擇什麼樣的人生都能自由選擇。」[59] 但為什麼這自由選擇只是「看似」的自由？這是因為自由選擇必須在希貝兒的限制範圍內，例如只能在適任資格中選擇職業，但那些是適任資格，最終還是由希貝兒判準，所以人終歸是被限制的。王陵璃華子：「在現在這時代，每個人都只能依照系統決定的適性，滿足於被強加的幸福，無法實現自己真正的夢想。」[60]「哪像現在希貝兒先知系統都會讀出我們的能力，告訴我們要怎樣過活才最幸福。」[61] 人無法決定自己的出路與人生，更嚴重的是人沒有懷疑社會的自由，[62] 若懷疑便被當成罪犯處理，於是人生只能不懷疑、不反對、不批判，只能順應系統的適性與心靈指數判斷。如此的人究竟是人，還是被豢養的動物？人在這樣的社會中，也漸漸不再依賴自己的意志判斷（因為也不能或不想），[63] 這也是第 1 季中槙島聖護一直在詢問社會的。再者，由於社會組成是經過篩選的良善之人，人們不需要自律。[64]

58　《心靈判官》第 1 季，第 2 集：05 分 50 秒。

59　《心靈判官》第 1 季，第 2 集：17 分 10 秒。

60　《心靈判官》第 1 季，第 6 集：14 分 33 秒。

61　《心靈判官》第 1 季，第 2 集：17 分 10 秒。

62　人仍然有懷疑社會的能力，因為希貝兒是思想控制，不是心靈控制，並沒有物理性的強加使人缺少思想能力，但這是不被允許的，懷疑會使自己的犯罪指數升高。

63　槙島聖護：「但是，從來不問自己的意志，只知依從希貝兒先知的神諭過日子的人們，這樣的人，真的有什麼價值嗎？。」（《心靈判官》第 1 季，第 11 集：16 分 23 秒）禾生壤宗（未知）：「人生的規劃也好，欲望的達成也好，當今無論面對什麼樣的選擇，人們與其自己煩惱，都寧願求助於希貝兒的判定。」（《心靈判官》第 1 季，第 13 集：03 分 20 秒）。

64　槙島聖護：「人從此不再需要自律，而是靠著機器的測量來保持心理的健

漫活著
讀作品、性別與人文

如此一來，人不能自由的以自我意志行動，[65] 只能在希貝兒限制的範圍內做個良善的好公民。這樣的人是否具有人性的價值？這也是劇中[66]的犯人們所提出的質疑。但提出質疑的人，就是懷疑社會，所以都是犯人。這樣狀態的人，所做的行為頂多只能算是人的行為，並非人性行為。[67] 缺乏了人性自主的價值，人達到的幸福也只是被系統所安排好的，在這無思想自由、無人生目的、無意志決斷的狀態下，人在社會不過是整個希貝兒系統的延伸分支而已，人不再是具有位格獨立的人，而是歸屬於系統的工具人，是為達到希貝兒認為的完美社會的工具。

三、以多瑪斯之觀點看《心靈判官》

此部分將說明多瑪斯其哲學觀點如何看待上述問題，即人的定義、人的靈魂與自由意志，德行與幸福又是什麼。由於每個概念都是十分複雜與龐大的，本文只以較簡單明確的方式說明多瑪斯的觀點，就不在理論的論證及概念發展影響多作著墨。

（一）多瑪斯對人的定義

多瑪斯承繼亞里士多德對人的看法，將人視為肉體與靈魂的結

康。」（《心靈判官》第 1 季，第 7 集：15 分 22 秒）宜野座伸元：「在路上碰到的每個陌生人，都是經心靈指數保證過的安全善良人士。這個社會就是在這樣的前提下成立的。」（《心靈判官》第 1 季，第 14 集：08 分 04 秒）。

65 人仍有這樣的能力，但後果自負，等等公安局就來查水表了。

66 泉宮寺豐久：「在這個時代，能夠稱之為生命價值的東西，全都凋零殆盡了。再也沒有人會認真談論何謂生命的意義。」（《心靈判官》第 1 季，第 7 集：13 分 57 秒）。其他相關文本請見附錄：C5、C6、C7。另外，這些質疑社會者，也都掛了。

67 於多瑪斯之部分詳加說明。

合，但不同的是，多瑪斯認為人是天主所造的有限存有。[68] 人的靈魂中又有本質、能力與活動之分。此處只說明靈魂與人的關係、靈魂的能力兩者，來回應心靈判官中對靈魂以心靈指數表示是否完整或可能。首先，靈魂是否就是人？多瑪斯在《神學大全》第一集第75題說明：

> 所謂「靈魂是人」，能有兩個意義：一種是說「人」是靈魂，但「這個人」不是靈魂，而是靈魂和身體之結合體⋯⋯正如「這個人」之理或概念中，包括這個靈魂和這些骨肉；同樣，「人」的概念中也包括靈魂和骨肉。⋯⋯另一意義，是說「這個靈魂」即是「這個人」。⋯⋯既然感覺是人的活動，雖然不是人所專有的，可見人不只是靈魂，而是由靈魂和身體組成之東西。[69]

由上可知，人不單只是靈魂，而是肉體與靈魂的結合。[70] 若以形式與質料 [71] 的關係來談，人的形式若為靈魂，質料便是肉體，沒有肉體無法表現形式，沒有形式也無法完成人。是以，靈魂縱使是人組成中極為重要的部分，但人仍需要肉體。在《心靈判官》中，心靈指數是可判斷靈魂的計測值，[72] 但光從靈魂得到的犯罪指數、色相或是適性都無法完整的表示人這一靈魂與肉體結合的存有，心靈指數在這一點上就對人的認識有所缺失，因為完整的人不單只有靈魂的影響，肉體也影響了人的活動（嗜慾活動），以心靈指數定義人，

68　除了天主之外，其他受造物都是有限的。

69　《神學大全》第三冊，第 75 題，第 4 節，頁 9。

70　結合方式不在本文說明。詳可見《神學大全》第三冊，第 76 題，第 5、6、7、8 節。

71　詳可見形質論。

72　片尾說明：「能判斷個人靈魂的基礎計測值，俗稱心靈指數。」（《心靈判官》第 2 季，第 11 集：22 分 22 秒）。

並以此作為判定人的基礎是不足的，這也影響到了對人之幸福目的安排的不周全。[73]

《心靈判官》對人的靈魂有多項分類，多瑪斯則對人的靈魂中所有的能力[74]加以說明，靈魂的能力有5類：「我們說機能有生理性的，感官性的，嗜慾性的，空間運動性的，和智性的。」[75]由於人的靈魂高於生魂和覺魂，[76]故其具有智性能力。其中，生理性的能力是與靈魂相結合的肉體活動，如生長、生殖與營養能力。[77]感官性能力分內感官與外感官，外感官為視、聽、嗅、味、觸，內感官為共同感官、想像力、構想力、估量力及記憶力。[78]空間運動性的能力是指靈魂以外在物作為活動與運動的終點，這是因為要靠移動才能觸及嗜慾能力所願意及欲求之物。智性能力的對象是可理解的普遍物，簡言之，智性能力是讓我們具有思考理解的能力。此段可知，《心靈判官》對人靈魂內容的描述與認識實在不足。再者，由於希貝兒並非真正了解對象（人），只是以資料判斷，所以仍有免罪體質者的出現，筆者認為，免罪體質者的出現不是基因的機率性原因，[79]而是思辨性的無法理解免罪體質者的犯罪心理。

---

73 這樣會造成兩個矛盾點：一是若以靈魂指數測定來認識人，當以靈魂的嗜慾作為行動的目的，但《心靈判官》中對人幸福的安全是為安居樂業這非靈魂行動的目的；第二，不完全的認識使得判定忽略了人的理性能力，故無法達到真正的目的安排。

74 機能一詞在多瑪斯，拉丁文為 *potentia*，英文為 power。而《神學大全》中譯本在第 1 冊論天主能力時將其翻譯為「能力」（頁 380）、於同書第 3 冊論靈魂之時，翻譯為「機能」（頁 66），但兩者為同一字，皆是 *potentia*。下文除了引文外，提及能力（機能）時，皆使用「能力」表示之。

75 《神學大全》第三冊，第 78 題，第 1 節，頁 65。

76 詳可見亞里士多德論靈魂。

77 《神學大全》第三冊，第 78 題，第 2 節，頁 68-69。

78 《神學大全》第三冊，第 76 題，第 3、4 節，頁 28-36。

79 禾生壤宗（未知）：「犯罪指數和遺傳的因果關係，雖然至今仍無科學證明。」（《心靈判官》第 1 季，第 6 集：03 分 01 秒）

多瑪斯對人的定義為「有理性、有可能死亡的動物。」[80] 是靈魂與肉體的結合物，缺一不可，只有任一部分不可稱為人。對比《心靈判官》中對人的定義來看，《心靈判官》缺少了對人的尊重與個體性差異的肯定，只將人的能力量化並限制他們發展的可能性。

（二）意志與自由意志

意志是《心靈判官》第 1 季的重點議題，槙島聖護認為人只有在憑自己意志行動時，行動才有價值。加上希貝兒控制人的思想自由，[81] 若身處在自由意志被限制的社會中，人還有價值嗎？

多瑪斯在《神學大全》中，提及有自由意志者有三：一者為天主、[82] 二為天使、[83] 三便是為人，[84] 這三者皆是有理性的，所以自由意志是否為理性存有所獨有之？多瑪斯在第 83 題中提及：

> 人有自由抉擇；否則的話，勸說、鼓勵、命令、禁令、賞和罰，便都是無用的了。為看清這一點，要知道有的東西行動不經判斷……凡沒有認知能力的都是一樣。有的東西行動經過判斷，但其判斷不是自由的，……禽獸的任何判斷都是這類的。但人也是按判斷行動，……是來自理性的一種比較；……理性關於它們的判斷能是多方面的，而不是固定的一種。所以，由於人是有理性的，故他必然有自由抉擇。[85]

---

80 《神學大全》第一冊，第 29 題，第 4 節，頁 442。
81 見上述，希貝兒先知系統。
82 《神學大全》第一冊，頁 314。
83 《神學大全》第二冊，頁 172。
84 《神學大全》第三冊，頁 131。
85 同上。其文本將 *liberum arbitrium* 譯為自由抉擇、自由決議或自由意志，故此將自由抉擇與自由意志。詳見頁 130。

漫活著
讀作品、性別與人文

由此可看出，多瑪斯首先肯定的是人有自由意志。從其倫理學的建構角度，其對象是人性行為，即 *actus humani*, human acts，並非人的行為，即 *actus hominis*, acts of man，只有人性行為才是倫理學討論的範圍與對象。再者，人內的行為之標準與應用為良知（Synderesis）與良心（*Conscientia*, Conscience）；外在行為的根本，是使人傾向惡的魔鬼與使人傾向善的天主及法律，天主以法律與恩寵幫助我們。[86] 故，人有自由意志是多瑪斯建構其自然法倫理學的重要基礎，人當有自由意志，才能有良知與良心之運作。[87] 從形上的角度，是人有自由意志的可能性。人是分有天主理性的受造物，於是除了擁有生理機能之判斷外（acts of man），還有理性判斷（human acts），理性對於狀況的判斷是多樣性的，且並非每人相同，[88] 這判斷過程中的多樣性便產生了「非強制」選擇。；從形下角度，是人有自由意志的必要性。若人無自由意志做選擇，則賞罰便無其意義與作用。

再者，從上述引文中可見，自由意志的構成有幾項要素：一是理性的判斷、二是（判斷是）多方面、三是不是固定的。所以自由意志必是由理性而非生理性所提供的判斷；由理性提供的判斷是多方面的，所以我們需要「選擇」一個判斷做決定。最後，選擇的結果不是固定的，因為人的生理狀況或習性、感情的因素，會有偏好

---

86 《神學大全》第六冊，第 90 題，第 1 節，頁 1：「促使人向惡之外在根本是魔鬼，……推動人向善之外在根本是天主，天主以法律訓導我們，並以恩寵助佑我們。」

87 良心的三種運作方式，第一跟第三種是在行動完成後，良心作用使我們承認是否有做過某事，及評斷此行為是好或壞，於是有聲稱無罪、責難或控訴，使我們能不重蹈覆轍。見《神學大全》第三冊，第 79 題，第 3 節，頁 106。

88 這並非每人皆同也展現了「選擇」及「非強制」。見《神學大全》第三冊，第 83 題，第 1 節，頁 132：「一個人在身體氣質方面是怎麼的，他的目的便也是怎樣的；因為由於這種體質，人傾向選擇某物或棄捨某物。」

的傾向，展現出了選擇的多樣化。

　　於是，自由意志是採納某事物，拒絕某事物的一種選擇能力。這能力有智性機能與嗜慾機能的共同作用。在認知方面，是以了解、領悟，到考慮，以提供優先可選擇的各種選項；在嗜慾方面，是考慮智性所提供的判斷，接受並欲求之。雖然自由意志是由兩者共同作用，但因為選擇的對象是導致目的者，而嗜慾機能是以外在物為目的，所以導致目的者是一外於自身的選擇，故自由意志屬於嗜慾機能。[89]

　　自由意志與意志兩者皆是在處理關於目的者，是同一種能力的不同活動，都屬於嗜慾機能中的智性嗜慾，[90] 如智性機能中理智與理性之分。[91] 意志是關於「目的」的能力，是「願意」對某一物欲求；自由意志是關於「選擇」的能力，是為了目的而欲求導致目的者。人既願意目的，便會對導致目的者欲求，導致目的者則是因目的而被欲求。從上述得知，人具有自由意志的可能，要在自由意志之下，賞罰才有其意義，也因為自由意志，人才能產生具有意義的道德行為。反觀《心靈判官》中，人不再需要也不想自己決定事物，沒有選擇自己的行為，自然也就沒有自由意志 [92]。沒有自由意志的參與，人性行為自然就不能彰顯其價值，人在這社會狀態下，只能說是被控制而無行為主權的動物。

---

89 智性機能的對象是普遍物，可理解的。

90 嗜慾機能有自然性嗜慾與動物性嗜慾；智性嗜慾與感官嗜慾。

91 理智（intellectus）與理性（ratio）是同一機能。理智之活動是理解與領悟，是對「可理解」對象之單純認知；理性之活動是推理，從一已領悟者到達另一者，以達到「可領悟」之真理。

92 再次說明的是，人仍有這樣的可能性，只是會被視為犯罪。社會制度（希貝兒）要人類不去使用這樣的能力，且透過社會控制手段減少人這方面的選擇能力。

（三）人所追求的幸福

在《心靈判官》中，希貝兒認為她實現了最多人的最大幸福。[93]
多瑪斯論人生的目的，是為所有人共有且一致的：「雖然行為是屬
於每個人的，但在人內的第一個行為根本是天性，而天性趨向
一。」[94]、「因為幸福是指最後目的之獲取。」[95] 及「若我們講最
後目的是指充當目的之體的東西，則一切東西的目的皆與人相同，
因為天主是人及其他一切東西的最後目的。但若我們講人之最後目
的是指目的之取得，則人的目的與其他無靈物不同。因為人及其他
有理性的受造物，是以認識和愛慕天主而達到最後目的。」[96] 人之
最後目的，不單是承繼了亞里士多德之幸福論，更多的是人獨有
的，去回歸天主，去以理性認識與愛慕天主。

與《心靈判官》相比，多瑪斯所論及的人之最後目的似乎過於
宗教性，但若檢視其原因便可知道，《心靈判官》對人之幸福目的
的設定，是缺乏人的根源及形上根本的。多瑪斯與《心靈判官》都
把人生目的設定在獲得幸福，但是兩者對幸福概念的定義則大有差
異，多瑪斯認為 [97] 財物、榮譽、聲望、權勢、身體上的利益、肉體
快樂，或是某一受造物，都不是人所追求的幸福。而《心靈判官》
希貝兒則認為社會富足，達到最大普遍善便是幸福。

但是希貝兒在幸福目的的設定上，因為幾點而有了缺失，使得
人永遠只能在形下世界中找尋幸福。首先，希貝兒不具有超越性，

---

93 此一論點是效益主義，代表者為：邊沁（Jeremy Bentham）。

94 《神學大全》第四冊，第 1 題，第 7 節，頁 14。

95 《神學大全》第四冊，第 1 題，第 8 節，頁 15。

96 《神學大全》第四冊，第 1 題，第 8 節，頁 15。

97 《神學大全》第四冊，第 2 題，第 1、2、3、4、5、6、8 節。

雖然劇中藤間幸三郎認為他們是已經超越人類的存在，[98] 但其實仍受限於人的有限性與理性認識的極限，因為他們無法真正的了解對象存有，只能依據得到的資訊做判斷與推理。在這樣的狀態下，希貝兒為人擬定的幸福人生只是她的認為，並不是作為一個受造存有真正該追求的目的；再者，《心靈判官》中對世界及人的形上根源沒有說明與提及，不知道人從何而來，又要到那裡去，世界的根本又是什麼，這些都未做說明。劇中人們的生活沒有一個可依循的存在目的，只能依照希貝兒的社會規範生活，缺少形上基礎，使得人的價值無法依歸，自然希貝兒設定的目的也只能在形下世界。

四、結論

　　《心靈判官》建構了獨特且具有吸引力的世界觀，雖然故事的主要部分是公安與罪犯的周旋，但也說明了世界設定的管理制度，人與人相處之間的認識方法，人如何在那樣的社會中生活……等等。由於設定將一切的管理與決定權都交給希貝兒系統，因而讓希貝兒成為這世界的中心，且權力無限上綱。然，即使在這樣的世界，還是有人嘗試對世界提出疑問（雖然因此被認定是罪犯），嘗試以個人意志在這世界中，活出他們想要的生活目的。《心靈判官》有許多可與多瑪斯討論對比之處，諸如靈魂、自由意志、幸福的目的……等等。比較分析之下，可得知這世界的人只是希貝兒系統的一個系統分支，不具有真正身為人的存有本性，這是較為可惜的。希貝兒終究是個人治的系統，而且還是控管一切，限制人思考自由的愚民政策。雖說希貝兒認為達到最多數人的最大善為其主要目

98　禾生壞宗（藤間幸三郎）：「不，我認為這是無比的公平，負責審判監督民眾的我們，是已經超越了人類的存在。」（《心靈判官》第 1 季，第 17 集：13 分 34 秒）

的，但是她所認為的最大善亦會陷入邊沁苦樂計算的困境，《心靈判官》對人應當怎樣活著，較少著墨，第 1 季討論的是自由意志與行為價值所帶來的人生意義，第 2 季則是系統的完美性與全能者悖論。兩季動畫中，對人的本質討論不多，也是這作品的遺憾之處。

多瑪斯認為人是靈魂與肉體的結合，應依自己的自由意志抉擇並行為，這樣人的行為才擁有德性價值，人性行為也在自由意志下才具有意義。然，《心靈判官》在希貝兒的控制下，人的行為不再具有自由意志的珍貴性，[99] 自然道德行為也就不可能了，劇中通過心靈指數的良善公民雖然都不會犯案，但那並不是真正的德行行為，而是被控制下的結果。

若是要找回人自由意志的判斷自由又不被社會控制，只能懷疑這個社會。或許，《心靈判官》的世界繼續發展下去，有一天真的會有人去把希貝兒給關了。

---

99 如果你要當個好公民，不想被查水表然後被主宰者轟成肉醬的話。

句讀（因為動畫字幕沒有標點符號）及括號內為筆者補充說明，非動畫內容。集數後所提之四位數字為片段時間，如：第 1 季第 3 集 0900。即第 1 季第 3 集 09 分 00 秒。

A. 心靈指數、犯罪指數相關：

1. 征陸智己：架設在這裡的掃瞄器能測出的，頂多就是得自色相判定的承受壓力傾向。如果要根據週波數掃瞄的數據算出人的精神構造，甚至診斷出職業適性或犯罪指數，就非得要藉助希貝兒先知系統的分析了。第 1 季第 3 集 0900。

2. 常守朱：殺了人怎麼可能反而讓心靈指數好轉。第 3 集 1338。

3. 征陸智己：金原以外的職員，也是藉著整金原在紓解壓力。第 1 季第 3 集 1340。

4. 狡嚙慎也：這些人都不會覺得害怕嗎？……而是被揍了會流血，被刀捅了會沒命的真實空間啊。可是卻連旁邊的人的真實身分都不曉得，我覺得這些人瘋了。
   常守朱：你就是有這種想法，心靈指數才會變混濁。第 1 季第 4 集 1627。

5. 狡嚙慎也：我想讓這個兇手也遭受同樣的痛苦，不知不覺，我開始有了這樣的想法，就從那時候起，我已失去了當監視官的資格。第 1 季第 7 集 0910。

6. 六合塚彌生：趁現在盡情哭一哭吧，不然之後色相會混濁的。第 1 季第 8 集 1631。

7. 狡嚙慎也：這是發生在希貝兒先知系統和大學制度同時存

在的事⋯⋯雜賀老師當時曾特別為公安局搜查官們開了一堂課⋯⋯上那門課的學生色相變混濁，犯罪指數開始上升。⋯⋯有能力上的差別，也有單純只是個性上的適合與不適合。第 1 季第 9 集 1342。

8. 宜野座伸元：妳以為為什麼要有監視官和執行官這樣的區分，就是為了避免讓健全的人，因為調查犯罪而導致心靈指數的混濁。第 1 季第 9 集 1731。

9. 征陸智己：警察一旦涉入搜查工作太深，最後也會被希貝兒先知系統標記為罪犯的同累。犯法的一方和執法的一方，的確都必須直接面對同樣的犯罪現象。第 1 季第 9 集 1930。

10. 佐佐山光留：是前希貝兒公認藝術家嗎？（指六合塚彌生）⋯⋯

   宜野座伸元：不過在投注藝術活動的過程裡，色相逐漸混濁的例子，聽說還蠻多的，這表示像藝術這種能夠打動人心的強烈情感，既可能是良藥，也可能是毒藥。第 1 季第 12 集 0658。

11. 宜野座伸元：更何況現在妳的心靈指數已經受損了，最糟的狀況，甚至可能導致犯罪指數的惡化（心靈指數→色相與犯罪指數→數字是分開的，兩者是相關但不同。）。第 1 季第 13 集 1247。

12. 征陸智己：認為這樣的作法，絕不是我所相信的警察工作。當我這個想法越強烈，心靈指數也跟著越混濁。⋯⋯就在我願意接受這時代，終於認命了的時候，我的犯罪指數也不再上升了。（犯罪指數指的是對社會的順應度，即是否是良善不懷疑與反對社會制度者。懷疑制度會造成心靈指數混濁）。第 1 季第 13 集 1939。

13. 狡噛慎也：換作是一般人，光是想到要製造令希貝兒先知系統失靈的裝備，色相就會混濁了。第 1 季第 15 集 1309。

14. 篷田（鹿毛囲）：你的色相已經在警戒區了，雖說犯罪指數還在變動值內，但也有可能突然發生惡化。倘若將混濁的色相就這麼放著不管，最糟的狀況不排除可能成為潛在犯。第 1 季第 19 集 0210。

15. 狡噛慎也：一旦糧食自給體制瓦解了，日本就只能再次從國外輸入糧食，原本拒絕與他國交流的政策，也必須急遽做出改變。

    雜賀讓二：因為糧食不足，使得日本全體國民犯罪指數上升。

    狡噛慎也：一旦解禁開始輸入糧食，國境的警備也難免開始鬆弛，應該也會有難民進來吧，這麼一來犯罪指數測定本身或許就沒什麼意義了。第 1 季第 19 集 1849。

16. 鹿矛囲：為什麼妳突然願意幫我帶路。

    常守朱：這都是為了以正確方式制裁你。

    鹿矛囲：妳可以不顧法律直接制裁我啊。

    常守朱：我的心裡沒有那個選項。

    鹿矛囲（心理師分身形象）：妳就是靠這種判斷，來維持心靈指數的吧。……在這犧牲了人性的理想世界裡，到底什麼才是正確的制裁呢？第 2 季 11 集 0334。

B. 希貝兒相關：

1. 水無瀨佳織（常守朱之友）：明明在經濟部和科技部都拿到了適任資格，是妳自己全部推掉而選了公安局的不是嗎？。第 1 季第 2 集 0550。

2. 船原雪（常守朱之友）：讓適才適所，人盡其才。這正是

希貝兒帶給人類的恩澤。第 1 季第 2 集 0637。

3. 滕秀星：妳想選擇什麼樣的人生都能自由選擇……簡直就像希貝兒完成前的爺爺奶奶們。哪像現在希貝兒先知系統都會讀出我們的能力，告訴我們要怎樣過活才最幸福。第 1 季第 2 集 1710。

4. 希貝兒系統：職業適性考核，能夠徹底發揮個人能力，保障個人生活安定，人類將活得更像個人，人人皆能享受藝術自然與和平（對照工廠霸凌），這樣的世界已經獲得實現。第 1 季第 12 集 0416。

5. 禾生壤宗（未知）：宜野座，目前的安定繁榮，實現了最大多數人的最大幸福的當代社會。……人生的規劃也好，欲望的達成也好，當今無論面對什麼樣的選擇，人們與其自己煩惱，都寧願求助於希貝兒的判定。這使得我們得以建立一個在人類歷史上，從未曾有過的富足而安全的社會。……誠然，希貝兒是不容出錯的，那是理想。……倘若系統真是完美無缺陷，照理說那就不需要再運用到任何人力……系統這個東西，比起完美的運作，更重要的是，要讓人始終相信它是完美的。正因為希貝兒給人的這份確定性與安全感，才使得它能夠一直造福人類。第 1 季第 13 集 0320。

6. 禾生壤宗（藤間幸三郎）：一般認為希貝兒先知系統就是所謂的 PDP 模型，由大量超級電腦在進行平行分布處理，……對知識庫的靈活運用以及推論性能的實現，並非只是靠提高了以往演算方式的速度而做到的，而是將能達到這要求的系統，並列化並進行機械性的擴張，才讓它因此擁有了強大的資料處理能力。統合人體大腦的活動擴張其思考能力，這樣高速化後的系統。事實上早在 50 多年前便已開始實際使用了，正因為藏起這項技術並慎重加以運

用，我國才能成為目前地球上唯一一個成功運作的法治國家。第 1 季第 17 集 1151。

7. 禾生壤宗（藤間幸三郎）：目前，系統構成成員有 247 名，透過當中約 200 名按順序排定時域組合管理，才有可能對全國人口的心靈指數進行不斷的監控與判定。到頭來，能靠機械化程式判定的，最多也只有根據色相診斷做出的壓力計測而已。要能夠特定出關乎更深邃人類本質的犯罪指數，則需要更高度的思考力與判斷力。而能夠做到這件事的就是我們。第 1 季第 17 集 1252。

C. 個人主體性相關：

1. 水無瀨佳織（常守朱之友）：明明在經濟部和科技部都拿到了適任資格，是妳自己全部推掉而選了公安局的。不是嗎？。第 1 季第 2 集 0550。

2. 常守朱：我在 13 個政府部門和 6 家公司，都拿到了 A 級判定。第 1 季第 2 集 1625。

3. 滕秀星：妳想選擇什麼樣的人生都能自由選擇……簡直就像希貝兒完成前的爺爺奶奶們。哪像現在希貝兒先知系統都會讀出我們的能力，告訴我們要怎樣過活才最幸福。第 1 季第 2 集 1710。

4. 常守朱：無業……現在還有這種人嗎？
宜野座伸元：這人有從網路廣告公司接受了不少報酬。第 1 季第 4 集 0604。

5. 王陵璃華子（犯人）：在現在這時代，每個人都只能依照系統決定的適性，滿足於被強加的幸福，無法實現自己真正的夢想。第 1 季第 6 集 1433。

6. 槙島聖護：分析聲像掃瞄所讀到的生體力場，解讀出人內

心的樣貌，科學智慧終於能夠揭開靈魂的秘密，讓這個社會急遽改變。但是，這個判定，卻沒有人類意志的介入，你們究竟是以什麼為基準來區分善與惡呢？。第 1 季第 11 集 1549。

7. 槙島聖護：但是，從來不問自己的意志，只知依從希貝兒先知的神諭過日子的人們，這樣的人，真的有什麼價值嗎？。第 1 季第 11 集 1623。

D. 社會控制：

1. 麗娜（主唱）：只要官僚都是希貝兒先知系統選出來的，民主主義就只是一場謊言，每個人都成了只會對希貝兒言聽計從的奴隸。第 1 季第 12 集 1815。

2. 由「地獄的季節」事件說明希貝兒是有意的鞏固自己的統治權，使日本社會不被其他社會系統取代。第 2 季第 8 集 0421。

3. 枡嵜葉平：但鹿矛圍治療了那時的我，他得到了我們被禁止取得的醫療資料，學會如何使用正確的冥想和藥物控制，使人的色相變得潔淨。第 2 季第 8 集 0644。

4. 常守朱：他（鹿矛圍）運用調合藥物和心理輔導，即使是嚴重的潛在犯，他也能將對方的色相變回潔淨狀態。第 2 季第 8 集 0926。

5. 禾生壌宗（東金美沙子）：這（AA）是一個陷阱，為了引誘試圖揭發重要機密的社會不適者。第 2 季第 8 集 1900。

6. 禾生壌宗（東金美沙子）：這樣無條件接納一切社會認可事物的態度，的確可以稱為理想市民的最典型範本呢。第 2 季第 9 集 0029。

7. 東金朔夜：她（霜月美佳）是個極度潔淨的存在（因為

G12 項）第 2 季第 9 集 0039。

8. 島浩一（議員）：負責守護社會秩序的希貝兒先知系統……，當時 184 名朋友，由於它的自私而被殺害。第 2 季第 9 集 1335。

漫活著
讀作品、性別與人文

參考書目

一、中文書目

多瑪斯・阿奎那：《神學大全（一）》，臺南：中華道明會、碧岳學社，
　　2008。

多瑪斯・阿奎那：《神學大全（二）》，臺南：中華道明會、碧岳學社，
　　2008。

多瑪斯・阿奎那：《神學大全（三）》，臺南：中華道明會、碧岳學社，
　　2008。

多瑪斯・阿奎那：《神學大全（四）》，臺南：中華道明會、碧岳學社，
　　2008。

多瑪斯・阿奎那：《神學大全（五）》，臺南：中華道明會、碧岳學社，
　　2008。

多瑪斯・阿奎那：《神學大全（六）》，臺南：中華道明會、碧岳學社，
　　2008。

多瑪斯・阿奎那：《神學大全（七）》，臺南：中華道明會、碧岳學社，
　　2008。

多瑪斯・阿奎那：《神學大全（九）》，臺南：中華道明會、碧岳學社，
　　2008。

多瑪斯・阿奎那：《神學大全（十三）》，臺南：中華道明會、碧岳學社，
　　2008。

多瑪斯・阿奎那：《神學大全（十九）》，臺南：中華道明會、碧岳學社，
　　2008。

多瑪斯・阿奎那著；呂穆迪譯：《哲學基礎》，臺北：臺灣商務，1969。

二、視聽媒體資料

本廣克行（總導演），鹽谷直義（導演），虛淵玄、深見真、高羽彩（編劇）
　　（2012）。PSYCHO-PASS 心靈判官第 1 季【電視動畫】。東京：
　　Production I.G。（群英社代理）

鹽谷直義（導演），熊谷純（編劇）（2014）。PSYCHO-PASS 心靈判官第
　　2 季【電視動畫】。東京：龍之子製作公司。（群英社代理）

論自然法與自由意志
兩大古典課題之辯——
從希臘悲劇《安蒂岡妮》
到日本輕小說《廢棄公主》[1]

賴芸儀

一、前言

　　歐洲戲劇傳統發源自公元前 5 世紀的雅典，其中希臘悲劇的起源可能與酒神戴奧奈索斯（Dionysus）祭典的表演儀式有關（呂健忠、李奭學編譯，2006：36-38、53-55；索福克里斯，2016：30）。透過戲劇藝術展現出法律內的各種對抗——實然與應然、實證法與自然法、形式合法之法與革命權、自由與秩序、正義與平衡，乃至於法律與恩典等等對立，顯示作家透過戲劇向人們展現個體生命面對外在世界的行動力以及自我內心的掙扎，尤其引人入勝。

　　古羅馬哲學家西賽羅（Cicero, 106-43 BCE）曾指稱自然法是世上恆久不變且普遍適用的最高法律原則。古希臘悲劇《安蒂岡妮》（Antigone）因劇中的安蒂岡妮不顧國王要求將引發國家動亂者曝屍荒野的命令，執意安葬兄長，好讓其靈魂能順利渡過冥間。[2]進而引發人倫親情和宗教的自然法，與國王用以維繫社會組織秩序

1　感謝評論人湯以豪先生，以及 2016 御宅文化國際學術研討會在場來賓的提問與意見。

2　為維持名稱之一致性，本文引用的索福克里斯之劇本《伊底帕斯》（Oedipus）、《伊底帕斯在克羅諾斯》（Oedipus at Colonus），以及《安蒂岡妮》，皆引自呂健忠之索福克里斯全集第一冊之《伊底帕斯三部曲》（2016）。以下標註之數字均為該劇之行碼，以利版本對照。《廢棄公主》（2006、2007）則以奇幻基地出版的中文版小說為準。

的人為法律的一連串辯論，最後安蒂岡妮遭到處死。此種悲劇性、難以調和的矛盾與對立，造就此劇在哲學討論上難以動搖的地位。斗膽挑戰世俗法律，執意依照傳統習俗與倫理安葬兄長的安蒂岡妮，與 21 世紀的輕小說作品《廢棄公主》（スクラップド・プリンセス）的交集點，正是自然法與人法的衝突，以及人能否依其自由意志逃脫命運這兩大古典課題。

《廢棄公主》為榊一郎的奇幻小說作品。萊邦王室（ラインヴァン王国）龍鳳胎之一的女主角帕希菲卡・卡蘇魯（パシフィカ・カスール），甫誕生就被主導世界權力結構的瑪烏傑魯教（マウゼル教）每年一次的聖葛林德神諭（聖グレンデルの託宣）指稱為「毀滅世界的毒瘤」（世界を滅ぼす猛毒），[3] 因而被生父國王巴爾特里克・萊邦（バルテリク・ラインヴァン）下令剝奪公主身分並處死。但她在生母愛爾梅雅・萊邦（エルマイア・ラインヴァン）的庇護下逃離死劫。此後她的身分成為王國的禁忌──「廢棄公主」。日後帕希菲卡身邊兩位與她不具有血緣關係的雙胞胎兄姐夏儂・卡蘇魯（シャノン・カスール）與拉蔻兒・卡蘇魯（ラクウェル・カスール），成為養父母雙亡後帕希菲卡的守護者。夏儂與拉蔻兒得面對 5 千年來在 5109 次中只出錯兩次、擁有高度正確性的神諭，以及不斷被接踵而至的追兵問究竟為何拚死保護帕希菲卡──尤其是帕希菲卡的存在不僅會危害他人，更會危害自身性命。相較於從未懷疑自身動機的拉蔻兒，夏儂有時會自嘲是否只是為了自我滿足而保護帕希菲卡。至於接受保護的帕希菲卡，則面臨自身性命與危害他人之間的對立處境，顯示就連自然法內都產生自保[4]與利他兩

3　「王妃懷孕所生的雙胞胎之中，女嬰應速速除之。此嬰至出生 16 年後的命運之日，將成為滅世之人，成為打破世界秩序、招致混沌的劇毒。」（《廢棄公主》I：102）。本文所引用《廢棄公主》之段落，括弧內的羅馬數字為卷數，冒號後的阿拉伯數字則為頁碼。以下引用省略書名。

4　「人類有保全自己性命的天性，並依照理性運用各種手段來達到此目的之

法則的衝突。對於自然法與自由意志的掙扎，不僅僅是三兄妹的課題，也展現在旅途中認識的人們身上。他們同樣展現了古希臘戲劇所著重的命運與自由意志的行動者之間的掙扎，並在與自我和外在世界的多重衝突與掙扎之中，體現作為具有自己主體性的行動者的重要性。本文將依循分析《安蒂岡妮》一劇的主題，加以比對《廢棄公主》一作，藉由古典作品所建構的基礎，對現代作品加以討論，並試圖呈現兩部作品之間的異同所蘊含之不同脈絡。

二、《安蒂岡妮》與《廢棄公主》簡介

《安蒂岡妮》為著名古希臘劇作家索福克里斯的伊底帕斯三連劇（the Theban Trllogy）之一，講述底比斯（Thebes）統治者伊底帕斯及其家族圍繞著道德與宿命的悲劇故事。[5] 安蒂岡妮是解開人面獅身斯芬克斯（Sphinx）謎題，為底比斯王國解危並繼任王位的伊底帕斯之女。依據索福克里斯的劇本，安蒂岡妮之父伊底帕斯在出生後不久就因為不祥的神諭，[6] 被父親底比斯國王萊俄斯（Laius）命人弄傷腳踝，裝箱後棄置於河中。由科林斯（Corinth）國王波呂勃斯（Polybus）與王后梅若珮（Merope）發現並撫養長大。

偶然之下，伊底帕斯為了驗明自己的身世，前往德爾菲（Delphi）太陽神神廟求取答案，卻得到了他日後會弒父娶母的神諭。伊底帕斯為了避免神諭成真，便即刻遠離科林斯。伊底帕斯在旅程中解開人面獅身的謎題，化解底比斯王國的危機，遂留在底比斯，娶了新寡的王后尤卡絲坦（Jocasta），繼位成為國王。日後為了解除底比斯的瘟疫災禍來到神殿，藉由神諭得知原來自己在旅程

自由，故可稱為自然法的第一條。」（霍布斯，1997：97-98）。

5　伊底帕斯三連劇的寫作順序，推測為《安蒂岡妮》為先，而後是《伊底帕斯》與《伊底帕斯在科羅諾斯》（Storr, 1981: xiii）。

6　長大後會弒父娶母。

中與人發生衝突導致一老者死亡，而那老者正是前任底比斯國王，也就是他的生父萊俄斯，同時發現他所娶的王后尤卡絲坦正是他的生母。得知此驚人事實後，伊底帕斯就戳瞎自己的雙眼，並自我放逐，身邊僅安蒂岡妮與伊絲美妮（Ismene）兩女兒相伴。最後雅典的泰修斯（Theseus）接納了臨終的伊底帕斯，並按照其遺囑保守他埋骨之處的秘密，換得雅典日後的繁榮昌盛。

《安蒂岡妮》一劇的時間點，則承接伊底帕斯離開底比斯後，兩兒子埃泰俄科里斯（Eteocles）與波呂內凱斯（Polynices）爭奪王位。波呂內凱斯從阿果斯（Argos）號召援軍攻打底比斯，最後兩兄弟雙雙陣亡，由舅舅克瑞翁繼承底比斯王位。[7]克瑞翁繼位後，下令厚葬保衛家國的埃泰俄科里斯，同時命令不得埋葬波呂內凱斯，任其曝屍荒野，以懲罰他從國外帶兵攻打祖國、燒毀神廟的行為。安蒂岡妮為了堅守埋葬死者的親族義務與諾言，[8]不顧妹妹的反對，暗地裡出城，在波呂內凱斯遺體上灑土，當作安葬。[9]當安蒂岡妮被看守者逮住並帶往克瑞翁跟前時，面對克瑞翁的質疑，她直陳非經由葬禮儀式，死者無法遵循天地神明的法則前往冥府，而這世上沒有任何一條人所訂立的法律能高於神明為此而定的不成文法（自然法／神法）。克瑞翁為了維持法律秩序以及統治者的威信，不顧身為安蒂岡妮未婚夫的兒子——亥蒙（Haimon）的求情與進諫，下令將安蒂岡妮關進荒郊野外的石墓之中。後來克瑞翁聽了先知泰瑞夏斯（Tiresias）[10]的話，心生恐懼，遂帶人前去安葬波呂內

7　古希臘劇作家艾斯威勒斯（Aeschylus）曾以此兄弟鬩牆為主題撰寫悲劇《七雄攻打底比斯》（*Seven Against Thebes*）。

8　在《伊底帕斯在科羅諾斯》裡，波呂內凱斯在出兵底比斯前曾前去尋找伊底帕斯尋求諒解，並請求妹妹們能埋葬他（1405-1413）。

9　原本應有的儀式包含淨身、穿壽衣以及墳前祭酒等（901）。

10　當初也是這位先知向尋找殺害前任國王兇手的伊底帕斯揭露，伊底帕斯本人就是兇手一事（362）。

凱斯，隨後轉往石墓，要釋放安蒂岡妮。結果卻發現安蒂岡妮已經在石墓內上吊身亡，亥蒙在一旁痛哭。亥蒙一見到克瑞翁，就拔劍相向，揮劍撲空後，轉而當著父親的面自殺。留在宮中的王后尤瑞狄珂（Eurydike）聽到兒子自殺的消息後，也隨之舉刀自盡。最後留下懊悔不已的克瑞翁。

《廢棄公主》的故事從一名尚未誕生的公主帕希菲卡，被主導該世界信仰的瑪烏傑魯教在編號第 5111 號神諭中宣告，為將在 16 歲時成為毀滅世界的劇毒「律法破壞者」（プロヴィデンス・ブレイカー），因而遭受親生父親萊茵王國國王下令處死，所幸母親愛爾梅雅王妃委託友人凱洛兒・卡蘇魯（キャロル・カスール）將女嬰藏匿起來。此後女嬰的一切官方資料皆遭到抹消，成為民間傳說中的「廢棄公主」。日後帕希菲卡在友人夫婦的庇護下成長，直到 16 歲，王室意外得知廢棄公主仍然在世，王國與教會遂下令追殺。在養父玉馬・卡蘇魯（ユーマ・カスール）為了阻擋殺手不幸亡故後，帕希菲卡的兄姊帶著她踏上逃亡之途。

途中帕希菲卡結識各方人士，從大熊亭旅館主人薇妮雅・切斯特（ウイニア・チェスタ）、巡迴戲劇團英格蘭劇團（劇団イングラム）、僱傭殺手基塔夫・傑伊洛特（キダーフ・ジャイロット），乃至於他國的人，例如基亞特帝國的第三公主賽內絲・露露・基亞特（セーネス・ルル・ギアット）都逐漸被她吸引成為她逃亡之旅的助力。其中最重要的，是被後世稱為邪教魔神布拉寧的龍機神（ドラグーン）──亞菲（アーフィ），[11] 個體識別名稱為賽菲莉絲（ゼフィリス，M4・系列 26），選擇夏儂為其主人「龍騎士」（D・ナイト）。姐弟妹三人一路上除了逃避王室的追緝外，還必須面對身為維繫封棄世界秩序的人造生命體「秩序守護者」（ピースメー

---

11 乃為「泛環境迎擊戰用自由塑形兵器」（All-Round Free Forming Intercepter）之簡稱，ARFFI（XII：132）。

カー）的攻擊。[12] 隨著故事的進展，眾人才一步步地得知原來他們所身處的世界是被外星組織 HI[13] 切割出來的封棄世界，5 千多年來其文明發展一直受到監控，並限制在中世紀階段，目的在於維護並保存既好鬥又脆弱的人類存在。建構並維護封棄世界的關鍵角色——希莉亞‧瑪烏傑魯 IV（シリア‧マウゼル IV），[14] 她原本是人類抵禦 HI 的布拉寧組織（ブラウニン機関）一員，後來在長期的戰鬥中，因歷經戰鬥所帶來的各種情感煎熬，為了終結戰爭以避免更多的傷亡，遂決定背叛人類，改與 HI 合作，在人類敗北後成為封棄世界的管理者。而帕希菲卡原來是封棄世界外，也就是布拉寧組織的人所精心設計，用來從內部破壞封棄世界的中樞裝置（希莉亞）的病毒程式。最後封棄世界在希莉亞的幫助下獲得解放，重新與外界接觸，並以卡蘇魯三姐弟妹所在的萊邦王國為核心，與外部世界進行交流與技術接軌。

---

12 原本是人類為了對抗外星組織而製作出來，具有自然人格的「M5 戰天使」（ヴァルキリィ）系列，後來遭到外星組織洗腦並加以改造成為「秩序守護者」（X：113-115）。

13 Heterogenous Intelligence（異種知性體，異種智慧體）。

14 全名為「希莉亞‧瑪烏傑魯 IV」（シリア‧マウゼル IV），是人類防衛機構布拉寧組織的超早期警備網路「P 系統」（Prophecy System）的四號終端裝置，是預言者希莉亞‧瑪烏傑魯的第四號複製人。共有 16 位被稱為「神諭女戰神」的複製人，被當作預警系統的零件培養長大，安裝在自由軌道要塞「先驅者」（ヴァンガード）上，不容許發展人格與感情。希莉亞‧瑪烏傑魯 IV 乃是到結交戰友後，才逐步產生各種感情，也因為對人類產生感情，遂接受 HI 提出讓戰爭犧牲者降至最低的提議，採取背叛人類的方式來保護人類（XIII：17-18、174、181、185-191）。

三、從對抗中展現行動者身姿

（一）自然法與人法

　　18 世紀的德國哲學家黑格爾在其鉅著《精神現象學》（*Phänomenologie des Geistes*）（1807）分析《安蒂岡妮》，藉由劇中「家庭／國家」、「家神之法（神法與自然法）／國法（人法）」、「親族／公民」、「自然／約定（convention）」、「陽世／冥府」、「直覺（intuition）／理性」、「神聖義務／人為義務」，乃至於「女性／男性」的衝突，闡述「倫理性」（Sittlichkeit）的辯證發展關係（林雅萍，2002：455；Butler, 2000: 4; Findlay, 1977: xxi; Lane, & Lane, 1986: 162）。當人作為行動者面對法律條文時，顯示法律作為實踐的一環，透過訴諸法律的行動，得以彰顯法律所實現的正義，同時也在行動之中不斷產生對立，並從對立中誕生新的精神。換言之，法律的存在，乃是人類社會文明發展到一定階段後的產物，用以劃定人與人之間的權利義務關係，並從中尋求更細膩的劃分方式。

　　就維護權利一事而言，法學者耶林（Rudolf von Jhering, 1818-1892）認為那些為了自己權利的權利主體而戰鬥者，也就是法理念而提起訴訟之人具有高貴的情操（1996：62）。故主張自己或他人法律上權利的人，不僅僅是維護了權利，亦是維護了法。相較於主張實體法為依歸的法實證主義（Legal Positivism），自然法論（Natural Law Theory）則傾向於相信法律與道德之間有所關聯，故如何探索法律與道德之間的模糊邊界，則是自然法學者的目標（d'Entreves, 1996：116-118、122）。

　　為了探索法律與道德之間的邊界，西塞羅在《論共和國》（*De Republica*）藉由描述自然法恆久不變且普遍的特性，提出上帝作為法律的作者，倘若不遵守該法，會遭到報應（陳思賢，2004：

143）。其中，西塞羅所說的報應，在《安蒂岡妮》中最直接的就是克瑞翁妻兒之死，以及事件發生 10 年後，當年圍攻底比斯失敗的七雄之子再次攻城，滅亡底比斯王國（林雅萍，2002：467）。雖然自然法並非一套完整且現成的法規，而是在人世間的眾生逐步建立起來的一套全人類共同遵守的法律，其內容符合自然、公平與正義，透過詮釋的手段，讓實體法得以在實踐的過程中，與時俱進（d'Entreves, 1996：20、25-27）。綜合前述，自然法為放諸四海皆準，不因人設事，永恆不變的準則：(1) 自然律是最高的準則，支配其他律法；(2) 每一個人都能領受自然法，對自然法的知識或了解是與生俱來的「良知良能」（陳思賢，2004：142-143）。本於道德經驗的自由本質，人各有自己摸索法律與道德邊界的經驗（d'Entreves, 1996：122）。與道德經驗之獲得和實踐息息相關的乃是倫理行為。就黑格爾而言，倫理實體（*die sttiliche Substanz*）中兩種對立力量無法和解的結果，即產生悲劇式的命運（顏厥安，2003：239-241）。

　　然而自然法（神法）與人法之間的界線，有時卻會因為闡述者立場不同，而有所變動。在克瑞翁的眼中，法律乃用以維繫國家秩序，其源頭來自於世俗的統治者。歌隊與克瑞翁多次以「法」（*νόμους*）稱呼人為的命令與法規，可見克瑞翁堅持國法的地位超然，應當確實遵守。[15] 故克瑞翁宣告用隆重的葬禮表彰埃泰俄克里斯為國捐軀的行為，對波呂內凱斯則處以曝屍荒野的處置時，旁人的回應為「統治者所說的即是法律」。但對於安蒂岡妮而言，唯有神頒布的那些包含了習俗、倫常與信仰的法律，才能稱之為「法」（索福克里斯，2016：110、294）。至此，她將不成文法（包含自然法與神法）[16] 與成文法（人法），連同神的懲罰與人的懲罰加以

15　《安蒂岡妮》，213、369、667。

16　此處原文直譯為「不成文的、不變的」（*ἄγραπτα κάσφαλῇ*，unwritten

對立，並透過此種對立的形式，進一步地闡述自身立場（伯納德特，2005：149）。對她來說，克瑞翁所頒布的法律，僅是人所頒布的「禁令」，[17] 無法與神所布、最高位階、恆久不變的不成文法相比。

如果說黑格爾從血緣親族的角度切入《安蒂岡妮》，來闡述基於自然法而來的血緣親族倫理責任。那麼指出沒有血緣關係，亦能夠產生親族倫理責任的《廢棄公主》，則是將親族關係從血緣中解放出來。換言之，在《廢棄公主》中的親族義務，從血緣而來的、被動接受並加以履行的責任，轉變為出於己意、意志自由，且經由個人選擇並付諸於行動的責任。在旅程開頭為帕希菲卡一行人伸出援手的領主佛朗基伯爵，代讀者提出一個貫串全系列作品的重要疑問：為何雙胞胎姊弟夏儂與拉蔻兒願意為帕希菲卡這樣一個沒有血緣的「妹妹」甘冒生命風險，並負擔因為守護妹妹而可能奪取他人性命的道德責任：

> ［佛朗基伯爵］[18]
>
> 「不是親生妹妹吧？不過是一起生活 4 年的陌生人而已。你們現在是為了那個陌生人，捨棄自己的人生喔！」
>
> ［…］
>
> 「你們的行動只能算是單純的自我滿足吧？倘若再向前踏出一步，就再也無法回頭了，你們不啻是在向全世界宣戰。這真的值得你們去放棄過往的所有生活嗎？」（Ⅰ：104-105）

為了陌生人而向全世界宣戰，這看似不符合理性，亦不符合功

---

immoveable）（454）。

17 即安蒂岡妮開頭說的「聽說已經通告全城不分黨派，不許有人埋葬他，不許哭悼，要他曝屍野外，沒有墳也沒有墓，好讓飛鳥看了忍不住大快朵頤的命令」（27-30）。

18 為了閱讀之便，本文會因應情況添加方括號（［ ］）表明說話者的身分。

漫活著
讀作品、性別與人文

利計算。當夏儂以「不會對妹妹見死不救」這理由辯駁時，旁人質疑他們對無血緣關係的「妹妹」的行動僅出於自我滿足。[19]

　　夏儂對於帕希菲卡的責任與義務感，或許來自於幼年經驗。最初他因為帕希菲卡奪去父母親的關注，曾希望帕希菲卡這「外人」消失。即便父母下達「這是妹妹」的指示，但帕希菲卡仍被夏儂視為「異物」，是不屬於自己家庭之存在：

　　　　就夏儂來說，帕希菲卡不過是潛入他們家的陌生小孩——只能算是異物。他根本不把這種傢伙當成「妹妹」，對她的認知也僅止於——只要肚子餓了、尿布濕了，就大哭小叫的麻煩生物。
　　　「從今天起，她就是你們的妹妹。」
　　　父母這麼告訴他，但孩童的心靈不可能隨大人的這種理由輕易調適。
　　　[…]
　　　那種小孩乾脆……消失最好。
　　　她本來就是別人家的孩子，不在這裡是天經地義。就算消失，也只是恢復成以前的生活，恢復成以前……只有家人的生活。（VII：16-18）

由此可看出原先夏儂對於家人的定義，侷限於血緣。直到目睹帕希

19　雖然有自然法與實證法之別，但此處可對應到耶林所説的情境：「面對恣意而不退卻，具有堅強權利感覺的人，對他們來説正是會招來禍害。他們被本來是同志的人背棄，單獨面對由於一般人無關心或懦弱而擴大的無法狀態。花了很大的犧牲僅得到對自己要忠實的這種自我滿足，他不僅得不到社會的讚賞，反而只能招來譏笑。造成這種狀態的責任，並不在於違反法律的人們，而是在於沒有勇氣遵守法律的人們。」（耶林，1996：59）。

菲卡幼年時期一度病危，讓夏儂認為這是因為自己曾希望帕希菲卡不要存在於世上所導致的狀況，至此，他才產生自己應該對帕希菲卡的存在負責的想法（VII：25-29）。

　　相較於無視血緣關係與否，一心認定帕希菲卡為妹妹並加以保護的卡蘇魯姐弟，帕希菲卡不時地顯露出焦慮。尤其當她面對在外貌上比起自己跟卡蘇魯姐弟更像一家人的詩音時，還會做惡夢夢到夏儂捨棄自己，改選詩音當妹妹。（V）此外，帕希菲卡也對他日將擁有自己的血親（子女）一事感到焦慮。她認為即使日後成為人母，但因為沒有與真正的親人相處的生活經驗，故沒有能愛自己孩子的自信。聽聞的夏儂以人工孵化的小雞長大後不會孵育自己產下的蛋，來比擬帕希菲卡所處的情境，是種缺乏掌握血緣關係自然產生情愛的感覺經驗（VII：136-138）。對此，夏儂和拉蔻兒不約而同地在不同的情況下向帕希菲卡點出，經驗可以經由培養與移植來獲得，他們稱這樣的過程為「家家酒」：

　　　　「別擔心，」姊姊的眼睛彷彿看透一切，伸來的纖纖素手輕撫帕希菲卡的秀髮。「夏儂哪兒都不會去的。」
　　　　一陣短暫的沉默，帕希菲卡深刻明白拉蔻兒那句突如其來的發言後，眼光盯著桌緣說道：「我知道……可是……」
　　　　「我也一樣。就算我們只是在『扮家家酒』……正因為這樣，比起那些理所當然在一起的關係，我認為反而更加可貴喔。所以你不用擔心，我們不是因為義務或者情義……而是打從心底想要待在你身旁。」（II：126-127）

　　又，

　　　　「還以為你在煩惱什麼……」夏儂打從心底疲憊地雙肩一垂。「你選過了嗎？」
　　　　「嗄？」

漫活著
讀作品、性別與人文

「你是自己選擇當我妹妹的嗎？」

「……這個……」

「雖然我也不知道這是何時發生的事……當你曉得跟我們沒有血緣關係時，你內心的『家人』因此瓦解了嗎？從那一瞬間起，我們就成了你碰巧喜歡上的陌生人嗎？」

「沒……沒這回事！」這件事她可以清楚斷言。

「對有沒有血緣關係這件事，你未免也太在意了。基本上，就算是『扮家家酒』，持續一生就好了，將自己的孩子也當成『扮家家酒』就好了，你也給我醒一醒哪！」

朝理想不停累積的模擬遊戲。

朝理想配戴的面具。

直到偽善再也不是偽善的那一天。（VII：136-139）[20]

排除掉血緣、義務與情義三者，支持卡蘇魯姐弟仍願意陪在帕希菲卡身邊，並賭上性命保護她的理據何在？根據劇中的對話，作為沒有血緣的家人，也就是帕希菲卡身為「妹妹」而非「碰巧喜歡上的陌生人」兩種身分之間的界線，除了當年父母所構築出的外在環境外，[21] 最重要的是基於自我情感因素。因為夏儂並沒有只說「陌生人」，反而加了「喜歡上」這一條件。但在「喜歡上的陌生人」與「家人」之間，還有一條界線。唯有跨過此界線，才能超越血緣與情感等因素，建構出卡蘇魯姐弟的「家人」圖像。也正是存在著得以超越「喜歡上的陌生人」的條件，讓帕希菲卡相信親生父母也有可能會拋棄孩子時，卻又沒來由地深信卡蘇魯姐弟會前來拯救自己，因而奮力求生（I：133-134）。[22]

---

20 在此段落之前，特務戰技兵克里斯就曾質疑夏儂的行為只不過是藉由扮演「保護可憐妹妹的哥哥」，來享受自我滿足感的偽善者（II：152-153）。

21 那句「從今天起，她就是你們的妹妹。」（VII：16）。

22 相較於此，反倒是有血緣的哥哥佛爾西斯・萊邦（フォルシス・ラインヴ

作者藉由故事裡的其他角色，旅館大熊亭的薇妮雅和特務部隊的克里斯來點出卡蘇魯姐弟與帕希菲卡三人之間，並非羈絆，也非絕對的信賴等理由，而是基於偶然與經驗的情感因素所培養出貫徹己願意志的信念（II：154, 158）。然而支撐奮力求生的卡蘇魯兄妹信念的自由意志，卻在故事的中途遭到嚴峻的挑戰。當另一位殘存在封棄世界的龍機神娜塔莉（ナタリイ）向他們揭露律法破壞者計畫，顯示帕希菲卡與他們的存在與行為，乃是外力介入的結果，讓他們對自己的行動產生迷惘。[23] 娜塔莉的話語，彷彿頓時宣告個人意志在神與神諭面前的無力。

（二）神諭與自由意志

E. R. Dodds 指出絕大部分的研究將《安蒂岡妮》中神明的存在與意義分為三種討論面向：因果報應、宿命觀（否定自由意志），以及維持劇本故事運作。然而這些研究都忽略了神諭本身是「絕對的」（unconditional）；並非神諭會明確指出事情發生的條件，而僅是指出「必然」的命運（Dodds, 1966: 37, 41-42）。進一步來看，吾人必須區分「天命」（destiny）與「宿命」（fatalism）兩者之別。前者取決於行動者自身的意志與選擇，後者則是行動者受到環境影響而左右其意志與選擇：

> 命中注定傳達的是天命觀，不是宿命論。宿命論者相信自然法則（人生的自然法則即是命運）主宰一切，人生的際遇無非是前生所定，人類的意志和選擇必受環境因素左右，因此所謂的自由意志只是錯覺。天命觀則是試圖以「天命」舒緩人生不如

ァン）面對大量人們死傷的慘劇，決定以血親的身分與責任感手刃帕希菲卡，意圖換取拯救其他人的機會（XIII：139-140）。

23 至少在夏儂身上最為明顯。故事中較難以看出揭露律法破壞者計畫後，拉寇兒的反應。

漫活著
讀作品、性別與人文

意而來的焦慮，相信「舉凡已然之事皆為必然」，只要是已經發生的事情就說那是必定發生的事，亦即歸之於「天命」，因為「天意」使然，是天意注定會發生──[…]尚未發生（即未來）的事則取決於當事人自己的抉擇，並沒有任何外在勢力可以橫加干預，因此自由意志在人生可以盡情揮灑（索福克里斯，2016：98，譯者註）。

因此伊底帕斯才會說因為他不知對方是自己的父親，也不知道爭執後對方死亡，所以自己過失殺人的弒父行為並非他的選擇，而是天意。[24] 有其命定之數並非宿命，伊底帕斯過往的部分行為雖在冥冥之中發生，但他自始自終都是以自己的意志在行動。神明雖知道未來之事，但並未加以干預。就伊底帕斯的例子而言，他之所以發生弒父的行為，並非出於主觀的認知與意圖，而是他的性格所致（Dodds, 1996: 42）。伊底帕斯展現出的是人不斷地面對謎題、面對自己的命運，展現出生命的韌性並維持自我尊嚴的事例，即便最後發現人生幸福乃是建立在幻覺之上（Dodds, 1966: 47-48）。

　　如同伊底帕斯，克瑞翁與安蒂岡妮兩者也都因其性格而驗證神諭。克瑞翁起初堅持國法與統治者（男性）尊嚴，罔顧親族情分，產生驅逐伊底帕斯、曝屍波呂內凱斯，又將安蒂岡妮活活關入墓室等舉措。當克瑞翁反駁亥蒙質疑他對安蒂岡妮的處置時，說：「我治理國家需要揣摩別人的心意？」（736）而伊底帕斯、安蒂岡妮和克瑞翁的行為與結果，與其說是命中注定的「命運的悲劇」，不如說是性格決定，也就是行動展現個體性，亦即在命運的無常之中，顯示人們的抉擇（呂健忠，1980b：168、174；呂健忠、李奭學編譯，2006：58）。

24　《伊底帕斯在克羅諾斯》，964-977。

其中，神的直接影響力變得較弱。雖然克瑞翁嘲諷只信奉冥神的安蒂岡妮在墓穴裡禱告就會得救，但是他提及讓神去救安蒂岡妮的想法，神明卻沒有出現，使得神的角色在劇中變得空虛（777-778）。因為神最後並沒有出面拯救堅守神法的安蒂岡妮，即便克瑞翁遭到喪妻喪子的雙重打擊，但神依舊只透過預言者之口現身。

至此產生疑問——神諭是不是非遵守不可的神法？相較於《安蒂岡妮》藉由神諭來題點自然法（神法）的位階高於人法，《廢棄公主》的神諭卻是操縱人法的角色。以至於自然法的天啟根源（神法）在《廢棄公主》遭到質疑，產生「自然法（[非血緣關係] 親族）」對抗「自然法（神法）」的困境。就連號稱 5111 次中只出錯兩次的聖葛林德神諭，更在故事中後期揭露完全是系統運作的結果。[25]HI 外星勢力與封棄世界系統的設定，將瑪烏傑魯教的「神法」轉變為另一種人世間的「國法」，復化解此僵局。原本在《安蒂岡妮》缺席的神明，則在最後關頭由希莉亞扮演了「解圍之神」（*deus ex machina*），讓帕希菲卡得以重返人世。只不過在帕希菲卡的選擇之下，最終神明還是消逝，留下選擇倚靠自我自由意志的人們，表現出啟蒙後宗教對社會的角色轉換。自然法如前述，有助於實證法，使其得以與時俱進，但兩者發生衝突時，位階之高低或優先順位則會產生爭議。

克瑞翁嘲諷堅持要依據神法（自然法）安葬親屬的安蒂岡妮，是信奉冥神的人（777）。對克瑞翁而言，關乎家庭血親的自然法，是屬於神祇的範疇，而非世俗與公共的（655-660）。然而在與安蒂岡妮爭論時，克瑞翁其實顯出缺乏公共（public）意識的獨夫（private man）、公私不分的那一面。（伯納德特，2005：84、

---

25 《廢棄公主》中的神諭被稱為 Protocol（通訊協定），至於受過如何將完全非人類使用語言的神諭加以翻譯的神官則為 Decoder（解碼程式）（1：101）。

漫活著
讀作品、性別與人文

120-121）他一方面主張維護法律對國家社稷的重要性，另一方面卻又以「奴才」（479）稱呼安蒂岡妮，剝奪她應有的身分。甚至為了避免發生事端，把原本應公開由群眾決定生死的石頭刑（36），改為克瑞翁單獨定奪的刑罰。克瑞翁命人把安蒂岡妮關入墓穴，囑咐「留下吃的東西，份量足以脫罪」（775），[26] 以免犯下自然法所禁止的殺害血親之罪，好維持自己的清白。[27]

　　如此堅持己見的克瑞翁，在先知泰瑞夏斯留下警告、轉身離去後，卻心生疑慮和恐懼，認為「理有必然，強作對是徒勞」（1106），轉念認為「人生在世看來就是要遵守傳統的習俗」（1113-1114）。而人類對於神明的恐懼，不僅來自於恐懼神明的懲罰（1095-1097），亦來自於自我意志與抉擇是否真正出於自由而非宿命的焦慮。宿命論是希臘悲劇的主軸之一，安蒂岡妮在墓室裡也曾試圖以宿命論來解釋自己的處境：

> 我到底違犯天神的什麼義理？
> 可是到了這個地步，
> 我幹嘛還口口聲聲天神怎麼樣？
> 行為虔誠卻被叛定為不虔誠，我向誰求救？

26　「留下吃的東西，份量足以脫罪」（775）。按照克瑞翁的安排，墓室裡面有食物，安蒂岡妮理當能撐過一些時候。然而當她被送入墓室後不久就選擇自殺（887-890）。有學者主張古代希臘地區國王的女兒身兼神廟裡面護火貞女（the Vestals）的身分，故只能施以活埋之刑罰，不可直接處死。故安蒂岡妮連食物一同被關在石墓中一事，顯示她作為護火貞女的身分，使她無法被處以死刑，只能任其自生自滅（Bayfield, 1901: 448; Frazer, 1885: 154-155）。

27　克瑞翁自認為「清清白白」（889），好與他眼中成為破壞秩序（包括政治、法律，乃至於性別等秩序）、必須加以排除的污染源（安蒂岡妮）（776）兩相對照（Parker, 1996: 111）。對應在《廢棄公主》中，封棄世界運作系統所亟欲排除的帕希菲卡，作者使用「污染」的概念來描述帕希菲卡發揮「律法破壞者」的影響力時，破壞系統部分運作的景象（II：215）。

如果這是天意，我吃苦受難（925）

終究會明白自己哪裡錯了；

[…]

底比斯的長老啊，你們看（940）

王室家族最後的傳人承受多少大男人造成的冤屈，

只因為我用行動推崇禮法！（921-943）

但安蒂岡妮終究並未以自由意志來對抗宿命，而是對抗性別與維護禮法。雖然開頭安蒂岡妮對著妹妹伊絲美妮所說「伊底帕斯遺留的苦難，宙斯還打算貫徹到我們兩個倖存的人」（2-3），並將伊底帕斯一家的亂倫悲劇稱為詛咒（863-868）。然而安蒂岡妮並未如自己所說，在歷經磨難後，知曉天意，承認自己犯了錯。相反地，她仍然堅持自己的信念，展現她的自由意志，迎接死亡。這種積極面對他者行為所引起的命運之勇氣，為黑格爾所謂的「靈魂的優美」（顏厥安，2003：233）。

　　「死後」一事成為死者與生者和世界的最後互動，觸發兩個故事的開端。依照自然法與神法，葬禮是人世間理當奉行的重要儀式，用以展現倫理關係，例如在《伊底帕斯在科羅諾斯》與《安蒂岡妮》中，伊底帕斯一家人藉由如何安葬父兄一事，闡述自身的倫理觀。[28] 伊底帕斯經雅典的泰修斯王將其隱密地安葬後，基於神諭之故，因無從得知父親安葬之處的安蒂岡妮姊妹在悲傷之餘，隨即

28　「倫理關係（ethical relations）是種把個人從自然轉入文化的關係。家庭負有從自然的一端過渡（transition）到另一端文化的責任。首先，弔詭的是，家庭的自然血緣關係產生，某些家庭成員之間視為是他們對家庭的倫理責任（ethical duties）。再者，這樣的家庭有責任透過葬禮的儀式，將個體從自然中加以安置。透過經手葬禮儀式，家庭成員象徵性地避免自然力的危害，將個體重新置入文化之中；透過葬禮儀式，再度宣告死者與社群的連結。」（Oliver, 1996: 71）。

漫活著
讀作品、性別與人文

返國面對兄長為母國帶來的紛亂。[29]而這兩位哥哥逝後迥然不同的葬禮待遇，引發安蒂岡妮之後的行動與結局；當克瑞翁下令將安蒂岡妮活生生地關進墓窖，安蒂岡妮面對自己的葬禮，以及隨後克瑞翁的妻子和兒子的死亡。

　　同樣地，帕希菲卡兩次的「死」，也同樣地成為觸發故事的關鍵。[30]《廢棄公主》與《安蒂岡妮》一樣，故事都從埋葬死者開始。帕希菲卡最初因著王妃的安排而詐死。日後的逃亡過程中，即便認知到帕希菲卡的存活可能會破壞世界秩序，但帕希菲卡的死亡始終是夏儂一行人盡力避免的結果。事實上，帕希菲卡的死亡，才是破壞世界秩序的開始：

　　　　［希莉亞］

　　　「從你誕生在這個世界開始，就成為一個活體分析器，不停地調查『我』。你在這個世界誕生、成長，是為了在體內形成破壞封棄世界中樞的裝置——換句話說，就是為了自動設計出破壞『我』的程式——這就是你。這種想法跟阿米庫特的『毒』也有些類似。」

　　　希莉亞若無其事地講述驚人的事實。

　　　「換成其他——比較古老的說法，就像是不停自我改良的電腦病毒的器皿——這就是帕希菲卡・卡蘇魯你。病毒在你死亡的同時啟動，從肉體這個器皿溢出來——刺殺我。」

　　　［…］

29　《伊底帕斯在克羅諾斯》，1754-1779。

30　第一次的「死」，是剛出生之際，「根據記載，出問題的公主被宮廷騎士團『琥珀騎士』所殺，遺體再由『翡翠法陣』完全破壞，將骨頭燒成灰燼，封印後丟棄在王國北方邊境的玻璃谷（Ⅰ：99）。」第二次的「死」，則是遭到親生哥哥的殺害，後來在西莉亞的幫助之下，重構原本已經死亡的肉身（ⅩⅢ：200-201、209-210）。

[希莉亞]

「事實上，你差一步即將完成。假如你是在四十小時之後死亡，從肉體牢籠解放的同時，瞬間就能將我破壞，而你也將徹底消失。律法破壞者的計畫，原本就是以你的死亡終結的。」

[帕希菲卡]

「……」如果希莉亞所言屬實，未免太駭人聽聞。

「這件事──亞菲們也知道嗎？」

[希莉亞]

「我不確定，但應該不知道，就連我也是從過去的預測，加上跟你接觸瞬間所得知的情報才明白的。到最後的最後為止，連自己人都不曉得的王牌──那就是你的死亡。」（XIII：192-193）

然而在 HI 建立好牢籠（封棄世界）的 4 千年後不知去向，原本應當維持封棄世界系統運作的希莉亞（瑪烏傑魯 IV）卻指出帕希菲卡年滿 16 歲時死亡之際，才是律法破壞者發揮力量的時候。如此一來，不只希莉亞，反倒是連秩序守護者都難逃「宿命」，成就了以帕希菲卡之死為始點的轉捩點。[31] 此時死亡雖然成為行動者與世界和解的方式，但行動者的自由意志，則左右了他們如何面對世界的態度。

（三）自由意志與道德責任抉擇

在《安蒂岡妮》與《廢棄公主》中，撇除不同價值觀的衝突不談，角色也展現自身與命運的衝突。此時角色的主體性與能動性就顯得重要，而此點則是建立在自由意志之上。黑格爾在《美學》

---

31 夕紫（詩音）則是自己選擇死在夏儂手上，算是基於自我意識對系統的微小反抗。

漫活著
讀作品、性別與人文

（*Vorlesungen* über *die* Ästhetik）裡，將《阿葛曼農》（*Agamemnon*）中阿葛曼農身邊的人與亞歷山大的軍隊相比較，認為兩者的差異，在於自由意志（也就是主體性）存在與否（Hegel, 1975: 1002-1003）。[32] 阿葛曼農雖貴為人中之王（the King of men），但他無法像對待自己的軍隊那般任意指揮依照自己意志前來的其他王侯。相反地，亞歷山大的軍隊來自於他所統治的人民，故能加以驅使。換言之，自由意志帶來獨立性。而獨立性與否就是人的能動性的展現，例如不畏死亡，挑戰克瑞翁的安蒂岡妮，不願意失去自我成為肅清使的異教檢察官貝爾肯斯，[33] 或者是選擇與世界對抗也要活下去的帕菲希卡。[34] 安蒂岡妮乃是依其自由意志主張自然法來挑戰克瑞翁的人法，即使面對死亡的威脅，仍然憑藉著自我意志，義無反顧地行動（460-470、817-822）。顯示安蒂岡妮選擇遵循自然法、反抗克瑞翁及其命令，展現出對自己的生命作出選擇的自由意志。[35] 此種知道自己該做什麼的倫理自我意識，並非取決於外在環境或偶然。

　　值得注意的是，行動者出於對自身本質性之認識，否定對方的本質性時，彼此之間因為角色定型而產生衝突（顏厥安，2003：243），[36] 就角色定型來看，Nussbaum 認為安蒂岡妮或克瑞翁兩人其實十分相像：兩者同樣都堅持自己的倫理觀，都不怕與命運作

---

32 參見《阿葛曼農》，186、1053、1080。

33 「我就是我，不是其他任何人，就是世界上獨一無二的貝爾肯斯・丹何庫力歐。我自己這麼決定了。」（Ⅴ：189）。

34 「夏儂低語道：『你自己選擇！你想活？還是想死？沒有人強迫你，我不容許任何人這麼做。這是你——只有你才能選擇的事。』」（Ⅻ：236）。

35 有將安蒂岡妮視為反抗暴政的精神象徵之一（Zukauskaite, 2010: 22）。

36 這點符合克里斯認為夏儂是出於對於自己力量的傲慢，以及偽善行為的批評（Ⅰ：225；Ⅱ：117、152-153、158）。甚至後來夏儂也曾自嘲是偽善者（Ⅲ：205-206）。

對，也都對於正義的看法有所侷限。換言之，兩者都基於自己的意志簡化了自己所堅持的某種倫理觀與正義觀，並產生相互對抗的情境（2001: 51-52, 55）。因此當亥蒙指稱城邦裡的人民支持安蒂岡妮時，克瑞翁卻否定了作為集合體存在的人民，並將安蒂岡妮的行為視為城邦的威脅（2001: 58-60）。

　　如果克瑞翁認為世界上只有一種終極的善，其他的價值都是為其服務，屬於單一性追求的話（2001: 57），《廢棄公主》中的律法破壞者與拉寇兒・卡蘇魯便是類似角色。如同克瑞翁的名字意涵「統治者」之意，[37] 秩序守護者清楚地擔綱起維繫封棄世界運作的角色。同樣的，秩序守護者也將維持封棄世界秩序，以便維繫封棄世界存續的任務，簡化為維繫封棄世界秩序：

> ［秩序守護者史黛雅］
> 　　「五千年哪，我就這麼看著人類不停反覆相同的行為。無意義地出生、爭奪、殺伐、破壞、死亡……然後又出生，什麼都沒變過。人類這種生物與蟲蟻無異，不，就行動上沒有邏輯矛盾而言，蟲蟻比人類好得多。人類這種生物啊，光看就讓我噁心。」
> ［…］
> ［秩序守護者索柯姆］
> 　　「我們可是秩序守護者喔。」
> ［秩序守護者史黛雅］
> 　　「對，我們的任務是負責維護人類社會系統，所以才要徹底瓦解這個病入膏肓的人類社會，重新建立一個健全的世

37　安蒂岡妮字意為「和她的祖先相反」，伊絲美妮為「沒有婚姻緣」，亥蒙的意思為「血緣」，克瑞翁的王后尤瑞狄珂則是冥后的頭銜之一，「正義無量」（索福克里斯，2016：19；Nussbaum, 2001: 61）。

界。」（XII：103）

故事中對於拉寇兒的描述僅止於「帶有一種慵懶氛圍的氣質美女」，以及「可以毫不猶豫地笑著把對方殺掉」之類的描述，顯示拉寇兒看似異常簡化的道德觀：

> 「我會用一擊必中、毫無痛苦、絕對確實、必殺……不！是必滅的魔法與您對戰。請您安心，如果直接命中，保證不會殘留一根頭髮甚至一片肉。沒有時間感受疼痛或苦楚，完美無缺、難以言喻！絕對不會有比這更臻至的死法！」
>
> 「等……」
>
> 談論這種駭人聽聞的事，拉寇兒卻不知為何神情非常愉悅。大人物面色鐵青。
>
> 眼前的女生一點殺氣也沒有。
>
> 正因為沒有殺氣，所以也沒有罪惡感。假如她說要殺他，那絕對會毫不猶豫，感覺她將會以敲破蛋殼般的心情執行這件事。（I：143）

由於作者榊一郎較少描寫拉寇兒內心轉折的劇情，因此較難了解拉寇兒的思考歷程。然而也正是由於有 Nussbaum 所指稱的堅持自身簡化倫理觀的角色存在於故事之中，吾人方得以透過不同的角色代表不同的論述與立場來加以思索。

在強調自我意志的故事中，堅持自身意志抵擋各種危機與責難的卡蘇魯姊弟，在龍機神娜塔莉向夏儂展示對應律法破壞者的子計畫——守護者計畫時，他的震驚，自然不在話下：

> 守護者計畫。
>
> 那是五千年前所籌備·律法破壞者計畫下的一項子計畫，

目的是為了替解放封棄世界的王牌律法破壞者——創造專屬護衛。

所以——

夏儂想要保護帕希菲卡的心情。

拉蒄兒想要保護帕希菲卡的心情。

兩人父母捨命守護沒有血緣關係的女兒的心情……甚至是夏儂引以為傲的心情，搞不好只是事先規劃的結果。

一切都是早就計劃好的。

既然如此——自由意志根本毫無意義。

[…]

他心底暗想。自己為了保護妹妹，不惜與世界、甚至與神明為敵，蒙受奇蹟般的幸運——一路逃亡至今。有喜悅的回憶、悲傷的回憶，亦有痛苦的回憶……各式各樣的回憶。

這一切都將回歸虛無。

所有努力都是白費力氣。

可是，夏儂並不感到惋惜。

反正這一切都是他人的精心設計——自己累積至今的一切又有何意義呢？話說回來，夏儂‧卡蘇魯這個人的人生又有多少意義？那些喜悅、那些悲傷、那些憤怒，到底有什麼意義？

只剩下荒謬可笑的感覺。

這一切的一切都令他厭煩。（XII：120-123）

後來夏儂的猶豫，以及對於賽菲莉絲的一度抗拒，皆來自於對自由意志的質疑。他以為自己抗拒了命運，卻是被另一個命運所玩弄，從頭到尾都是早已被決定的，並在日後與秩序守護者的戰鬥中持續抗拒賽菲莉絲（IX：154）。

然而律法破壞者的能力，是將人從瑪烏傑魯系統的整合意識中解放出來，甚至是某種暴力的方式將之切斷連結，打破封棄世界的

漫活著
讀作品、性別與人文

牢籠，進而使人產生自我意識。如同原本聽命於龍騎士的龍機神賽菲莉絲，或完全聽命行事，自喻為殺人工具的克里斯，隨著故事的進展，逐漸取得自我意識與主體性。賽菲莉絲因為自己的力量過大而恐懼自己做決定的思考行為，僅聽令行事，一旦沒有了龍騎士的指示，就陷入迷惑（X：119-120）。她在表明乃是自願協助夏儂一行人的時候，其實仍可看出她的躊躇（XI：58）。

　　克里斯是讓夏儂與賽菲莉絲兩人得以釋懷並和解的契機。他沒有守護者因子，卻憑藉著自我意志加入守護者陣營。身為特殊的例子，使得克里斯從此進入了兩種倫理的衝突之中，成為負擔自我罪責之人，也就是「自行思考，自己決定」（XIII：199）的存在：

　　　　「可是──」賽菲莉絲說到這裡，彷彿第一次發現克里斯多福，一臉古怪地盯著他。

　　　　「克里斯多福‧阿瑪萊特……」

　　　　「啊，你知道我的名字？不過現在叫柏拉赫。」克里斯多福說完，笑了。

　　　　「汝為何……在此？」

　　　　「──嗯？」

　　　　「汝並沒有守護者的因子。」賽菲莉絲評鑑似的將視線從他的頭部緩緩滑至腳尖。「汝應該沒有被強制規定成為夏儂及帕希菲卡的幫手──可是，汝為何在此？」

　　　　「呃……你這樣問我，我也不知怎麼回答。」克里斯多福一臉困窘地伸指搔頰。

　　　　「沒有理由，這……不是很奇怪嗎？」

　　　　「理由、理由啊……哎，就是因為任務之類的，歷經波折，一時也說不清……」

　　　　「……」賽菲莉絲默默注視那名特務戰技兵少年。

　　　　或許是對那道視線感到不好意思──他的臉上浮現少年應

有的羞赧，又補了一句：「總之我就是想這麼做嘛，這個理由不夠充分嗎？」

「……」

「這是——你的意志？」拉蔻兒代替陷入沉默的賽菲莉絲問道：「並不是因為被誰強制——或者別人規定你要這樣想……而是出於你自己的意志？」

「哎，天曉得？我想是受到很多人的影響，可是……如果要說那些有的沒的，什麼事都沒辦法開始，而且……」

「而且？」

「自己主動想做什麼的念頭，恐怕是——接受特務戰技兵訓練至今第一次出現。」

「嗯，我剛開始當然也感到迷惑，但迷惑不就代表我也有自由意志嗎？就連被主政者培育成武器的本人也有自由意志。

「所以……對我而言，自己主動『想這麼做』、『想成為某人的幫手』、『想幫助某人』，這種事該怎麼說才好呢……」

克里斯多福一時浮現猶豫不決的神情，卻又立刻下定決心似的，換上開朗的笑容道：「是非常開心的事情。」（XII：130-132）

克里斯的這番話，出於純粹與自然的意念所引領，肯認了夏儂與賽菲莉絲追尋自由意識的行動。克里斯自行做出抉擇與行動的時機，甚至可以追溯到先前王妃委託克里斯調查神諭事件，他了解直屬長官是在請求而非命令他去執行一項孤立無援、有性命之虞的任務，卻毫不猶豫地答應時就可看出端倪（IV：70-71）。而拉蔻兒隨後也就著克里斯的話語，點出夏儂只是在「鬧彆扭」的心情，讓夏儂得以釋懷，接納賽菲莉絲。

另一個自我意識選擇的關鍵，甚至可以說是涉及封棄世界的起始與終結，是希莉亞・瑪烏傑魯 IV 的抉擇。而希莉亞前後兩次選擇的關鍵差異，在於是否讓人（不論是自我或他者）有選擇的餘地：

> 「對不起，」帕希菲卡說完，微微苦笑。「我……我不認為你是錯的。誰做錯了什麼、該怎麼做才是對的——我想這不是問題癥結；單純只是拼命思考、煩惱，最後自己的選擇湊巧行不通罷了，不是嗎？」
>
> [⋯]
>
> 「夏儂哥和拉寇兒姐姐總是要我『自行思考，自己決定』，那也許不容易，有時也會選錯，可是他們告訴我——智慧就是為此存在的。」帕希菲卡說完，有些不好意思地轉開目光。「所以，我認為你沒有錯，因為你是自行思考之後，採取自己認為正確的決定。這件事本身——我認為沒有錯。不過，現在這個世界——這種沒辦法選擇的狀態還是……該怎麼說呢？總覺得不太對勁。」（XIII：198-199）

黑格爾認為兩種倫理勢力同歸於盡之際，才是終點（顏厥安，2003：253）。原本帕希菲卡是布拉寧組織為了破除瑪烏傑魯系統所作的安排。但由於在破壞程式成為完成體之前就啟動（即帕希菲卡之死），導致系統與破壞程式之間的微妙平衡。作者看似藉由帕希菲卡之口選擇了其中一方，並將另一種徹底毀滅，其結局是讓家庭的以及神[38]的系統結構就此解體，解除封印的廢棄世界變成了以國家以及世俗所主導的秩序。[39] 作為潛伏在系統內以及封棄世界外

38　後來的故事發展中，可以說是瑪烏傑魯教的「神」的自我分裂：作為維護瑪烏傑魯系統的秩序維護者，以及從預知系統而來的希莉亞兩者。

39　就本篇故事結束後的番外篇來看。

伺機而動的力量，帕希菲卡所代表的自我意識力量，藉由龍機神的羽翼，打敗秩序守護者，讓希莉亞結束瑪烏傑魯系統的管制，建構出新的政治與社會秩序。

四、結語

　　有學者指出近代缺乏倫理背景，充斥著「廣泛偶然性關係與條件下的行為抉擇」的「浪漫悲劇式／存在主義式的命運」（顏厥安，2003：249）。《廢棄公主》藉由外部世界的設定，排除了前述的情況。故就此而言，《廢棄公主》展現了在《安蒂岡妮》這古典悲劇舊有元素的新色調。安蒂岡妮的命運早在其父祖輩就已決定，而帕希菲卡則是受到封閉世界外的勢力所決定。安蒂岡妮行動之時，諸神並未直接現身，僅透過先知來表示他們的存在，且單方面地受到命運左右。而帕希菲卡行動時，決定封閉世界的外星勢力（近似諸神的存在）早已不知所蹤，她存在的契機來自於另一個外在勢力「布拉寧組織」，同時她也展現出與封閉世界「瑪烏傑魯系統」（即希莉亞）之間的互動。《安蒂岡妮》與《廢棄公主》兩者都描寫到以死亡來懲罰危害政治社會秩序者的手段，最終安蒂岡妮在石墓中自殺。雖然帕希菲卡是他殺，但出自於雙胞胎哥哥之手，一劍兩命，也可視為某種意味上的自殺。至於《安蒂岡妮》所展現的「家庭／國家」、「神法／人法」、「親族／公民」，乃至於「女性／男性」之間的衝突；在《廢棄公主》中，則是「家庭／國家」、「神法與人法／自然法」、「親族／公民」，較少性別衝突。其中克瑞翁與安蒂岡妮分別代表國事（*polis*）與家事（*oikos*）兩種對立的權力，在《廢棄公主》裡則是由佛爾西斯王子與卡蘇魯一家來代表。整體而言，《廢棄公主》重於自我疑慮與成長的故事內容，顯示在宗教信仰弱化的現代中，人們藉由自由意志來改變命運的企圖心。

儘管我們活在一個決定論的宇宙（determined universe）中，我們就是應該對自己、對我們的所作所為負起責任的『我』（agent）。

——葛詹尼加（2013：14）

參考書目

一、中文書目

d'Entrèves, A. P. (Alessandro Passerin)，1996，楊日章譯，《自然法：法律哲學導論》，臺北：聯經。

伯納德特（Seth Benardete），2005，《神聖的罪業：索福克勒斯的〈安提戈涅〉義疏》，北京：華夏。

呂健忠，1980a，〈伊底帕斯面面觀（上）〉，《中外文學》，8（12）：164-183。1980b，〈伊底帕斯面面觀（下）〉，《中外文學》，9（1）：160-192

呂健忠與李奭學譯，2006，《新編西洋文學概論：上古迄文藝復興》，臺北：書林。

林雅萍，2002，〈《安提貢涅》與倫理性的辯證──黑格爾對希臘悲劇《安提貢涅》之詮釋〉，《哲學與文化》，29（5）：455-468。

耶林（Rudolf von Jhering），1996，林文雄譯，《為權利而抗爭》，臺北：協志。

索福克里斯（Sophocles），2016，呂健忠譯，《索福克里斯全集 I：伊底帕斯三部曲》，臺北：書林。

陳思賢，2004，《西洋政治思想史：古典世界篇》，臺北：五南。

榊一郎，2006-2007，《廢棄公主》系列，臺北：奇幻基地。

葛詹尼加（Michael S. Gazzaniga），2013，鍾沛君譯，《我們真的有自由意志嗎？》，臺北：貓頭鷹。

霍布斯（Thomas Hobbes），1997，黎思復與黎廷弼譯，《利維坦》，北京：商務印書館。

顏厥安，2003，〈命運與倫理──由青年黑格爾的悲劇概念反思幾個實踐哲學問題〉，《人文及社會科學集刊》，15（2）：221-261。

二、外文著作

Bayfield, M. A. 1901. "On Two Places in Sophocles' Antigone." *The Classical Review* 15 (9): 448-449.

Butler, Judith. 2000. *Antigone's Claim: Kingship Between Life & Death*. New York: Columbia University Press.

Dodds, E. R. 1966. "On Misunderstanding the 'Oedipus Rex'." *Greece & Rome* 13(1): 37-49.

漫活著
讀作品、性別與人文

Findlay, J. N. 1977. "Foreword," In *Phenomenology of Spirit*. Trans. A. V. Miller. Oxford: The Clarendon Press.

Frazer, J. G. 1885. "The Prytaneum, the Temple of Vesta, the Vestals, Perpetual Fires." *The Journal of Philology* 14(27): 145-172.

Hegel, G. W. F. 1975. *Aesthetics* (Vol. II). Trans. T. M. Knox. Oxford: The Clarendon Press. 1977. *Phenomenology of Spirit*. Trans. A. V. Miller. Oxford: The Clarendon Press. 1988. *Aesthetics* (Vol. I). Trans. T. M. Knox. Oxford: The Clarendon Press.

Lane, Warren J., and Ann M. Lane. 1986. 'Politics of Antigone.' In *Greek Tragedy and Political Theory*, ed. J. Peter Euben. Los Angeles: University of California Press.

Nussbaum, Martha C. 2001. *The Fragility of Goodness: Luck and Ethics in Greek Tragedy and Philosophy*. Cambridge: Cambridge University Press.

Oliver, Kelly. 1996. "Antigone's Ghost: Undoing Hegel's Phenomenology of Spirit." *Hypatia* 11 (1): 67-90.

Parker, Robert. 1996. *Miasma: Pollution and Purification in Early Greek Religion*. Oxford: Clarendon Press.

Sophocles. 1981. *Sophocles* (Vol. I) Trans. F. Storr. Cambridge: Harvard University Press. 1998. *Sophocles* (Vol. II). Trans. Hugh Lloyd-Jones. Cambridge: Harvard University Press.

Storr, F. 1981. "Intorduction." In *Sophocles* (Vol. I). Trans. F. Storr. Cambridge: Harvard University Press.

Woolsey, T. D. 1835. *The Antigone of Sophocles with Notes*. Cambridge: James Munroe.

Zukauskaite, Audrone. 2010. "Biopolitics: Antigone' Claim." In *Interrogating Antigone in Postmodern Philosophy and Criticism*, eds. S. E. Wilmer and Audrone Zukauskaite. Oxford: Oxford University Press.

《少女革命》——
論女性主體的性別角色、認同與出走

吳思萱

一、前言

> 還記得這部作品當初在臺灣的電視台播出時，引來最常聽到的
> 迴響便是：《少女革命》到底在演什麼？
> 這個問號在當時也留在我的心中，我當時只知道女主角歐蒂娜
> 每次都會接到莫名其妙的信，然後就帶著安希走進高高的旋轉
> 樓梯，開啟一場又一場的戰鬥，戰鬥的畫面並不華麗，但組成
> 的元素非常奇妙。
>
> ——樹姬

1997 年 4 月，《少女革命》（少女革命ウテナ）動畫原作於東京電視台首播，瑰麗的人物造型與場景設定，以及獨特的世界觀與故事劇情，即使到 2016 年，仍是不少動漫迷心中的經典作品。然而，正如同上述網友引文，很多動漫迷雖然深受《少女革命》的動畫吸引，但是對於故事劇情卻似懂非懂；也因此早期對這部作品的正面評價，較集中在其視覺饗宴之上。不過，隨著時光流逝，不少掌握文本分析理論或能力的網友開始重新回味這部作品，除了從各種不同的理論與角度，解析《少女革命》中晦澀多重的隱喻；更有不少文章指出《少女革命》這部作品背後強烈的女性主義意涵。

本文將從《少女革命》的簡介以及《少女革命》TV 版動畫劇情概述——此為主要析論的文本——開始，進一步拓深對《少女革命》的性別分析。觀察相關研究文獻，多數分析都止步於《少女革命》整體劇情背後的女性主義意涵；然而筆者以為《少女革命》的

性別元素不僅存在於整體劇情，同時也在每一場決鬥以及每一個決鬥者的故事當中反覆出現。因此，本文除了指出此作品背後的女性主義精神，也希望能夠從陽剛特質競逐的角度，深入探討《少女革命》中，女性角色們對性／別的認同、所扮演的性別角色，以及在故事中展現的主體性。

二、世紀末的華麗：《少女革命》作品簡介

《少女革命》最早面世的版本，是在 1997 年 4 月至 12 月間，於東京電視台首播的 TV 動畫版，導演為幾原邦彥、劇本為榎戶洋司、人物設定為長谷川真也，同時與知名少女漫畫家齊藤千穗合作出版同名漫畫。而後亦相繼製作遊戲、舞台劇、小說。1999 年，劇場版動畫《少女革命～思春期默示錄》於日本首映（〈《少女革命》〉，n.d.）。但是幾個版本之間仍有不少差異，包含調整個別人物設定與整體劇情走向。而本文析論的對象，主要是 TV 動畫版，另外也將以附帶的形式提及劇場版的部分內容。

（一）《少女革命》劇情概述

TV 版共計 39 集，可依照集數分為〈學生會篇〉（1-13 集）、〈黑薔薇篇〉（14-24 集）、〈鳳曉生篇〉（25-33 集）與〈默示錄篇〉（34-39 集）。[1] 劇情一開始，即敘述主角天上歐蒂娜在雙親亡故時，曾受到「王子」激勵而振作；但卻因太過憧憬王子，而決定自己也要「成為」王子，在鳳學園穿著男性制服生活並受到矚目。第一集，歐蒂娜因目睹姬宮安希被西園寺暴力相向，又遇好友若葉

---

1 34 集是分屬〈鳳曉生篇〉還是〈默示錄篇〉有不同說法（《少女革命》，n.d.，注釋 5）。但是因為動畫第 33 集的內容為總集篇形式，因此筆者將第 33 集視為〈鳳曉生篇〉的結尾，第 34 集進入〈默示錄篇〉。

被西園寺羞辱，主動挑起與西園寺的決鬥，因此被捲入學生會爭奪薔薇新娘——安希的決鬥遊戲中。〈學生會篇〉中，歐蒂娜依序與學生會成員決鬥獲勝，也逐步與安希建立情誼。在〈學生會篇〉末尾，署名「世界盡頭」的幕後黑手：鳳學園的理事長，同時也是姬宮的哥哥——鳳曉生登場。〈黑薔薇篇〉，御影草時隨著埋葬著100個少年的根室紀念館出現，操縱女性配角奪取學生會成員的「心之劍」，為了殺死薔薇新娘而向歐蒂娜發起決鬥。〈黑薔薇篇〉最後結束在御影草時向歐蒂娜發起決鬥卻落敗，而根室紀念館與御影草時也從鳳學園消失，眾人亦不復記憶。

　　進入〈鳳曉生篇〉，鳳曉生開始使用各種手段，促使不願再與歐蒂娜決鬥的學生會成員走入決鬥場，依賴不同搭檔抽出學生會成員的心之劍，再次與歐蒂娜進行決鬥。另一方面，隨著劇情進展，曝光了鳳曉生與安希的不倫關係，而在〈鳳曉生篇〉末尾，歐蒂娜愛上了鳳曉生。最終章的〈默示錄篇〉，終於帶出本作核心的「薔薇物語」故事，也顛覆了觀眾所知的歐蒂娜想要成為王子的理由。「薔薇物語」描述在世界之初，所有女孩都是公主，受到薔薇王子保護。但是因為王子的妹妹不可能成為公主，於是封印了王子，成為魔女，奪走世界所有的光。劇情也首次帶出歐蒂娜幼時邂逅王子的完整記憶——歐蒂娜想要成為王子，並非因憧憬幼時拯救她的王子，而是因為她得知「薔薇物語」的真相：為了保護重病卻仍然被全世界要求去拯救女孩們的王子，王子的妹妹說謊已經將王子藏到任何人都找不到的地方，卻因此被眾人視為魔女而誅殺，受到永恆的痛苦。為了拯救魔女——也就是安希，幼時的歐蒂娜決定成為王子；但這段記憶卻隨著時空模糊，僅留下與王子邂逅的片段。

　　最終一戰，歐蒂娜選擇保護姬宮，與鳳曉生決鬥，但是卻受到姬宮背叛。直到最後，歐蒂娜即使遍體麟傷仍拼命想要拯救姬宮的真心，終於讓姬宮產生動搖。雖然歐蒂娜最終並未將姬宮從棺木中拯救出來，最終一戰後更從鳳學園消失，但是鳳學園的所有一切皆

開始產生細小的改變。最後一幕，安希終於拒絕再次成為薔薇新娘，不願繼續鳳曉生的世界革命「遊戲」，並從鳳學園出走，踏上尋找歐蒂娜的旅途。

相較於處處充滿隱喻的 TV 版動畫，劇場版則大幅刪減諸多劇情與角色們的側寫，將故事集中在歐蒂娜與安希兩人身上。除了故事仍然發生在鳳學園內，決鬥者為了獲得「革命世界的力量」而透過決鬥爭奪薔薇新娘外，劇場版與 TV 版幾乎沒有相同之處。若單純談論整體劇情的敘事，如何定位《少女革命》數個不同版本的關係，則留下空間暫不做定論；然而，若將《少女革命》視為獻給「女性」的預言，則筆者認為劇場版的改寫，實則補足了《少女革命》TV 版的故事，是為這場「少女革命」的完成。不過，在進入這個結論之前，仍須對《少女革命》的產製脈絡有所理解，才能從正確的脈絡認知當中的隱喻，因此下文將暫時跳開劇情，回到《少女革命》出現的時空背景當中。

（二）日本的女性主義發展與動漫

前文多次提及《少女革命》背後的女性主義意涵，但若指稱《少女革命》是具有女性主義意涵的作品，則必須探究日本女性主義的發展，理解女性主義與日本動漫文化的交錯，才能夠在正確的脈絡下，討論《少女革命》背後的女性主義精神與敘事。

一般談到性／別分析，多以歐美的兩性平權運動與女性主義發展為起點，探討不同的國家與文化如何接受這波理論，再回顧國家的發展歷史與差異。由於日本早在明治時代即有呼籲男女平權的發展，在 1911 年亦有培力女性意識覺醒的文學雜誌《青鞜》（せいとう）之創刊，因此對於日本的女性主義是否為歐美脈絡下的產物，日本國內有不同的意見（洪漫，2006：13）。日本在 1970 年代以前的男女平權運動多以「女性解放運動」（ウーマンリブ）識別，直到 1975 年國際婦女年後，「女性主義」（フエミニズム）

一詞才被廣泛地使用與進行討論（洪漫，2006；袁向東，2002）。以1970年代為界的日本女性主義發展，女性解放與女性主義也因此有著不同脈絡——前者較為接近西方自由主義、女性主義的路線，著眼於婦女實際受到的壓迫與平權的追求；後者則開始發展出學理、抽象性的思考，將性別壓迫視為女性所受壓迫的本質。

　　而動漫文化如何與日本的女性主義發展產生關係？魏靈學（2015.12.12）指出：「動漫如今已是日本最重要的文化象徵之一，而少女動漫作為其中一個類型分支，其形成發展的歷程與戰後日本的女性主義思潮息息相關。」其回顧日本動漫文化的發展，認為少女漫畫概念的產生始於1955年9位男性漫畫家在「常盤庄茶會」的討論；直到1960年代前，少女漫畫的主要創作者仍為男性。1965年後，刊載女性向漫畫的雜誌開始蓬勃發展，才逐漸帶動少女漫畫的興起，主要創作者亦逐漸從男性轉為女性。1980年代後，隨著西方女性主義思潮的引進與普及，女性主義開始影響少女漫畫內涵，也促使日本國內的動漫文化產生質量上的躍進。在這波發展中，許多少女漫畫經典作品面世，而《少女革命》更可視為女性主義與動漫文化交錯的巔峰：

> 如果說90年代之前的女性主義是在進行一場經濟政治層面的革命，那麼在90年代之後，其所進行的乃是一場社會革命——而1997年上映的動畫《少女革命》，便成為了這一「轉型」最為有力的註腳。沒有哪一部少女動漫，能夠如同《少女革命》，造成如此深刻的社會影響，亦無哪一部少女動漫，能夠如同《少女革命》，如此透徹地表達關於性別的訴求（魏靈學，2015.12.12）。

這段文字同時標誌出《少女革命》作為一部蘊含女性主義精神的動漫作品，在日本女性主義與動漫文化發展的地位與成就。但是，回

顧前文述及的日本女性解放運動與女性主義發展兩者間的差異，筆者認為《少女革命》受西方女性主義的影響，應更勝於日本脈絡下的女性解放運動。《少女革命》將背景放置在如同真空溫室般的「鳳學園」當中，以沒有進入社會的少年、少女為主要角色，幾乎去除了性別進入家庭後的樣態，與家庭中的性別角色之呈現。而在日本脈絡下，屬於女性解放運動時期的《青鞜》，一開始著眼的主要是婦女與母性，而非「女性」作為一種受到壓迫的本質之討論。因此，若要討論《少女革命》的構成背景與脈絡，則必須回到日本的女性主義發展中溯源；若著眼於《少女革命》角色的性／別展演、認同與主體性，以及整部作品對女性意識覺醒的呼喚，則整部作品的理論基底，仍應回到西方女性主義的理論與概念，才能正確指認出《少女革命》的產製脈絡與作品核心精神。

另一方面，若從女性主義與性別研究的角度探討《少女革命》，通常會受到質疑的是，幾原邦彥與榎戶洋司兩位生理男性是否有可能寫出這樣以性別為核心的深刻作品？筆者並不認為幾原邦彥與榎戶洋司意圖創作一部「女性主義作品」；幾原邦彥亦曾自陳《少女革命》的主軸，乃是放在「成為大人」的這個主題上。但是，幾原邦彥從 1992 年開始參與美少女戰士動畫，即有天王星與海王星這對女同志伴侶的描繪，顯見其並不避諱同志的描繪與刻劃；而《少女革命》既選擇以「少女」作為主體向「世界」發起「革命」，則無論如何也不可能迴避論及女性的主體性、能動性，與其所發起「革命」的世界，正是一個父權體制社會的這個部分。

由此，《少女革命》雖非一部具有意圖的「女性主義作品」，但在時代脈絡下，卻是一種精確的偶然。在日本女性主義潮流、動漫文化的興起，以及對特定議題的描寫與反思之下，《少女革命》以女性為主體挑戰性／別秩序，以隱諱而錯綜複雜的符碼運用與瑰麗的視覺場景，造就一部既具有女性主義精神，且視覺與娛樂性上空前絕後的作品。

三、空中庭園的決鬥：陽剛特質的競逐遊戲

綜上所述，從《少女革命》的背景脈絡，以及作為薔薇新娘的安希，在兩個版本的結局都離開鳳學園，已知《少女革命》的主題在於描繪女性意識覺醒的過程。然而，唯有更細緻的探索整個鳳學園、「薔薇物語」、決鬥遊戲，以及諸多角色們的背後意涵，才可辨認其對應的象徵或概念。因此，下文將從構成《少女革命》裡表的「薔薇物語」與決鬥遊戲，分別展開析論：

（一）「薔薇物語」：父權的神話與真實

作為《少女革命》故事發生的舞台，封閉一如孤島的「鳳學園」，即是《少女革命》中的整個「世界」，乃具體而微的父權社會縮影；而如神話一般的「薔薇物語」之表面故事與真相，既象徵性地說明女性永恆受苦的「原罪」，也闡述了這個「原罪」的真實——包含構築出決鬥遊戲是與薔薇新娘「共謀」的事實。父權社會並不單純是因為男性的力量與利益所形成，同時也是透過複雜的性／別階序構築，才得以讓整個體制維續下去。女性作為另外一半人口，為了謀得生存的權力／利，只能依循遊戲規則主動／被動地同意與參與。

因此，「薔薇物語」作為《少女革命》故事背景的神話，既抽象又具體地說明整個父權社會的運作。作為「薔薇新娘／魔女」的安希，以具有陰柔特質的女性身體，象徵一個「女性」的刻板印象與作為「他者」的存在。她與鳳曉生的關係，抽象來說，是以「愛」為基礎，因而支持並消極同意參與鳳曉生所設計的決鬥遊戲。而作為「王子／世界盡頭」的鳳曉生，表面以高居理事長室、君臨鳳學園的身分出現，暗中卻又是設計決鬥遊戲的「世界盡頭」，兩種身分象徵著父權體制，以及父權體制下金字塔頂端的存在，完美符合霸權陽剛特質的男性身體。當兩人以「愛」為名，支持著「薔薇物

語」與決鬥遊戲不致崩毀的時候，父權體制運行不悖，即使遊戲中的決鬥者改朝換代——也就是〈黑薔薇篇〉的 100 個少年之死的存在意義——也不會動搖決鬥遊戲與鳳學園的存在。但是當安希拒絕再次成為薔薇新娘，則在「薔薇物語」中，鳳曉生將不得不面對原本以安希為代罪羔羊，讓安希代為受誅的萬眾之「惡」；而鳳學園的決鬥遊戲也將無以為繼。

又，若「薔薇物語」象徵的是《少女革命》與鳳學園存在的精神秩序，那麼回到物質實存的鳳學園，競逐薔薇新娘以奪取「革命世界的力量」的決鬥遊戲象徵著什麼？決鬥者們又是否只是父權體制下，一個個具有不同特質，但同樣被父權體制所操縱的客體？

（二）手中之劍與胸前薔薇：陽剛特質的競爭與勝敗

父權體制的基礎，在於對陽剛特質／非陽剛特質（陰柔特質）進行二元分化，並透過獎勵陽剛特質／貶抑陰柔特質，構築起性／別階序。越符合當代霸權陽剛特質的男性身體，將得到越多的父權紅利；而女性則必須藉由陰柔特質的展演與競爭，附屬在男性底下，爬上較高的性別階序。正如前文所述，這一套遊戲規則必須是由雙方同意的——不管是積極地配合、競爭，或是消極地同意、順從遊戲規則（Connell, 1995）。另一方面，這裡所指的陽剛特質與陰柔特質，其內涵與指涉的特質並非固定不變，也不必然與身體性別直接連結，而是依循著不同的文化、歷史呈現出不同的面向。因此在特定情境下，具有陰柔特質的男性身體不必然會受到貶抑；而少數展演陽剛特質的女性身體，同樣有機會被視為認同陽剛特質，爬升到較高的性別階序中。但這些情況終究只是「例外」——它不可被承認為常態，這些「特殊」主體獲得的階級與利益隨時可能被取消，或是作為樣板（token），再生產對陽剛特質的肯認與陰柔特質的貶抑（游美惠，2014a）。

因此，藉由這些理論概念，決鬥遊戲可以被如此認知：它實際

上是父權體制給予主體的一個競爭遊戲，藉由順從父權體制制定的遊戲規則與展演不同陽剛特質與認同的主體競爭，主體將有機會獲得論述權。在不違背父權體制運作的情況下，定義什麼樣的特質是可欲的、好的，並透過展演這些特質，獲得較佳的社會階級、權力、資源等。不管任何主體成為勝者，只要主體的目的並非推翻父權體制，父權體制就能夠繼續運行。但是倘若主體不再依循父權體制制定的規則進行遊戲，則父權體制將面臨無法運作的危險。

回到《少女革命》，作為父權體制具體象徵的鳳曉生制定遊戲規則，以「革命世界的力量」作為獎品，吸引決鬥者參與決鬥。學生會的成員為了實現各自的願望，因此企求奇蹟的力量，遵循遊戲規則走進決鬥場。然而也正因為他／她們各自的願望，無法動搖、威脅到鳳曉生與他所制定的遊戲規則，因此在學生會成員之間的決鬥遊戲，只能宛如輪迴般不斷繼續下去，直到並未企求「革命世界的力量」的歐蒂娜出現，才打破這種停滯，真正開啟了《少女革命》的故事。

四、「少女」「革命」：性／別的認同、展演與主體性

完成對「薔薇物語」與決鬥遊戲的析論後，最後一個貫串《少女革命》的關鍵詞，是「王子」——從第一集片頭敘述歐蒂娜與王子的邂逅，到最後一幕安希與鳳曉生告別，留下鳳曉生獨自一人在「棺木」中繼續他的「王子遊戲」，《少女革命》全作以邂逅「王子」作為起點；也以告別「王子」作為終點。但是，也是從歐蒂娜所邂逅的王子——迪奧斯，到安希最後告別的王子——鳳曉生，使得《少女革命》中的「王子」，僅成為一種象徵性的概念與存在。即使在故事時間軸上，王子＝迪奧斯＝鳳曉生，但是觀察所有敘事，迪奧斯自始至終都只作為回憶、神話與幻象而存在，從未實存

於鳳學園。而歐蒂娜與安希最終都拒絕鳳曉生作為「王子」的正當性，也因此讓貫串整個故事的「王子」之存在崩毀潰散，僅留下一個空虛的記號，隨著少女的憧憬，成為模糊而曖昧的概念，無法再指涉任何一個實存的人物。

接著，因為必須談到「王子」這個「角色」，在此先帶入一個常用於性／別分析的概念：「展演」（performativity），中文亦可譯為「操演」，為酷兒理論大家 Judith Butler 所提出，意指性別身體與陽剛特質／陰柔特質之間的連結並非本質性的必然存在，而是性別身體透過不斷重複、有意識的行為，才可能建立連結。因此，連結的建立並不意味著本質性或正確，只是描述性別身體在主體行為當下的特徵。而行為本身通常又與主體的認同相聯繫：

> 操演並非一個單一行動，相反地，主體認同是在不斷重複的操演中形構而出，人是藉由「重複」的行為、並透過外在符號的維持，才產出「自然」型態與「實體」表象，而非先有內在認同才產生外在行為的，認同與行為是共構的（游美惠，2014b：138）。

雖然對被女學生視為「王子」的學生會成員來說，「王子」只是特定特質的組合，並且是一種可被展演的形象；然而對《少女革命》中多數女性角色來說，「王子」卻是一種關係的構築——對女主角歐蒂娜、安希而言是如此，對次要角色的篠原若葉與高槻枝織亦然。因此，本節將以「王子」的概念作為主軸展開討論，描繪出《少女革命》中女性角色的性／別認同、展演與主體性。

（一）王子或扮裝王子？——論天上歐蒂娜

對進入決鬥之前的歐蒂娜來說，「王子」有三重意象：一個理想的拯救者與保護者；一個可欲的、具有魅力的伴侶對象；以及一

個崇高的、應該模仿的對象。對於僅留下「被王子拯救」記憶的歐蒂娜而言,「王子」既是作為女性的「她」所慾望的對象,同時也是作為人的「她」所崇拜景仰的形象。也因此,歐蒂娜雖然一開始就身著男裝出場;但從第一集就不斷強調她是「女孩子」的事實。具有女性身體的歐蒂娜,透過男裝展演她所認同的陽剛特質——一個直接指涉向「迪奧斯」與「王子」的形象;同時也透過「薔薇刻印」思念王子,展演她女性身體認同的陰柔特質。在此,「王子」並不直接等同於迪奧斯,而是一組模糊概念的存在;歐蒂娜所憧憬的「王子」,實際上是一個具有陽剛特質、作為保護者與拯救者的理想形象,而不指涉特定個人。為了這個憧憬,歐蒂娜在若葉受到委屈的時候,挺身而出挑戰西園寺,也因此捲入決鬥遊戲;而後,雖然無意獲得「革命世界的力量」,卻為了保護安希而持續決鬥。

歐蒂娜因此成為最接近「迪奧斯」的一個決鬥者,獲得「向世界發起革命」的資格——她所認同與展演的特質相當接近「迪奧斯」,一個理想的拯救者與保護者。但是,在歐蒂娜「扮演」王子的過程中,帶出一個她與安希都無法回答的問題:「王子」是否與男性身體與陽剛特質直接連結?初期的歐蒂娜並沒有想過這個問題,但卻藉由她所展演具有陽剛特質的保護者,以「安希不想成為薔薇新娘」的自問自答,凌駕於安希的真實意志之上;經過一次次的決鬥以及事件的洗鍊,歐蒂娜的答案明確為「否」,「王子」與陽剛特質連結,但不與男性身體相連結,所以她選擇以安希的朋友暨保護者的身分,在最終一戰與鳳曉生對峙。然而,安希選擇「是」,「王子」是同時與男性身體、陽剛特質連結的,因此背叛了歐蒂娜,而歐蒂娜在《少女革命》TV 版的最後劇情中,只能不斷道歉,自己只是一個「扮家家酒的王子」——她無法成為一個理想的拯救者與保護者,無法成為安希的「王子」。

但是,劇場版的安希在最後做出了不同選擇,安希承認歐蒂娜的「王子」身分。從 TV 版到劇場版,藉由敘事的變化,「王子」

不再指涉一個具有陽剛特質、理想的保護者與拯救者形象，而轉向指涉關係中可欲的伴侶對象。從 TV 版的否定到劇場版的肯認，安希終於切斷「王子」與男性身體的直接連結，對具有女性身體同時展演陽剛與陰柔雙重特質的歐蒂娜作出了肯定與認同。因此，歐蒂娜究竟是王子還是扮裝王子的問題，也從 TV 版認同與試圖扮演「王子」卻受到安希拒絕，轉移到劇場版被安希肯認為「王子」，一同逃出鳳學園而獲得解決。在《少女革命》中，歐蒂娜究竟是王子或者扮裝王子，事實上無關乎她的女性身體與拯救行為的成功或失敗；而是女性作為拯救者與保護者、作為伴侶對象，以及一個擁有崇高意志的性別身體，是否能夠獲得應有肯認的問題。

（二）公主覺醒默示錄——論姬宮安希

　　延續歐蒂娜作為「王子」的討論，「王子」與安希的存在，是讓歐蒂娜走入決鬥場的契機。雖然對歐蒂娜而言，「王子」指涉的是一組模糊的概念；但是對安希而言，她的「王子」是一個實存的人。儘管安希一開始保護的是具有陽剛特質與男性身體，同時也是理想的保護者與拯救者形象的迪奧斯；但在迪奧斯被鳳曉生取代後，安希仍然在「以愛之名」的關係中，繼續保護鳳曉生。這也構成了歐蒂娜與安希之間的差異，歐蒂娜選擇的並非「王子」這個「人」，而是做為理想的拯救者與保護者的概念；但安希選擇的卻是實存作為「王子」的「人」，放棄「王子」原本指涉的概念與形象。在兩人與迪奧斯／鳳曉生的關係中，對於「王子」是否直接等同於迪奧斯／鳳曉生，各自作出不同的判斷；並且因為這個判斷差異，歐蒂娜沒有成為下一個「薔薇新娘」，接替安希的犧牲，甚至終於讓安希意識到「王子已死」的事實，引導安希走出已經變調的關係。但是，倘若安希只是走出與鳳曉生之間的關係，卻又轉身進入與歐蒂娜之間的「王子／公主」循環，則歐蒂娜所做到的不過是讓安希的「王子」換一個人罷了。因此，在 TV 版的結局，歐蒂娜

必須消失，讓安希自己從「棺木」——鳳學園中出走，才能完成對以王子為世界中心的「鳳學園」革命。

從 TV 版到劇場版，由於「王子」的指涉發生明確轉向，因此也在敘事上產生大幅差異：歐蒂娜與安希之間的情感，從曖昧不明的友達以上、戀人未滿，變化成明確的戀人關係。然而，若單純只將歐蒂娜與安希之間的關係變化，視為「浪漫愛」關係的完成，那麼將大大減損《少女革命》的革命張力。以歐蒂娜的角度來說，從 TV 版到劇場版前半段，歐蒂娜都是作為安希的「朋友」行動著，即使 TV 版中的歐蒂娜曾試圖扮演安希的「王子」，但在最終一戰，安希拒絕了歐蒂娜作為可欲的對象，因此 TV 版的結局，對歐蒂娜來說是「失敗」的——她作為「王子」的正當性被拒絕。但是，劇場版中的「王子」，不再指涉一個具有陽剛特質、理想的保護者與拯救者形象，而是指涉關係中可欲的伴侶對象。因此，安希在 TV 版拒絕歐蒂娜作為「王子」的正當性——一個具有陽剛特質、理想的保護者與拯救者形象，但卻因非男性身體而無法作為「王子」；轉化到劇場版，透過「王子」的指涉之消融與重構，安希肯認了歐蒂娜作為「王子」的正當性——一個理想的保護者與拯救者，即使非男性身體，仍可作為可欲的伴侶對象。

從 TV 版到劇場版，歐蒂娜與安希兩人關係的轉變，來自於安希對於「王子」指涉之決定。因此兩人關係的轉變，安希是握有主導權的人，也是「薔薇物語」神話中的「魔女」——因為在關係中，她握有決定「王子」是「誰」的力量。但是，脫離「薔薇物語」的神話秩序後，在物質實存的鳳學園，安希只是鳳曉生所謀劃決鬥遊戲中的「薔薇新娘」，是被剝離主體性的女性身體。直到主體性回歸之前，被鳳曉生作為遊戲的獎品，高懸在象徵「永恆」的城堡中，吸引決鬥者競逐——但正如 TV 版的鳳曉生最後所說：「這是一個幻象」。真正能決定誰是「王子」，進而得到王子的力量——也就是迪奧斯之力的，仍然是安希。

這也因此構成了 TV 版與劇場版兩個層次的「革命」，也就是 TV 版的主旨，在於將安希從「薔薇物語」與「王子遊戲」中解放出來，女性必須取回自身的主體性。但為了解放安希，「王子」必須消失——不論是鳳曉生或歐蒂娜。劇場版的主旨，則在肯認女性作為「王子」的正當性，並且延伸到女性主體的相互認同——從對女性身體展演陽剛特質或陰柔特質的認同，延伸至女性身體作為拯救者與保護者，作為可欲對象的正當性。第一層次，是從支配女性的父權體制中取回女性的主體性；第二層次，則是破壞強迫異性戀體制，以否定男性支配的正當性。

綜上所述，作為《少女革命》的兩個主角，歐蒂娜與安希的革命是雙重且不可被切割的——歐蒂娜掀起的是對「王子」的革命，是關於什麼樣的性別身體能夠展演什麼樣的性別特質，與是否可被肯認為理想的拯救者與保護者、可欲對象的革命；而安希所掀起的是身為「公主」的革命，是否要與父權體制共謀？是否能夠肯認男性身體外的陽剛特質展演？以及認同女性身體與女性意識的革命。唯有當「王子」與「公主」的特質與性別身體之連結同時被粉碎，「薔薇物語」的神話才有可能宣告終結，讓被誅殺的魔女／公主自己從「棺木」中甦醒，與既為公主亦為王子的主體攜手邁向父權體制外的陌生世界。

（三）「她」們——篠原若葉、高槻枝織、有栖川樹璃

結束歐蒂娜與安希的分析後，筆者希望分析作品中另外三個相當特殊的女性角色：篠原若葉、高槻枝織與有栖川樹璃。相對於被賦予強烈的角色魅力、獨特性格的學生會成員與歐蒂娜，若葉與枝織更接近「平凡的女孩子」的樣貌，也因此，她們的「王子」敘事，意味著更加日常與現實的意義。但是若葉與枝織雖然同樣作為「平凡的女孩子」，卻分別象徵不認同／認同父權意識型態，並展演陰柔特質的女性身體。

TV版中的若葉，是歐蒂娜最要好的朋友，同時也是歐蒂娜進入決鬥場的契機。雖然若葉從第一集的一開始，就一直表示歐蒂娜是她的「王子」，但正是因為若葉寫給西園寺的情書被貼在公布欄受到眾人譏笑，歐蒂娜才會找上西園寺要求決鬥。進入〈黑薔薇篇〉，若葉之所以會受到操縱與歐蒂娜進行決鬥，同樣也是因為西園寺。但是，在TV版與劇場版的最後，真正陪伴在若葉身邊的，其實是若葉幼時稱為「王子」的青梅竹馬——風見達也。幼時的若葉認為自己是「洋蔥公主」，因此稱當時喜歡的男孩為「洋蔥王子」。從若葉的三個「王子」：歐蒂娜、西園寺、風見達也，可見若葉對三種「王子」的可能指涉：帶有陽剛特質、作為理想的拯救者與保護者的形象；具有陽剛特質，並且是可欲的、具有魅力的男性身體；以及在關係中實際能夠作為伴侶對象的男性身體。

　　雖然若葉作為展演陰柔特質的女性身體，其慾望的對象仍然指向男性身體；但是在她與歐蒂娜的關係當中，歐蒂娜扮演「王子」是通過若葉的同意與認同而成立的——相較安希，若葉從一開始，就積極肯認歐蒂娜陽剛與陰柔雙重特質的展演，甚至主動支持歐蒂娜的展演：在TV版第11到12集，歐蒂娜在決鬥中輸給冬芽，一度換回女裝想「變回普通女孩子」時，是若葉一巴掌打醒了她，告訴歐蒂娜無須強迫自己扮演「普通女孩子」，因為那並不是歐蒂娜的「普通」。也因為若葉對歐蒂娜「王子」展演的肯認，並不只是存在於伴侶關係中，而是延伸到對歐蒂娜主體與展演的認同，因此不論若葉是否選擇歐蒂娜作為伴侶關係的對象，同樣都支持了歐蒂娜作為「王子」的正當性。

　　高槻枝織雖同樣屬於「平凡的女孩子」，但是與若葉相對的，是她對於其他女性的敵意。枝織的故事，在TV版是從有栖川樹璃的劇情帶出。作為樹璃單戀的對象，枝織從一開始不曉得樹璃的心意，只想要奪走樹璃重視的人，以證明自己並沒有輸給完美的樹璃；到〈黑薔薇篇〉，枝織知道樹璃的心意後，一方面不得不承認自己

面對樹璃時的自卑、扭曲，以及對樹璃的心意感覺最深刻的竟是勝利的快感；另一方面卻又恐懼與害怕自己的負面情感，以及自身被樹璃那樣看待。對枝織來說，她的勝利只能夠從關係中成就：透過依附上優秀的伴侶，遂行她認為作為女性的勝利與支配。因此，在〈鳳曉生篇〉，唯一能夠在西洋劍上勝過樹璃的土谷瑠果出現後，枝織馬上透過謊言獲得與瑠果交往的機會；但隨後就發現瑠果亦只是在玩弄與利用枝織。枝織是否對樹璃抱有情感，百合閱聽眾有不同的看法（TENJYO, 2006.04.01）；但是對於枝織的競爭意識與使用手段，《少女革命》中仍有相當明確的定位。劇場版甚至進一步放大枝織所象徵的惡意，在最後安希與歐蒂娜逃離鳳學園的劇情中，枝織也是除了鳳曉生外，唯一一個以自身意志，試圖阻止兩人逃脫的角色。

雖然與若葉同樣為展演陰柔特質的女性身體，枝織所認同與代表的，卻是父權意識型態。在父權體制的遊戲規則下，除了少數特例，女性身體唯有藉由認同父權體制、展演陰柔特質依附在男性底下，甚至是成為父權體制的代言人、遂行壓迫的加害者，才能有機會爬上較高的性別階序。但是女性既然是被男性賦予權力／利的，這個權力／利自然也可以被男性隨時取消。因此即使是瑠果在大庭廣眾下無情地甩了枝織，受到責備的卻是枝織。若回到「王子」作為主軸，枝織事實上並不在乎「王子」是否存在——對她來說，鬥爭與獲勝是更為迫切的。從主體性來說，枝織是具有明確主體性的女性身體——然而，因為她的主體性與認同建構在貶抑與否定女性主體的父權意識形態上，因此其主體性最終只會步向悲劇。至於枝織究竟是否有可能走出這種命運？在劇場版，競爭到最後一刻而自我毀滅的枝織顯然是不可能了；但是在 TV 版中，瑠果逝世後，枝織終於主動跟上樹璃的腳步，並且在結局時出現在樹璃所屬的西洋劍社內，與樹璃練劍。

最後，有栖川樹璃，作為一個擁有女性身體，卻非公主而是王

子般存在的角色，樹璃的角色形象在某個程度上與歐蒂娜是重疊的。但是，因為單戀對象──枝織的存在，使樹璃與枝織相對於歐蒂娜與安希兩人，更加接近真實的女同性戀處境。出場之初，樹璃的形象是美麗、優雅、受人景仰，同時也被畏懼著的角色。不同於暫代兄職管理學生會的七實，樹璃是以自身實力進入學生會的女性成員；也由於優異的西洋劍天份代理西洋劍社社長，與其他學生會成員一樣是受到矚目的焦點。在樹璃首次與歐蒂娜決鬥之前，有學生會成員發出一個疑問：樹璃參與決鬥的動機到底是什麼？在樹璃與歐蒂娜第一次的交談中，樹璃與歐蒂娜同樣認為爭奪薔薇新娘是愚蠢的，亦不相信「奇蹟」和「革命世界的力量」之存在，那麼，樹璃為何會走進決鬥場？她為何想要革命世界的力量？因此帶出了枝織的故事。

如前文所述，枝織對父權體制以及伴隨而來的強迫異性戀結構、性別階序之惡性競爭的認同，使得樹璃的心意不可能被接受──如同歐蒂娜，樹璃作為展演陽剛特質的女性身體，雖然以樣板處境進入性別階序中相對較不受壓迫的位置，但並不代表不受父權體制所束縛，或者是會被同性接受作為可欲的伴侶對象。而樹璃與歐蒂娜之間的競爭關係，也帶出另外一種意涵：從首次決鬥對歐蒂娜的不認同（TV 版第 7 集）；到主動借劍給歐蒂娜使用（TV 版的 12 集）；再到最終決戰前夕，樹璃主動向歐蒂娜要相片，希望放在新買的墜子裡。雖說樹璃本就不是全然認同父權體制，但從最初否定歐蒂娜，到肯定與認同歐蒂娜，展現出與父權體制共謀之女性身體出走的過程，完成了對反抗父權體制之女性主體的認同。

樹璃與歐蒂娜之間關係的演變，可以用美國猶太裔的女同志女性主義者 Adrienne Rich 所提出的「女同志連續體」（Lesbian Continuum）進行分析。Adrienne Rich 於 1980 年發表〈強迫異性戀與女同志存在〉（*Compulsory Heterosexuality and Lesbian Existence*）一文，除了批判異性戀霸權以及強迫異性戀機制，其強

調女性應透過彼此之間的認同，達成個人經驗與政治認同上的結盟：「包含各種女人認同女人的經驗範圍，貫串個別女人的生命也貫串歷史，並非僅指女人曾有或自覺地欲求和另一個女人性交的事實。」（Rich, 1980，轉引自張小虹，2000：252）在父權體制意識形態當中，女性被客體化、作為男性的「他者」存在而失去自身主體性；唯有透過女性認知到自身經驗作為一種集體經驗，並且不再認同貶抑女性的父權意識形態，轉而認同女性意識，女性才有可能突破父權意識形態給予女性的虛假意識，找回自身主體性，從父權壓迫中出走。

另外，對前述幾位女性角色而言，王子是「可欲的、具有魅力的伴侶對象」。但是在父權社會的強迫異性戀體制下，這個「可欲的」對象，強迫指涉男性身體，而完全拒絕女性身體作為另一女性主體慾望的對象。在父權體制下，女性主體產生情慾的對象「僅限於」男性身體，因此，TV 版的歐蒂娜作為「王子」的展演被安希拒絕——因為她不是男性身體，不能夠是慾望的對象。從 TV 版到劇場版，對於王子的指涉產生明顯的轉向。TV 版中，歐蒂娜與安希的情誼停留在曖昧階段，動畫內容並沒有實際地描繪兩人是否為女同志伴侶，而安希的女性意識覺醒，也是從對其他女性主體產生認同出發，並非因為「愛戀」歐蒂娜而「覺醒」。然而在劇場版，原先 TV 版中兩人曖昧不明的情感，透過直白的畫面——裸體擁吻——陳述出來，因此安希與歐蒂娜成了真正的女同志。但再次重申，TV 版與劇場版並不適合視為連續性的劇情，雖然從創作意象上來看，劇場版可作為 TV 版陳述的少女革命之完成；然而，就時間軸與敘事來說，劇場版只是借用原先的角色，敘述另一個完全不同的故事——安希與歐蒂娜的外表、個性和過去經歷，皆與 TV 版有極大的差異。因此，TV 版的安希與歐蒂娜，比起女同志，其實更接近前文提出的「女同志連續體」概念。兩人的關係，並非以安希慾望歐蒂娜，成為女同志而產生覺醒為契機；而是藉由認同歐蒂

娜，培力自身的女性主體，走出父權的棺木。直到劇場版，才真正刻劃出安希慾望歐蒂娜，兩人成為女同志的情節與故事。

女同志連續體並不單純指涉女同志之間的認同與伴侶關係，但若對父權的強迫異性戀體制一無所覺，則無論是女性慾望女性，或是對女性的認同，都無從發展。因此，在《少女革命》TV 版中，女同志連續體的概念著重在女性認同女性，並且不單純只是安希與歐蒂娜之間的認同，而是藉由「王子」這個詞彙貫串全劇，具體而微地描述包含若葉、樹璃對歐蒂娜的認同變化，如何改變這兩個主體，脫離父權魔咒──也就是歐蒂娜對鳳學園的「革命」。

綜觀整部《少女革命》，能夠發現作品描述的「少女革命」，正是這些展演陽剛／陰柔特質，有著差異認同的女性身體，藉由認同另一個女性身體、反抗父權體制，而找回自身主體性的過程。不管是樹璃或是安希，同樣都是藉由認同歐蒂娜，找到從無解的愛戀或鳳學園中出走的途徑。而歐蒂娜拯救安希的行動雖然失敗；但也唯有建基在她的失敗之上，安希的主體性才可能切實萌芽、踏出自己的腳步。

五、小結

2014 年，楊若暉〈革命吧，少女！──以性別觀點略論動漫作品《少女革命》〉中，已經寫出了《少女革命》作為一部百合作品的兩面性：「百合作品伸張女性主體性的積極面，以及受主流價值收編的消極面。」（楊若暉，2014：113）正如同楊若暉所述，由於歐蒂娜陷入戀愛後逐漸「變得女性化」，且與已有未婚妻的鳳曉生發生關係，使歐蒂娜的道德蒙上汙點。相對於最後選擇拯救安希，再次回歸扮演「王子」身分的歐蒂娜，與鳳曉生陷入戀愛的這段情節，似乎讓歐蒂娜擺盪在女性化（不道德）／男性化（保有崇高之心）的概念對立中，並藉以強調回到「王子」的歐蒂娜才具有

崇高之心，完成父權對展演陽剛氣質的女性之收編：

> 據此可見，意圖擺脫舊有的性別權力位置（女性是弱者、被保
> 護者）的同時，不得女性化的歐蒂娜再次彰顯了性別權力中男
> 性的優位性：拯救公主的人仍不能是公主，公主終究必須戴著
> 王子的假面登場，無法擺脫男強女弱的舊有價值（同上引：
> 115）。

　　若歐蒂娜最後的拯救行為成功了，那麼也許這個收編就實際完
成了；但是正因為歐蒂娜的拯救是失敗的，因此《少女革命》其實
重重甩了扮演「王子」角色的女性身體一巴掌：並不是展演陽剛氣
質，妳就能突破父權體制的束縛。透過與同樣展演陽剛氣質的樹璃
對照，其實《少女革命》對於展演陽剛氣質的女性身體並沒有特別
正面的肯認或賦權，其敘事主軸仍舊是放在女性的主體性萌芽，與
女性對自身的認同，對不同女性主體之間的互相認同上。因此，透
過劇場版的延伸與語言的轉化，筆者認為《少女革命》切實地展現
出女性主義精神，也恰正回應了楊若暉對於 TV 版的作品是一種
「過渡期」的表現之質疑（楊若暉，2014）── TV 版的《少女
革命》與普遍被視為主角的歐蒂娜，事實上並非「革命」的完成以
及「革命」的主體，而只是革命的契機與起點。劇場版透過喚醒安
希的主體性萌芽，她成為了駕馭歐蒂娜、逃出父權體制（鳳學園）
的主體，這才完成這場「少女革命」的主要敘事：展演陽剛／陰柔
特質的女性身體必須互相扶持，才可能突破父權體制。
　　但是，少女們的「革命」仍未完成。歐蒂娜與安希最終也僅是
踏足荒野，而非來到平等而欣欣向榮的女性樂土──一切仍有待她
們開展。也因此，筆者傾向將《少女革命》劇場版視為 TV 版的延
伸，是一階段性革命的完成，卻不是「革命」的最終局。而藉由劇
場版的歐蒂娜與安希逃出鳳學園後，一路支持著她們的廣播員們俱

化為稻草人，主播Ｅ子、Ｆ子身上還掛著歐蒂娜與安希的名牌來看，筆者也認為「歐蒂娜」與「安希」僅僅是象徵性的存在，任何展演陽剛／陰柔特質的女性，皆可能是「王子」或「薔薇新娘」，仍等待著另一個主體一同挑起革命之劍、踏上革命之路，自雖生猶死的幻象中解脫。

據此，筆者認為，劇場版的《少女革命》實際上可說是 TV 版的「二周目」──少女們的革命將不斷輪迴，直到所有「歐蒂娜」與「安希」皆攜手逃脫父權體制之前，這場革命不會終結，也沒有盡頭。綜上所述，或許也可以如此為本文與《少女革命》作一簡單俐落的總結吧──

革命尚未成功，少女仍須努力。

漫活著
讀作品、性別與人文

參考書目

一、中文書目

洪漫（2006）。〈日本的女性主義研究〉，《邏輯學研究（中山大學學報論叢）》，26(8)：13-15。

袁向東（2002）。〈日本的女性主義研究〉，《廣東職業技術師範學院學報》，1：37-40。

張小虹（2000）。〈女同志理論：性／別與性慾取向〉，顧燕翎（主編）《女性主義理論與流派》，頁 243-268。臺北：女書文化。

游美惠（2014a）。〈樣板（token）與樣板主義（tokenism）〉，游美惠（編）《性別教育小詞庫》，頁 210-215。高雄：巨流。

游美惠（2014b）。〈操演（performativity）〉，游美惠（編）《性別教育小詞庫》，頁 134-139。高雄：巨流。

楊若暉（2014）。〈革命吧，少女！——以性別觀點略論動漫作品《少女革命》〉，《文化月刊》，2：113-115。

二、外文書目

Connell, R. W. (1995). The Social Organization of Masculinity. In R. W. Connell, *Masculinities* (pp. 67-86). Berkeley: University of California Press.

三、網路資料

〈少女革命〉（n.d.）。維基百科。上網日期：2016 年 8 月 28 日，取自 https://zh.wikipedia.org/wiki/%E5%B0%91%E5%A5%B3%E9%9D%A9%E5%91%BD

TENJYO（2006.04.01）。〈【ZT】少女革命之比天空還淡的琉璃色的分析〉。上網日期：2016 年 9 月 3 日，取自 http://tenjyo.bokee.com/4785360.html

塔塔君、北村勇志（2016.08.30）。〈雜談寺山修司與動畫漫畫界（十一）〉。上網日期：2016 年 11 月 18 日，取自「Anitama」http://www.anitama.cn/article/1b4c0306d5987843?utm_source=toutiao

魏靈學（2015.12.12）。〈你不知道的日本少女動漫：公主太憧憬王子，於是自己來當王子〉，《澎湃新聞》。上網日期：2016 年 8 月 30 日，取自 http://www.thepaper.cn/newsDetail_forward_1403970

《玻璃假面》面具前後的性別與能動性

陳柔安

一、前言

　　日本漫畫家美內鈴惠自 1976 年推出連載少女漫畫——《玻璃假面》（ガラスの仮面）[1]——名稱來自單行本第一集，傳奇女演員月影千草對主角北島麻雅所說的話：「演員就必須戴上各種假面具，表現出各種情緒。記住！把每一次經驗跟妳的演技結合，妳就會擁有千種面具！」劇情主軸設定在北島麻雅與註定的對手——姬川亞弓，傾全力較勁演技，爭奪月影千草的名作《紅天女》上演權，同時交織著北島與大都藝能公司社長速水真澄多舛的戀愛情節。迄今出版的 49 集單行本中，北島和姬川上台、下台，演出好幾十部戲劇，每一次的演出都是為了要精進演技，為這部講述神佛相愛的名作《紅天女》做準備，北島和姬川化身成劇本裡的角色，表演時彷彿戴上了透明的玻璃假面。

　　《玻璃假面》這部日本漫畫，在人物們的職業差別、引用戲本的選擇、男女戀愛情感的互動，均明示或暗示地呼應了日本戲劇界及少女漫畫出版的環境。性別要素於職業、劇本和戀愛等面向，體現了女性身處父權體制的權力關係，及少女漫畫的能動性。本文所謂能動性，不是指漫畫家有意圖或有意識地提升漫畫人物的權力，也不是漫畫人物自己有目的地爭取權力。而是《玻璃假面》作為一部少女漫畫，提供了哪些女性反抗父權體制、對抗不平等的策略。筆者試著透過職業、劇本、戀情三個角度抽絲剝繭，分析描繪女性

---

[1] 漫畫及人物中譯名稱以東立出版社代理的版本為主，但本文部分引用仍參考大然文化翻譯成《千面女郎》的單行本。且單行本內經常未標示頁數，文中引用僅註記單行本集數。

演員成長歷程的《玻璃假面》，其漫畫究竟展現了女性能動性提升的可能，還是備受父權體制的限制。

二、職業上的性別分工

自 1976 年開始連載的少女漫畫《玻璃假面》，不論是劇情、人物或世界觀的設定，均奠基於現實中的日本社會。在《玻璃假面》的世界裡，沒有科幻、沒有魔法、沒有超自然現象，雖說劇情略顯誇張，但故事的進展並未超出常規與常識，且內容引用了許多真實的戲劇作品，例如《茶花女》和《仲夏夜之夢》，也出現了日本奧斯卡獎（日本アカデミー賞）頒獎情節（單行本第 11 集），或提到了主演 1962 年《熱淚心聲》帕蒂·杜克（Patty Duke）的例子（單行本第 11 集）。而 49 集的單行本中人物眾多，綜觀人物們因為性別產生的職業差異，亦能發現現實中日本戲劇界分工的影子。

（一）漫畫人物們的職業

觀察《玻璃假面》的主要人物們，會發覺女性和男性之間，隱約有著一條職業分工的界線。故事以女性演員的競爭為主軸，登場的女性人物遠比男性多，不過男性的職業種類卻比女性多。從表 1《玻璃假面》主要人物性別與職業得知，除了月影千草和原田菊子這兩位年長的女性劇團領導，女性人物的職業多為演員、服務生或秘書；男性人物則有演員、導演、劇作家、劇團領導、電影監督、企業領導和攝影家等，相對多樣。在漫畫裡，女性人物若非成為演員，則較多是從事次要或服務性質的工作。非劇情焦點的男性人物卻擔任握有大權或高階技術的工作。例如，女性導演原田菊子僅出現在一兩集單行本裡，戲份遠比將執導《紅天女》的小野寺一或黑沼龍三導演少，《玻璃假面》中切磋編導技巧、創造戲劇藝術的角色，仍由男性導演擔任。

表1 《玻璃假面》主要人物性別與職業

中文名字	日文名字	性別	職業
北島麻雅	北島マヤ	女	演員、服務生
月影千草	月影千草	女	演員、劇團團長
青木麗	青木麗	女	演員、服務生
水無月沙也加	水無月さやか	女	演員
澤渡美奈	沢渡美奈	女	演員
春日泰子	春日泰子	女	演員
姬川亞弓	姬川亜弓	女	演員
金谷英美	金谷英美	女	演員
麻生舞	麻生舞	女	演員
水城冴子	水城冴子	女	秘書
乙部	乙部のりえ	女	演員
原田菊子	原田菊子	女	劇場導演
姬川歌子	姬川歌子	女	演員
北島春	北島春	女	服務生
鷹宮紫織	鷹宮紫織	女	千金小姐
速水真澄	速水真澄	男	社長
櫻小路優	桜小路優	男	演員
小林源造	小林源造	男	演員
小野寺一	小野寺一	男	導演、劇團理事長
速水英介	速水英介	男	會長
聖唐人	聖唐人	男	助手
尾崎一蓮	尾崎一蓮	男	劇團團長、劇作家
里美茂	里美茂	男	演員
黑沼龍三	黑沼龍三	男	導演
姬川貢	姬川貢	男	電影監督
赤目慶	赤目慶	男	演員
山岸巖	山岸巖	男	理事長
彼得・哈米爾	ピーター・ハミル	男	攝影師

資料來源：筆者整理

漫活著
讀作品、性別與人文

進一步觀察那些沒有名字的人物們，則職業分工的界線顯得更加清晰，最明顯的當屬戲劇評審。例如甄選《咆哮山莊》的少女凱莎琳一角時（單行本第 7 集），除飾演成人凱莎琳的女性演員，其餘評審全為男性；甄選《熱淚心聲》的海倫‧凱勒時亦如此（單行本第 11 集），除了飾演蘇利文老師的姬川歌子，其餘評審皆為男性；還有《兩位公主》演員的甄選，4 位劇場評審中只有負責舞台設計者為女性（單行本第 24 集）。漫畫裡許多描繪戲劇評論或戲劇高層的場景，也都是男性的身影。例如出席《伊莎多拉》首演的戲劇界大老們（單行本第 31 集）、全日本演藝協會（全日本演劇協会）理事長、文化勳章（文化勲章）得主、新聞社經理、出版社經理等均為男性，出席《小婦人》首演的戲劇評論家亦然（單行本第 2 集）。還有拍攝姬川歌子親北島麻雅臉頰畫面（單行本第 12 集）及《紅天女》記者會（單行本第 42 集）裡的記者及攝影師也都是男性。其他如月影劇團的男性出資者、身障兒童育幼院的女性老師、大都藝能公司協商的男性企業老闆等細節，皆透露出性別與其從事職業的分工差異。

（二）日本社會中的職業

回顧日本現代戲劇的發展過程，從 1960 年代「第一世代」的鈴木忠志、唐十郎、別役實、寺山修司、佐藤信、蜷川幸雄、太田醒吾等人，到 1970 年代的山崎哲、竹內銃一郎，及 1980 年代的野田秀樹等重要的戲劇人（林于竝，2010：47-48），通通是男性。此外，重要的導演如櫻井大造、串田和美、松本雄吉、木村光一、栗山民也等，以及重要的劇作家斎藤憐、坂手洋二、鐘下辰男等人，亦為男性（Cavaye, Griffith & Senda, 2005: 217-238）。而自 1970 年代開始創作的《玻璃假面》，漫畫中描繪的戲劇界要角確實如同日本的戲劇發展，以男性戲劇人為主。漫畫裡創作「戲劇史上的不朽名作」（單行本第 47 集）《紅天女》的尾崎一蓮、鬼才導演黑

沼龍三和男性戲劇界大老們，皆呼應了外在日本戲劇界的環境。

另外，漫畫作為一種反映社會的媒介（Sasaki, 2013: 3），從《玻璃假面》人物們的職業還能觀察到日本職場的其他現象。許多研究顯示，日本的勞動市場有著嚴重的男女分工差異：女性比男性更容易成為非正規職勞動者（Aiba & Wharton, 2001: 68）。因為缺乏接觸正規職工作的管道及社會對結婚生子的期望，這些系統性、結構性的因素，都增加女性成為正規職員工的難度。而非正規職的待遇較差、社會地位較不受重視，則變相成為對女性的懲罰——女性就職比例高的職業，不只受到長期的輕視，也普遍是薪水較低的工作（Aiba & Wharton, 2001: 72），拉大了性別工資差距。對照《玻璃假面》人物們的職業分工，女性似乎只能當演員或服務生，與日本職場中女性高比例的非正規職勞動者的情形類似。其中，掌握較高職權的月影千草和原田菊子，是故事裡的女性角色中極少數的高職位者，間接透露出日本強調年資的年功序列制企業文化。

（三）職業連結刻板印象

《玻璃假面》與日本真實社會中相似的男女分工，暗示了漫畫雖以女性人物為故事軸心，但男性職業的背景設定，卻多是位居較高的權力位階。不僅如此，職業別亦與性別的刻板印象連結，尤其高階技術工作經常與男性氣質連結，特別是使用計謀或手段。例如小野寺一導演唆使月影劇團的男性演員破壞《吉娜和 5 個青罐子》的道具準備（單行本第 3 集），或他在《熱淚心聲》排演時刻意不指導北島麻雅（單行本第 10 集）。在眾位男性角色裡，最具陽剛工作性格的應屬速水真澄，他安排戲劇評論家給予月影劇團的《小婦人》負面評價、併購其他公司，且頻繁被北島麻雅稱作「冷血魔」和「工作狂」。而每當速水真澄對北島麻雅動心，做出體貼或溫暖的舉動，他會自認不正常，甚至反問自己「你到底怎麼了，大都公司的工作狂」（單行本第 5 集）。漫畫裡傳達了冷漠、無情、專注

工作的樣貌，才是速水真澄（大公司社長）的合理形象。相反的是，北島麻雅經常廢寢忘食地磨練演技或月影千草不顧健康地執著於排練，她們誇張的行徑卻不曾被稱為「工作狂」。

也許，因為《玻璃假面》是一部傳達把演戲視作生命熱忱的漫畫，拚命磨戲的女性演員是在燃燒生命熱情而非工作；反之，男性角色的職業則需用更理性的態度面對。然而，當故事裡的男性多被設定擔任權力較高的職業，女性又要如何突破父權體制的分工限制，主導並推動劇情的進展呢？《玻璃假面》的其他面向或能提供解答。

三、劇本裡的性別樣貌

從單行本第 1 集的《茶花女》演出，到目前最新的第 49 集《紅天女》，顯示戲劇元素貫串《玻璃假面》長達 40 年的連載。《玻璃假面》裡出現過 40 部以上的戲劇作品，不僅引用不少現實中的真實劇本，也有多部是漫畫的原創劇本。整理那些真實戲劇被引用、分析劇本的共同點，可以理解這些作品裡女主角的特殊之處如何形塑《玻璃假面》的劇情，甚至觀察那些日本戲劇界搬演過，卻未被引用的著名劇本，得以發現哪些戲劇的面向是《玻璃假面》不曾描繪的。藉引用劇本之選擇，思考漫畫所呈現的「戲劇」展示了什麼樣的策略可改變能動性。

（一）被引用的戲劇作品

《玻璃假面》引用多部現實生活中的戲劇作品，有的由人物們上台演出，有的僅做為練習演技時的劇本，或是在人物們的對話中提及。幾乎所有演出安排，演員的性別都與原劇本角色設定一樣，僅少數例外。如青木麗因其帥氣的外貌女扮男裝，還有姬川亞弓扮演《乞丐王子》的乞丐和王子（單行本第 6 集），及北島麻雅扮演

《仲夏夜之夢》的精靈撲克（單行本第 22 集）。裝扮成骯髒的小乞丐，大幅改變姬川過往美麗、氣質的小姐形象，開拓了她的戲路；裝扮成精靈撲克，鍛練北島的韻律感和靈活度，讓她將來演戲時更能發揮肢體表演的可能性。就像乞丐王子和精靈撲克的例子，以不同方式出現在《玻璃假面》中的 40 多部戲劇，每一次演出都有推進劇情的功能。而這一部部戲劇就像北島和姬川的星途，一部接一部的作品串連成她們的成長歷程。而引用的作品中，若為以女性角色為主的戲劇，原作女主角的特色也會帶動漫畫人物們的改變。

北島麻雅飾演過《小婦人》的貝絲、《咆哮山莊》少女時代的凱莎琳及《菜飯阿七》的阿七。《小婦人》是 1868 年美國女性作家奧爾柯特出版的小說，曾改編成舞台劇。小說中四姊妹各具鮮明的性格、才能，且有別於 19 世紀美國社會一般對女性期待的溫順形象，她們追求各自嚮往的目標，使《小婦人》常被視作宣揚女權意識的作品。貝絲雖是四姊妹中最溫婉害羞的一個，不過她與頑固的鄰居爺爺結為朋友，及力抗病魔的毅力令人印象深刻。《咆哮山莊》是英國作家艾蜜莉・勃朗特於 1847 年出版的小說，曾改編成舞台劇。故事裡，凱莎琳不顧世俗眼光愛上身分不明的男孩，但長大後卻嫁給富有的莊園主人，於是她昔日的愛人決心復仇。歷經風波，凱莎琳於生產時過世。昔日愛人心力交瘁，最終在凱莎琳的房間絕食而死。文中陰鬱的荒野、粗暴的愛情，讓這部小說強烈衝擊著 19 世紀英國社會的常規。而勃朗特三姊妹的文學成就（包括《簡愛》及《荒野莊園的房客》）使《咆哮山莊》成為女性作家寫作重要的里程碑。《菜販阿七》（八百屋お七）則是描述 17 世紀一位少女在寺廟躲避火災時戀上了寺廟雜役，為再度與心上人相見而放火的故事。縱火在當時是重罪，所幸未釀成大災，人們念及少女年幼欲網開一面，少女卻堅持自己已 16 歲成年，終被判處死刑。

姬川亞弓則飾演過《卡蜜拉的肖像》的吸血鬼卡蜜拉、《茱麗葉》的茱麗葉及《人魚公主》的人魚公主等。《卡蜜拉的肖像》的

情節源自愛爾蘭男性作家拉‧芬努於 1870 年代出版的小說，是塑造吸血鬼形象的經典之作，亦改編為舞台劇。卡蜜拉是女吸血鬼，曾拜訪一位住在古堡裡的小女孩，女孩長大成為少女後，她又再度出現，並使少女深陷陰森離奇的謎團中。卡蜜拉影響了後來著名的吸血鬼小說《德古拉》。女吸血鬼淒美的外貌以及與少女曖昧的情愫，使卡蜜拉變成女同性戀吸血鬼的象徵。《茱麗葉》的情節則出自莎士比亞 16 世紀末大名鼎鼎的劇作《羅密歐與茱麗葉》，講述兩位年輕的男女——羅密歐與茱麗葉——相戀相愛，卻因為雙方家族長久以來的仇恨，決定私奔。但過程中出了差錯，兩人相繼自盡，終致雙方家族悔悟、釋嫌和好。而茱麗葉不順從家族的婚姻安排，展現了封建時代下女性難得的反抗精神。《人魚公主》是丹麥作家安徒生於 19 世紀時出版的童話故事，改編作品多不勝數。故事裡，人魚公主愛上了人類王子與陸地上的世界，不顧家人勸阻，冒著王子不見得會愛上她的風險，喝下巫婆的魔藥，使魚尾裂成人類的雙腿，甚至還得忍受魚尾分裂的痛楚。人魚公主為愛所做的犧牲奉獻符合傳統女性的美德，同時她也異於尋常的童話故事女主角，主動去追求所愛。

（二）主角們與女性作品

　　飾演這些角色促使《玻璃假面》的主人翁們成長。北島麻雅邊發高燒邊把《小婦人》演完，不僅恰如其分的表現出貝絲生病的場景，進而傳達了她對戲劇不屈不撓的執著。而當演《咆哮山莊》對手戲的男演員愛上了她扮演的凱莎琳，北島並未動情也沒發覺男演員愛上了她，顯示仍對戀愛懵懵懂懂。演《菜販阿七》時，則是《紅天女》的演技考試。北島揣摩阿七受愛火折磨的苦楚，鋪陳了《紅天女》這部關於愛情的戲劇，競爭上演權的過程中人物們對真愛的摸索與體悟。另外，姬川亞弓特別請求父親姬川貢，讓她參與《卡蜜拉的肖像》，欲用演技打敗出演該劇女主角的演員。那位演員惡

意陷害北島，使她被迫退出演藝圈。姬川不滿她的勁敵北島受小人欺侮，打算同台用演技反擊那位卑劣的演員。當《卡蜜拉的肖像》的觀眾們全聚焦於女吸血鬼精湛的演技而非女主角時，姬川的反擊成功了。表演結束後，姬川的父親對她說道：「對妳而言譚寶蓮〔北島麻雅〕是個勁敵，遠比其它交往的男孩重要，她在心中占極大的比例！」姬川心想：「真厲害！不愧是爸爸……」（單行本第 17集）。這段對話若有似無地，令人聯想到卡蜜拉的女同性戀意涵。而姬川演出的獨角戲版《茱麗葉》，刪去了羅密歐及其他原作的角色，則讓女主角一人重新演繹這愛情經典。

　　漫畫引用這些真實戲劇，讓人物們成長，變得更立體、更有個性、更有血有肉。也讓北島麻雅和姬川亞弓從單純的小女孩，變得越發獨立、有想法。本文認為，《玻璃假面》花費篇幅描繪的引用劇作，其原作裡的女性角色均表現出對人生、對女性既定形象產生反叛意識或行為，堪稱是在文學遺產中有一席之地的重要女性角色。雖然漫畫並未明言是否強調女權，但這些作品的選擇的確暗示了《玻璃假面》對女性能動性的追求。比起父親，《玻璃假面》更著重母女關係。《熱淚心聲》這部敘述蘇利文老師啟發海倫‧凱勒的戲劇，女性幫助女性的著名事例，成為北島和姬川各自母女關係的探索契機。北島逃離老家的母親，獨自加入月影劇團學習演戲。孤身一人的她，演《熱淚心聲》獲得飾演蘇利文老師的姬川歌子讚賞，謝幕時姬川歌子親吻她臉頰的畫面成了新聞話題。姬川亞弓演戲時從未被自己的母親姬川歌子吻過，更令人深受打擊的是，日本奧斯卡獎還選擇頒獎給北島而不是同樣演出《熱淚心聲》的她（單行本第 11 集）。北島得到了姬川母親的青睞，但她與自己母親的關係卻無法挽回；姬川雖檯面上失利了，卻象徵她的演藝事業逐漸脫離明星母親的光環——加上北島和姬川的競爭，偏重女性與女性相處的劇情，再次彰顯了《玻璃假面》對女性情誼的關懷。

漫活著
讀作品、性別與人文

《玻璃假面》還有另一層與女性文學作品的關聯。漫畫中除了出現《小婦人》和《咆哮山莊》等兩部經典作品，另一部值得一提的是美國女性作家韋伯斯特於 1912 年的小說——《長腿叔叔》。小說裡的女主角是一位孤兒，她受到匿名的「長腿叔叔」贊助。這位富有的贊助者要求女主角定期寫信告知近況，因此幾乎整本小說都由信件組成。後來，女主角進入女子大學，長腿叔叔則在女主角不知情之下與其相識，然後愛上了她。小說與速水真澄以匿名方式，透過送紫玫瑰來支持北島麻雅的情節非常相似，小說女主角曾要求長腿叔叔在身上別一朵玫瑰花好辨識身分（Webster, 1995: 88），也像速水送北島紫玫瑰一樣帶有象徵意味。漫畫中其他角色常調侃北島，說她的紫玫瑰粉絲好似「長腿叔叔」（單行本第 29 集），連北島自己心裡也稱送紫玫瑰的人「長腿叔叔」（單行本第 33 集）。《長腿叔叔》的女主角會在信件裡談論對女權議題的看法，亦常提及自己閱讀女性作家文學作品的感想。其中被提到的兩本書就是《小婦人》（Webster, 1995: 30）和《咆哮山莊》（Webster, 1995: 46），其他被提及的女性作家還有夏綠蒂・勃朗特和喬治・艾略特。從 19 世紀到 20 世紀初，女性作家在彼此的創作中現身，而 20 世紀下半葉的《玻璃假面》，亦用了許多筆墨描繪這些女性作家的作品，有意無意地延續了陰性書寫關注女性作品的做法。

（三）未引用的戲劇作品

現實世界充斥各式各樣、成千上百部的戲劇，如何從中選擇自有學問。除了被引用的作品外，那些沒被引用的戲劇也能透露《玻璃假面》隱微的訊息。綜覽漫畫裡提及的 40 多部戲劇，包括原創劇本，可以發現所有作品的一個共通點：劇本的敘事皆為順敘法。《卡蜜拉的肖像》雖是由女主角回憶遇見女吸血鬼的經過，演戲方式基本上仍為順時間敘事。而來自北海道的一角獸劇團，即便表演時不按常規、手法創新，演出敘事仍使用順敘法。鬼才導演黑沼龍

三亦嘗試藉由變換舞台形式，激發《遺忘的荒野》新的表演樣貌，不過戲劇本身的敘事方式並沒有變化。雖然 19、20 世紀出現許多非寫實且實驗性敘事的優秀文學作品，卻都不被《玻璃假面》引用。這很可能是因《玻璃假面》作為一部連載少女漫畫，順敘法單純的一致性較容易使讀者理解劇情或吸引新的讀者，許多敘事前衛的戲劇便無法出現在漫畫中。

此外，一角獸劇團和鬼才導演黑沼龍三作為《玻璃假面》中戲劇界的創新代表，他們曾在民宅或地下室等道具不足的非正規空間排戲、表演，也不畏懼改變演出方式來刺激戲劇的各種可能。對照日本戲劇的發展，一角獸劇團和黑沼導演容易令人聯想到 20 世紀下半葉蓬勃的「小劇場運動」（林于竝，2010：42）。然而，現實的小劇場運動旨在衝撞保守氛圍，強調反寫實主義、追求前衛實驗。加上「安保鬥爭」發生，戲劇的核心經常是為批判時事、反思自我存在、追求社會正義（同上引：46-48）。尤其推崇沙特存在主義的思想劇作，例如布萊希特和貝克特的劇本作品，均對日本戲劇界產生了深遠影響（同上引：42）。可是《玻璃假面》未曾觸及這類尖銳的政治議題，漫畫裡突破性的戲劇技巧也僅止於表演場地或演員演技的創新。當然，年輕女性不被鼓勵參與政治活動的社會氛圍（例如女性議員會遭男性議員譏諷為什麼不快去結婚），使大眾文化下的少女漫畫，不太可能描繪激進反骨的題材。

那些被引用的戲劇，不論是帶有反叛意識的女性角色或女性作家的作品，皆凸顯了《玻璃假面》對女性能動性的描繪。還有《兩位公主》和《遺忘的荒野》兩部漫畫原創劇本，分別借用了伊麗莎白一世的英國歷史事件及印度狼群扶養女孩的事件（Amala and Kamala）作為靈感，搬演成出色的舞台劇，增加了具有主體性的女性形象在大眾文化中曝光之機會。著重女性人物成長歷程的劇情是《玻璃假面》進步的一面，但未被引用的政治性戲劇，卻揭露了漫畫略微保守的另一面。性別平等與社會正義的落實息息相關，在

漫活著
讀作品、性別與人文

選擇順從或不順從日本社會守舊心態的劇作之間，很可惜《玻璃假面》沒有援用更激進的劇作來提升女性人物抵抗父權的能動性。

四、情感上的性別互動

少女漫畫的興起是隨著第二次世界大戰的結束，日本經濟成長及適婚年齡的推遲，讓女性擁有了更多空閒的少女時期（楊偉，2005：9）。在少女漫畫雜誌《花與夢》連載的《玻璃假面》，便圍繞著女性被賦予的成長課題——戀愛、性、家庭——展開以少女們為目標讀者群的漫畫故事。漫畫的主要人物：北島麻雅、姬川亞弓和月影千草，各自遭遇了生命中巨大的變故，而這些變故使她們往情感的不同面向成長。她們的愛情發展，亦凸顯了男性追求女性為主的相似模式。因為生命變故而成長、因為男性愛慕者而開啟的戀愛，當少女漫畫成為少女讀者自我投射的重要讀物（傻呼嚕同盟，2003：16），《玻璃假面》情感上的性別互動與女性能動性的關係更需審視。

（一）生命中的劇烈變故

北島麻雅、姬川亞弓和月影千草分別經歷過劇烈的生命變故，且這變故對她們後續劇情的表現產生重大的影響。北島麻雅本由單親母親扶養長大，但中學時她不顧母親反對，執意離家加入月影千草創設的月影劇團。母親痛心疾首，大罵：「妳不是我女兒！妳回來，我也不認妳了！」（單行本第 1 集）之後母親既難過又後悔，寫信給月影劇團，拜託月影多照顧北島。但月影認為北島的戲劇之路須有破釜沉舟的決心，於是背地裡燒掉了北島母親的信件，北島不曉得母親早就原諒她了。即便北島離開月影劇團，加入了大都藝能公司，她仍然不知道母親掛念著她。母親一個人在橫濱老家辛苦工作，終於因罹患肺結核，不得不住進療養院。速水為使北島專注

演戲，隱瞞了母親生病一事，並把她監禁在療養院。最後重病且失明的母親逃出療養院，在電影院裡看著北島演出的影像流淚逝世。北島得知母親過世的消息，萬念俱灰，無法上台演戲。水城秘書如此形容抱著母親骨灰的北島：「她的心因痛失母親的哀傷而封閉住！現在的她演不出自己以外的角色！」（單行本第16集）。速水深感愧疚，北島也從此憎恨著他。母親過世的變故，讓北島名副其實地成為《長腿叔叔》故事中的孤兒，北島更視紫玫瑰支持者如唯一的家人一般，甚至「對那從未謀面的送她紫玫瑰的人產生了愛意……」（單行本第30集）。而北島與速水——也就是紫玫瑰長腿叔叔的真實身分——之間的愛情，卻也變得愈加崎嶇。

姬川亞弓則在排演《紅天女》的過程中，因照明燈具突然倒下，挺身擋住燈具保護了其他演員。受傷的姬川，開始不定時頭暈，且視力漸漸衰退。但她絕不願意放棄《紅天女》的演出，在隱瞞病情、拒絕接受治療的情況下，姬川繼續排戲。姬川歌子協助女兒特訓，讓姬川亞弓即便視線不清也能登台。而在一次去醫院做檢查的途中，攝影師哈米爾協助她躲避媒體打探病情，之後兩人越走越近。身為家人之外，少數得知姬川視力受損的人，哈米爾會在姬川排戲時守候著她。至於月影千草，她年輕時愛上了收養她的劇作家尾崎一蓮。雖是一段婚外情，兩人對戲劇的熱愛使他們視彼此為「另一半的靈魂」（單行本第38集）。尾崎創作的《紅天女》驚為天人，大受歡迎後，為搶奪上演權，竟替他的劇團招來了惡意的攻擊，承受不住各種打擊，尾崎在與月影坦承彼此的愛之後自殺，並將上演權留給了月影。悲痛的月影打算隨著尾崎自盡，所幸同一劇團的小林源造及時阻止，並說服月影為《紅天女》活下去。月影對那些陷害尾崎的人感到憤恨，遂在往後的人生中堅守《紅天女》的上演權。更自己栽培北島等演員，期望這一部象徵她和尾崎愛情的劇作不被惡人玷污。

《玻璃假面》花費許多篇幅鋪陳女性主要人物們遭遇的巨大變故，顯示漫畫重視女性人物們生命經驗的描繪。就好似夏綠蒂・勃朗特筆下的《簡愛》，女主角簡愛和愛人在歷經一場驚人的大火後終成眷屬。《小婦人》及《長腿叔叔》著重女性角色生命歷程和成長的描寫，也被視為延續勃朗特姊妹善於刻劃女性經驗的書寫方式（Seelye, 2005: 338）。然而漫畫中，變故對北島麻雅、姬川亞弓和月影千草產生最大的影響，似乎是促使她們朝愛情更走近了一步。北島因為失去母親，越來越依賴紫玫瑰長腿叔叔；姬川在視力受損後，逐漸感受到哈米爾的體貼；而月影更是將下半輩子都奉獻給愛人所作的《紅天女》。透過少女漫畫，女性的生命經驗得以多一種管道被看見，與此同時，《玻璃假面》的劇情又將女性與戀愛情懷做了更緊密的連結。

（二）戀愛中的性別位置

《玻璃假面》主要人物們的戀愛，傾向由男性默默守護女性心上人的模式。像北島麻雅和姬川亞弓，她們把大部分的心力都投注戲劇，專心致志地磨練演技，讓自己戴上劇本角色的面具。與她們同台的男性演員，卻不太考量自己有沒有帶上角色的面具，反而還愛上舞台上的女演員。比如《咆哮山莊》演出時，飾演男主角的演員對北島的凱莎琳感到心動；或《遺忘的荒野》排演時，櫻小路優經常對飾演狼少女的北島動心。而觀察北島麻雅、姬川亞弓和月影千草的主線愛情劇情，男性的守候愈加明顯。

在北島麻雅瞭解戀愛之前，主要的男性人物──速水真澄及櫻小路優──都已經單方面喜歡上了她。當北島執著於磨練演技，速水和櫻小路會暗自擔心她是否太過操勞；而當她登上舞台，身心皆變成戲劇角色時，台下觀戲的速水和櫻小路則惦記著北島麻雅本人。然而，北島總掛記著紫玫瑰長腿叔叔，希望他來看她演戲。因此，即使速水和櫻小路的視線老聚焦於北島身上，北島自己的視線

卻茫然尋不著標的。而且心儀的視線彷彿成了試探真心的標準。例如北島飾演《咆哮山莊》的凱莎琳時，表現出強烈的愛情，讓台下的櫻小路不是滋味欲離開劇場。速水卻攔住他說：「你所喜歡的女孩正在為自己喜愛的事拼命努力！你如果愛她就該回到座位，無論如何都該看到最後！」（單行本第8集）。北島也對紫玫瑰長腿叔叔說出了類似的話：「我希望您能看著我……永遠永遠都看著我……」（單行本第23集）。盡所能地看了北島每一部戲的速水，連颱風夜上演的《遺忘的荒野》都冒雨到場。反觀單戀櫻小路的麻生舞和身為北島勁敵的姬川亞弓，均為風雨所阻無法觀賞《遺忘的荒野》，暗示了真愛在漫畫中高於單戀及對手等其他情感的優勢地位。雖說北島看向的是紫玫瑰長腿叔叔，她與速水彼此熱烈的視線，亦明示了他們兩情相悅的情意。

　　而姬川亞弓於視力受損後，逐漸接受了攝影師哈米爾對她的戀慕。即便視力衰退，姬川仍堅持私底下排練《紅天女》以習慣演出場地。哈米爾只得在一旁看著，心想：「亞弓……我只能站在這裡看著妳……即使妳跌倒，我也只能默默地等你站起來……」（單行本第49集）。他的行為，又是漫畫中另個視線與真愛連結的例子。至於尾崎一蓮過世後，一路扶持月影千草的小林源造，也總含情脈脈地望著她。月影最後一次表演《紅天女》時，小林也同台演出，謝幕後他內心感慨道：「多少年來，我一直隨侍在妳身側，沒想到還會有這麼一天……而且還是妳最後的紅天女舞台……這下子我將不留任何遺憾……」（單行本第41集），足見他對月影用情至深。速水真澄、櫻小路優、彼得‧哈米爾和小林源造，均顯示了在《玻璃假面》的戀愛中，男性角色容易處於背地默默守候的位置。

（三）漫畫中的愛情觀念

　　《玻璃假面》描繪女性人物遭逢變故的生命經驗，也讓女性演員們專注戲劇，不像男性們時時刻刻牽掛著戀愛——顯得漫畫中的

女性們都是獨立自主、具有能動性的人物。但少女漫畫作為女性讀者投射自身的專屬讀物，其故事與圖像的結構策略就是一種幻想文化的形塑（蕭湘文，2002：173）。比如，成為孤兒的北島麻雅和獨自居住的姬川亞弓，讓讀者們得以擺脫自己的家庭關係，享受《長腿叔叔》般的愛情奇蹟劇情。癡情的速水真澄社長，亦成了理想專一的情人典範（楊偉，2005：27）。而速水全程觀看了《咆哮山莊》、成功出席《遺忘的荒野》首演，皆揭露真愛在漫畫裡崇高的地位。北島因為與速水的戀愛，逐步了解《紅天女》神佛相戀的真諦，「找尋靈魂的另一半」又進一步將真愛神格化。甚至尾崎一蓮在與月影千草結合的隔日自殺，似《凡爾賽玫瑰》中奧斯卡與安德烈結合後赴戰場身亡的情節，把真愛與性緊緊相扣。

少女漫畫的興起，伴隨著日本女性創作漸受重視的趨勢。然而少女漫畫偏重描繪戀愛、性以及家庭相關的題材，彰顯了追求愛情、追求與真正的愛人結合為目標的女性規範。社會期待女性期望著愛情，少女漫畫藉由描繪愛情的可能性來滿足讀者期待，女性讀者變得愈發熟悉愛情符碼，少女漫畫亦因為描繪愛情可以提高與讀者的溝通效率（王佩迪主編，2015：206），更加願意創作愛情文本。《玻璃假面》用長達49集單行本的篇幅，講述台上台下追尋真愛的磅礡故事。這部宣揚愛情的作品，大受歡迎，啟發了讀者的共同意識並肯定其文化價值（蕭湘文，2002：173），成為少女漫畫經典。《玻璃假面》示範了少女漫畫作為傳遞女性生命經驗一種途徑的可行性，卻也鞏固了愛情對女性的重要性，強化了女性重視愛情的刻板印象。

五、結論

《玻璃假面》人物們的性別分工明顯，女性多是演員或從事服務業等非正規職勞動者，男性卻擔任演員、社長、導演、攝影師等

多樣且需要高階技術的工作。這反映了日本職場的就業歧視，更凸顯日本戲劇界偏重男性戲劇人的發展歷程。而且，職業還聯繫了特定的性別氣質，讓工作權責較重的男性，有能力干預女性演員的戲劇生涯。雖然男性人物的職業握有較高的權力，但《玻璃假面》引用許多具有反叛女性角色的真實劇作，套用《長腿叔叔》的故事情節，使漫畫中女性人物發揮反抗男性控制的精神。可是這些引用戲劇的選擇，對比日本戲劇界的真實情況，卻顯現出許多激進追求社會正義的作品不被漫畫選用。一方面積極演出重要的女性角色，另一方面保守地不呈現戲劇界社會思潮動盪的一面，很可惜漫畫未借用激進的元素來創造更衝撞父權體制的劇情。而《玻璃假面》主要女性人物們遭遇的劇烈變故，深刻描繪女性的生命經驗，但變故卻把女性人物們更推向愛情的懷抱，加上男性對她們帶有愛意的深情守候，是少女漫畫強化女性與愛情連結之刻板印象的困境。

《玻璃假面》的故事，或許可以視作少女漫畫在社會中困境的反射。《紅天女》的上演權，看似是北島麻雅和姬川亞弓兩位女性間演技的競爭，然而劇場外還有男性主導的藝能公司、導演及演藝協會的權力角力，且少了男性資方的資助，戲劇更不可能搬演——如同少女漫畫，看似是女性漫畫家們和女性讀者們一群女性之間的商業競爭，但其實少女漫畫的選材和讀者的偏好，均受到父權體制的影響。面具前後層層的性別要素牽動，縱使《玻璃假面》對女性能動性的描繪不全然正向，仍無法否認漫畫用心編劇，在性別不平等的社會下嘗試了多種講述女性故事的策略。

漫活著
讀作品、性別與人文

參考書目

一、中文書目

王佩迪主編（2015）。《動漫社會學：別說得好像還有救》。臺北：奇異果文創。

林于竝（2010）。《日本戰後劇場面面觀》。臺北：黑眼睛文化。

張怡蕙譯（1994）。《千面女郎 41（ガラスの仮面 41）》。臺北：大然。（原作美內鈴惠 [美 すずえ] 著）

黃瑾瑜譯（1993a）。《千面女郎 1（ガラスの仮面 1）》。臺北：大然。（原作美內鈴惠 [美 すずえ] 著）

黃瑾瑜譯（1993b）。《千面女郎 2（ガラスの仮面 2）》。臺北：大然。（原作美內鈴惠 [美 すずえ] 著）

黃瑾瑜譯（1993c）。《千面女郎 3（ガラスの仮面 3）》。臺北：大然。（原作美內鈴惠 [美 すずえ] 著）

黃瑾瑜譯（1993d）。《千面女郎 5（ガラスの仮面 5）》。臺北：大然。（原作美內鈴惠 [美 すずえ] 著）

黃瑾瑜譯（1993e）。《千面女郎 6（ガラスの仮面 6）》。臺北：大然。（原作美內鈴惠 [美 すずえ] 著）

黃瑾瑜譯（1993f）。《千面女郎 7（ガラスの仮面 7）》。臺北：大然。（原作美內鈴惠 [美 すずえ] 著）

黃瑾瑜譯（1993g）。《千面女郎 8（ガラスの仮面 8）》。臺北：大然。（原作美內鈴惠 [美 すずえ] 著）

黃瑾瑜譯（1993h）。《千面女郎 10（ガラスの仮面 10）》。臺北：大然。（原作美內鈴惠 [美 すずえ] 著）

黃瑾瑜譯（1993i）。《千面女郎 11（ガラスの仮面 11）》。臺北：大然。（原作美內鈴惠 [美 すずえ] 著）

黃瑾瑜譯（1993j）。《千面女郎 12（ガラスの仮面 12）》。臺北：大然。（原作美內鈴惠 [美 すずえ] 著）

黃瑾瑜譯（1993k）。《千面女郎 16（ガラスの仮面 16）》。臺北：大然。（原作美內鈴惠 [美 すずえ] 著）

黃瑾瑜譯（1993l）。《千面女郎 17（ガラスの仮面 17）》。臺北：大然。（原作美內鈴惠 [美 すずえ] 著）

黃瑾瑜譯（1994a）。《千面女郎 22（ガラスの仮面 22）》。臺北：大然。（原作美內鈴惠 [美 すずえ] 著）

黃瑾瑜譯（1994b）。《千面女郎 23（ガラスの仮面 23）》。臺北：大然。（原

作美內鈴惠 [美 すずえ] 著）

黃瑾瑜譯（1994c）。《千面女郎 24（ガラスの仮面 24）》。臺北：大然。（原
　　作美內鈴惠 [美 すずえ] 著）

黃瑾瑜譯（1994d）。《千面女郎 29（ガラスの仮面 29）》。臺北：大然。（原
　　作美內鈴惠 [美 すずえ] 著）

黃瑾瑜譯（1994e）。《千面女郎 30（ガラスの仮面 30）》。臺北：大然。（原
　　作美內鈴惠 [美 すずえ] 著）

黃瑾瑜譯（1994f）。《千面女郎 31（ガラスの仮面 31）》。臺北：大然。（原
　　作美內鈴惠 [美 すずえ] 著）

黃瑾瑜譯（1994g）。《千面女郎 33（ガラスの仮面 33）》。臺北：大然。（原
　　作美內鈴惠 [美 すずえ] 著）

黃瑾瑜譯（1994h）。《千面女郎 38（ガラスの仮面 38）》。臺北：大然。（原
　　作美內鈴惠 [美 すずえ] 著）

傻呼嚕同盟（2003）。《少女魔鏡中的世界》。臺北：大塊文化。

楊偉（2005）。《少女漫畫‧女作家‧日本人》。銀川：寧夏人民。

趙秋鳳譯（2004）。《玻璃假面 42（ガラスの仮面 42）》。臺北：東立。（原
　　作美內鈴惠 [美 すずえ] 著）

趙秋鳳譯（2011）。《玻璃假面 47（ガラスの仮面 47）》。臺北：東立。（原
　　作美內鈴惠 [美 すずえ] 著）

趙秋鳳譯（2013）。《玻璃假面 49（ガラスの仮面 49）》。臺北：東立。（原
　　作美內鈴惠 [美 すずえ] 著）

蕭湘文（2002）。《漫畫研究：傳播觀點的檢視》。臺北：五南。

二、外文書目

Aiba, K., & Wharton, A. S. (2001). Job-level Sex Composition and the Sex Pay Gap in a Large Japanese Firm. *Sociological Perspectives*, 44(1), 67-87.

Cavaye, R., Griffith, P., & Senda, A. (2005). *A Guide to the Japanese Stage: From Traditional to Cutting Edge.* Japan: Kodansha.

Sasaki, M. (2013). Gender Ambiguity and Liberation of Female Sexual Desire in Fantasy Spaces of Shojo Manga and the Shojo Subculture. *Critical Theory and Social Justice Journal of Undergraduate Research Occidental College, 3*(1).

Seelye, J. (2005). *Jane Eyre's American Daughters: From the Wide, Wide World to Anne of Green Gables: a Study of Marginalized Maidens and What They Mean.* Newark: University of Delaware Press.

Webster, J. (1995). *Daddy-Long-Legs.* New York: Penguin Books.

三、網路資料

〈ガラスの仮面〉（n.d.）。維基百科。上網日期：2016 年 9 月 17 日，取自
　　　https://ja.wikipedia.org/wiki/%E3%82%AC%E3%83%A9%E3%82%B9
　　　%E3%81%AE%E4%BB%AE%E9%9D%A2

〈玻璃假面〉（n.d.）。維基百科。上網日期：2016 年 9 月 17 日，取自
　　　https://zh.wikipedia.org/wiki/%E7%8E%BB%E7%92%83%E5%81%87
　　　%E9%9D%A2

自由時報（2014.07.04）。〈不結婚有錯嗎？日本再爆性別歧視〉，《自由
　　　時報》，國際版。上網日期：2016 年 9 月 17 日，取自 http://news.ltn.
　　　com.tw/news/world/breakingnews/1047346

劉光瑩譯（2012.08.09）。〈日本非正規職勞動者的組織現況（下）〉。上
　　　網日期：2016 年 9 月 17 日，取自「苦勞網」http://www.coolloud.org.
　　　tw/node/70025（原作者為遠野はるひ、金子文夫、橫濱行動研究中心）

論細田守家族題材作品中「母性」與「母職」的衝突
——以《狼的孩子雨和雪》為例

趙海涵

一、前言

出自於日本著名動畫導演細田守之手的動畫作品，以其細膩的人物情感描寫和濃厚的人文主義聞名。其中對「家族愛」細緻生動的展現是細田守作品的一大魅力。

在細田守所創造的家族世界中，對於「母親」的塑造尤為濃墨重彩。從《夏日大作戰》到《狼的孩子雨和雪》，母親形象都蘊含著推動劇情發展、豐富角色個性的矛盾與衝突。這種衝突展現在電影情節中，便是人際關係矛盾、適應社會之類的「表衝突」。然而更值得觀眾們細細體會的，則是更深層次的、隱於「表衝突」背後的「裏衝突」，即自我定位、自我身分重構等人物的自我精神鬥爭。透過這些矛盾衝突的分析與解決，主體人物的形象也隨著劇情發展逐漸變得豐滿立體。

本文將以《狼的孩子雨和雪》為例，從細田守創作的「家庭題材」作品中的「母親」形象入手，分析存在於「母親」身上所特有的一種衝突：「母性」與「母職」的衝突。

有關「母性」與「母職」的定義至今尚有不少爭論，以下將從「母親」的生物性與社會性來進行二者概念上的劃分，探討主體人物所蘊含的生物性與社會性的母親人格。簡要來講，「母性」是指生育、哺乳、保護等行為實施過程中對後代產生的本能情感維繫；而「母職」則是應社會對諸如「優秀孩子」、「稱職父母」等社會

性要求，對子女社會性的理性培養。分析《狼的孩子雨和雪》，可以看出角色身上的「母性」與「母職」衝突即是「天然的母親」和「社會的母親」的對立。片中，一種母親是喜愛狼並認同狼人，而另一種則極力教導孩子言行必須與普通人類一致，隱藏狼人後代的身分。「母性」與「母職」的對立同樣是自我與社會之間的衝突，帶來的不僅僅是母親角色衝突的自我構建，還極密切地關聯到相關人物（尤其是孩子）內心世界的自我認知與定位。

貫串了雨和雪十餘年成長過程中的有關「是狼？還是人？」的終極問題，其背後折射的正是母親花所面臨的精神衝突：天性渴望釋放，卻被母職所壓抑。而動畫中的「狼」與「人」則不僅僅是兩種不同的自我認知與選擇，更是兩個深層精神性的、富有象徵意義的隱喻符號。

二、「親情」主題的呈現方式：以女性為中心

以《跳躍吧！時空少女》（2006）一炮而紅、聲名大噪的動畫導演細田守，擅長以細膩而充滿童話般浪漫色彩的手法描繪人與人、人與自然乃至人與妖怪、狼人等之間的情感維繫（即日語語境中的「絆」）。在細田守的作品世界中，這些千絲萬縷的情感維繫，多以「家族親情」為中心，經劇情發展層層鋪墊，在觀眾面前漸進呈現。

為觀眾所熟知的細田守親情題材長篇動畫電影有《夏日大作戰》（2009）、《狼的孩子雨和雪》（2012）、《怪物的孩子》（2015）。《夏日大作戰》以陣內家族為女主角的曾祖母慶生為背景，展現了家族成員之間喧鬧而溫暖的家族情。在眾多人物關係之中，曾祖母陣內榮和養子侘助的衝突及情感刻劃尤其令人矚目。《狼的孩子雨和雪》講述單身母親花養育兩個狼人後代的故事，細緻刻劃孩子們的成長和母親的內心矛盾與抉擇。《怪物的孩子》則

描述誤入怪物城市的少年成為熊徹弟子，師徒二人漸漸形同父子，面臨人生各種選擇不斷克服困難、共同成長的故事。

其中，《夏日大作戰》和《狼的孩子雨和雪》都以女性視角出發，通過故事情節發展，十分細緻地描繪了女性角色——尤其是「母親」的形象。問及這樣展開故事有何有趣之處，細田守導演在專訪中曾這樣解釋：

> 我在電影中採用女性主人公或者主要以女性角度講故事，是因為我覺得女性人生遠比男性要豐富多采。因為女性的生活非常複雜，而且有很多選擇……我認為正是女性所擁有的這些各種各樣的選擇，讓她們的生活遠比男人們更加多姿多采。（Diva, n.d.／思葦譯，2014）

以下將以《狼的孩子雨和雪》為例，從細田守創造的母親形象入手，分析人物身上所蘊含的母親特有的心理衝突與矛盾。

三、《狼的孩子雨和雪》的文本分析

《狼的孩子雨和雪》描述名叫花的大學生與狼人男子相愛，並誕下姐姐雪和弟弟雨。姐弟尚在襁褓，狼人父親在捕獵時喪生。花迫於隱藏孩子們狼人身分的壓力，離開城市在偏遠的鄉村駐紮成家。在花的辛苦養育之下，淘氣活潑的雪和體弱內向的雨漸漸成長，最終在面對「我是狼還是人？」的選擇時，走向了不同的道路。

在眾多刻劃母親角色的家族題材作品中，《狼的孩子雨和雪》無論從敘事表現手法還是故事設定上，都屬於非常典型且為數不多的以母親貫串全作，並具有「母親中心性」故事設定的作品。

僅僅從名稱來看，這是一部描述雨和雪成長故事的動畫，中心人物是雨、雪兩姐弟。但其實中心人物是雨和雪的母親：花。在該

片於日本上映期間的場販宣傳冊中，將花介紹為「如童話故事般與狼人相愛、作為母親養育狼的孩子的主人公」。其主要創作者們（腳本創作家奧寺左渡子、人物設計漫畫家貞本義行、作畫監督山下高明、美術設計師上條安里、服裝設計師伊賀大介、作曲家高木正勝）在談及創作感想時也都曾提及對花的人物設定理解，在宣傳冊中，導演細田守談及創作心得時說到：

> 作品中心是一位身為人母的女性故事。但女兒和兒子也作為獨立的人物，被予以詳盡地描寫。從這一點來講，這三個人都可以算得上主人公。（今西千鶴子訪，2012 年）

那麼在這 3 名主人公之中，花的「中心」地位又是如何在作品中得以具體呈現的呢？

（一）敘事表現及鏡頭運用

首先開頭是花的夢境，畫外音是雪的獨白：

> 如同童話一般，說出來也許會惹人發笑，然而這確實是我的母親的故事。

與開頭相呼應的是電影最後一幕：花看著丈夫的照片露出欣慰的微笑。在未滿兩小時的動畫中，導演花費了近 18 分鐘描述花與狼人的愛情故事，雨和雪未出現在畫面中，所以可看出在電影敘事上貫串整部作品的中心人物並非雨和雪，而是花。

另外，影片中密集地出現以花的視角出發的鏡頭，其中幾個重要的、比較有象徵意義的鏡頭皆是以花的視角來展現。例如，在展現雪淘氣活潑性格的生活細節時，多次出現了俯視角度的鏡頭。這種視角很明顯是從花的角度觀察呈現。再如，雪誤食乾燥劑後，花

站在兒童醫院和寵物醫院門前不知所措一幕，街景的 3 次急促切換不僅再現了花眼中的街景，還讓觀眾身臨其境般地感受到主人公內心的不安與焦急。這種鏡頭運用的手法也進一步強化了花作為主要人物的定位。

（二）背景設定

前文所提到的「母親中心性」主要體現在兩大方面：「父」的消失和「無畜稻作」的山村環境背景。

「父（夫）」的消失設定在 ACG 作品中並不少見，細田守的另一作品《夏日大作戰》也採用了同樣的設定：已逝的侘助父親即陣內榮的丈夫形象自始至終都沒有在畫面中出現。另外，2012 年類似題材的作品——沖浦啓之的《給小桃的信》，也採用了這一設定，觀眾們只能憑一封信和小桃母親的隻言片語來想像小桃的父親到底是什麼樣的人？

關於動畫中「父親消失」的設定，日本學者早在上世紀就提出了這樣的理論：夫＝父的消失，是強化「母親的辛勞」、「對孩子的期待與依存」、「母子親密關係」的一種裝置（山村賢明，1984）。更有現代學者認為必須有「父親角色的不存在」這一前提條件，「母親成為獨立且明確的主角」才能夠成立（田間泰子，2001）。

《狼的孩子雨和雪》的父親形象和前述作品稍有不同，其人物形象的展現並沒有完全從作品中抹去，只是在電影 20 分鐘處，雨剛剛出生後，便溺亡在城市河流之中，而在其後的劇情裡皆以照片、他人對話中提及等方式出現，出現次數僅有 6 次。可以看出狼人父親的死亡雖然對其它家庭人物產生重大心理影響和造成生活轉折，但依舊被創作者們淡化其存在感。此種將父親形象淡化乃至消失的設定，讓母親成為真正意義上的「中心人物」，也使得雨和雪的關係以及個性的形成，與母親花所存在的自我衝突緊密地黏合。

另一個「母親中心性」的特徵則是花帶著孩子遠離都市搬到鄉下後的環境設定。故事人物所處的山村生活環境是典型的無畜稻作式農耕模式，以傳統的、小規模的、水田或旱地耕作為中心進行蔬菜栽培、池魚養殖、雞鴨放養、水牛耕作等自給自足式農耕（阿部一，2011）。在這種農耕模式下所形成的家庭具有「母親與子女心理親密度高」、「母親中心性較強」等特徵。

為了更清楚地說明「母親中心性」環境的風土特徵，筆者將阿部一（2011）在其論文〈家族システムの風土性〉（家族系統的風土性）中所提出的理論加以整理和對比如表1。

表1 〈家族システムの風土性〉的風土特徵整理

耕作類型	無畜稻作式 （代表地區：東南亞）	有畜麥作式 （代表地區：地中海沿岸）
耕作特點	小規模、自給自足	集體勞作、注重家族階層序列
耕作方式	個體互助	男性長輩統轄管理
家族體系	母性偏向家族 （母子情緒及心理維繫密切）	父性偏向家族 （母子心理維繫割裂）
成員關係	橫向關係	縱向關係
關係軸心	母女	父子
自然崇拜	母性神 （山林、古樹、巨岩、野獸）	父性神 （天空、太陽、風雨、雷電）
心理原理	母性原理（調和、包容）	父性原理（管理、統制）

資料來源：筆者整理

結合作品的環境描寫可以分析：《狼的孩子雨和雪》的環境設定是極具典型代表性的「母親中心性」風土環境。這種環境設定不僅進一步強化花的軸心地位、凸顯出其作為「母親」的行為活動和精神活動，還使得雨和雪的心理與行為得以受到母親極大的影響。

由故事的敘事結構與背景設定的分析來看，主人公花不僅締造養育出了兩個生命，某種意義上也是整篇故事的締造者，是無可爭議的中心人物。這種原始的、包容性的、以母親為中心的故事設定是原始母性的一種隱喻符號。

四、《狼的孩子雨和雪》中「母性」與「母職」的衝突

　　《狼的孩子雨和雪》的「母親中心性」設定為細緻展現母親精神活動提供了有利平台，使得母親所面臨的精神衝突在作品中尤為矚目。這種精神衝突體現了花不同的「母親人格」的對立，即母性與母職間的對立。

（一）基本定義

　　關於「母性」的定義至今尚存有爭議。其爭議大致可分為本質主義和社會構築主義兩種立場。本質主義立場認為母性是女性所天然具備的（或者潛在具備有待發現的），而社會構築主義則認為母性是由包含身體構築在內的社會性性別構建而成的（田間泰子，2001）。

　　大眾普遍認知中「『母性』是一種母親的本能，一般是指一種「母親特有的，對孩子的先天的、本能的愛」（《廣辭苑》第6版，詞條：「母性愛」）。這種以「本能」和「先天性」來對「母性」進行詮釋的觀念，在20世紀60年代前占有著絕對主流的地位。

　　直至20世紀60年代末到70年代初，在歐美國家興起的激進女權運動風潮中，許多社會學學者開始對「母性」進行帶有批判性眼光的重審。「母性的社會性」漸漸成為人們的關注點。當時的女權社會活動家們認為，生育後代的行為將女性束縛在家族之中，導致女性無法從事獨立的經濟活動（平林美都子，2006）。他們批判

漫活著
讀作品、性別與人文

父權語境下的「母親」，認為「母親」是父權制度的代理人，將生理差異轉化為社會性的男尊女卑，並加以維持。當時誕生的新觀點認為女性和「母性」的關係是對立的。法國著名的激進派思想家維蒂格（Monique Wittig）甚至完全否定「母性本能」的論點，提出「女性生育後代並非自然的，是社會後天加諸在女性身上的任務」的觀點。

到了 20 世紀 70 年代後半，心理學家和女權社會活動家開始著手從心理學角度重新解讀「母性」。作家艾德麗安里奇（Adrienne Cecile Rich）將母性分為二種進行解釋。一種被稱為「與子女的潛在關係」，另一種則被稱為「制度」。後者會對女性產生潛在的孤立與價值失落感，並自母親對女兒產生影響。[1] 這種定義方法跳出了「本能或是社會產物」的二元對立之爭，將「母性」分為「潛在的」和「制度的」兩種。

進入 21 世紀後，隨著生物科學技術的發展，人們對於「母性」定義的爭議不再侷限於社會學與心理學範疇，而是擴展到了生物學領域。最為人所熟知的論據如「妊娠中的準媽媽或母親聽到嬰兒的哭聲，腦波會出現變化」、「愛撫嬰兒會讓母親分泌多巴胺，產生快樂感」等。日本學者菊水健史（2014）從生物學的角度出發，研究指出母親對於幼兒所產生的「情感維繫」，是由母子雙方以視覺、觸覺、嗅覺、聽覺、味覺等一系列感覺為媒介所形成的。「母性」通過母子間的接觸和養育行為逐步形成並強化。這種觀點並未強調母性「天生既有」，也未提出是否為社會產物，某種意義上，這種從生物學角度分析「母性」的方式，屬於一種忽略掉「本能與社會」的二元爭論另闢蹊徑的新方法論。但這種論點闡釋的「母性」，顯然更傾向於母性的「生物性」。而後這種生物學分析天然

1　Rich, A. C. (1976).《*Of Woman Born: Motherhood as Experience and Institution*》

「母性」的觀點亦被一些學者否定。如人類學家薩拉赫蒂（Sarah Blaffer Hrdy）在《大自然母親：關於母親、嬰兒和自然選擇的歷史中》中質疑以腦波活動等生物神經學實驗來證明母性「天生」等合理性。

從圍繞「母性」的相關論爭來看，「母性」並非百分之百由社會構造而成，母性的「原理」可以從生物學角度做出解釋。然而，不可否認的是，「母性」分析研究不可能刨除社會影響乃至塑造。大眾普遍認知的所謂「母親的本能」實際上經過各種社會因素，如文化預期、性別角色、性羞恥、社會制度等一系列因素改造成形。

面對如此複雜的「母性」爭論，筆者對於作品中「母性」的理解，採用了心理學「一分為二」的方式，將「母性」定義為大眾普遍認知的生育、哺乳、保護等行為實施過程中對後代產生本能的情感維繫，它涵蓋了前文提出心理學「與子女的潛在關係」和生物學「以感覺為媒介」形成的母子維繫，是一種生物性的、原始的、天然的心理活動和情感狀態，隸屬於生物性精神活動範疇。而心理學中的另一種「制度」母性，即後天的、由社會因素塑造的「母性」則歸類為另一個概念：母職。

「母職」是父權社會構建的產物，一般被認為是女性承擔人類繁衍所產生的對「母親」這一社會角色的擔當與認同。從 20 世紀 60 年代起，隨著女權主義運動發展，其合理性受到越來越多女權主義學者質疑與批判。南希喬多羅（Nancy J. Chodorow）在其母職研究的代表作《母職的再生產：心理分析與性別社會學》就指出：母職不是生理性的，而是社會結構誘發的心理過程。母職不但包括養育子女等生理性親職活動，還包括建立親密關係等心理親職活動，隸屬於心理學中「超我」[2]的範疇（林曉珊，2011）。

2　弗洛伊德在《自我與本我》中指出：「超我」與「本我」是對立的，是受道德原則支配的意識，會轉化為無意識的罪責感支配「本我」。超我維持

由此可見，「母性」與「母職」同是母親的親職行為，其區別類似於英文中 mothering 與 motherhood 的意義區分。mothering 傾向於指涉母親的生物性行為，例如懷孕、生育、哺乳等；而 motherhood 則傾向於親子之間等互動，以及母親對子女社會責任，包括看護、教養等社會性母職，主要是社會所構建的母職行為（蔡麗玲，1998）。

綜上所述，母親的親職行為從心理學上可以分為「生物性」和「社會性」兩種範疇。生物性範疇的親職行為屬於母性行為，社會性範疇的親職行為屬於母職行為。

（二）母性與母職的表現及衝突分析

細田守的母親在《夏日大作戰》製作期間去世，帶給他深遠的影響，也促使他在其後的《狼的孩子雨和雪》中不可避免地帶入了對母親深切的思念與愛。《狼的孩子雨和雪》上映時，細田守接受記者採訪時，曾詳盡地述說了自己對母親的歉疚之情：

> 回想起來，母親對我寄予了深切的期望。然而我卻無視了這種期待。也可以說是走上了背叛之路吧……20 來歲的我基本不回家，現在也忙於工作，因此置母親於不顧。等母親去世後，才開始厚著臉皮說「怎麼能這麼不孝」。在母親墓前只能嘆息「都這個時候了還能說些什麼呢？」……我自覺愧對母親，經常違背母親的意願，所以現在總是會覺得母親的不幸福都是因為我……主人公（花）如同自己的母親一般，在創作時總會一心期盼她得到幸福。這是我的理想……（小黑祐一郎訪，2012）

了「父親符號」的內化，與權威、教育、讀書等感化相關聯。

細田守導演懷著自我贖罪的心情，將自己的理想投射到作品與人物上，於是主人公花便承載導演的「理想」，擁有了理想化的完美母親形象。

花所承載的期望，明顯地體現在完美且理想化的母性上。在《狼的孩子雨和雪》日本影院場販介紹冊中，花的配音演員宮崎葵對花做出如下評價：

> 收錄過程中我對導演說「她是一個沒有自我的人吧？」這不是那種負面的意思，而是在說她能接受包容對方的一切。無論身邊的人是狼人也好，孩子們走上自己選擇的道路也好，她都能溫柔地包容。花生下孩子，接納了孩子們的人生選擇，守護著他們。我強烈地感受到了這份堅強（今西千鶴子訪，2012）。

這種近乎沒有自我的「包容性」便是一種理想母性的體現。日本心理學家河合隼雄（1997）在其研究成果《母性社會日本的病理》中指出：母性的原理，即「包容」機能。在這種母性原理作用下，事物的正面與負面性質一同被包容，這種包容具有絕對的平等性，沒有主體客體、上下、善惡之分。

花的母性便體現在這種「包容」上。在她的眼中，人與狼間並無優劣，當得知所愛之人是狼人時，態度依然如同對待普通人類，決定繼續生活在一起，並與之組成家庭。有了狼人孩子之後，盡力付出，養育保護著他們，無論孩子選擇怎樣的人生道路，都接納孩子的人生選擇。

然而，外界社會是一個巨大排斥異類的圈子，不允許狼人的融入。花在與狼人有了維繫之後，不得不面對與之相反的社會性職責。這使得花在履行「養育」、「保護」、「兒童教化」等母職時，與其自身的母親人格形成巨大對立衝突。

創作者們在故事前期密集地描繪了這種母性和母職的衝突。在

花產下第一個孩子雪時，就已經埋下了不安的種子：無法在醫院分娩。這意味著孩子出生時便被排斥於社會的基礎設施之外。而父親的突然死亡則造成了父親家庭機能的缺失，加劇了母親育兒過程的負擔與不安感。

接著鋪陳母親育兒的辛勞：哺乳、保護孩子、洗衣、徹夜哄孩子入睡等等，如果說這些辛勞養育場景展現的尚且是普通母親共同的育兒責任，那麼隨後面對孩子的特殊身分所造成的壓抑感，則成為花難以解決且無法逃避的難題。

情節發展至當孩子需要去醫院時，花在兒童醫院和動物醫院前慌亂地徘徊。排斥異類的人類社會與包容狼人的母親、試圖保護孩子的花之間的對立關係由此展開。當花懷抱孩子走出家門時，視線轉向其它孩子和母親們在公園裡說笑打鬧的身影，花遠遠望著，隨後默默走開。這一幕製造出了巨大的距離感，彷彿花連同孩子一起被孤立在了另一個世界。而當雪險些在路人面前變成狼時，花慌亂地抱著孩子跑掉。隨後的鏡頭是以花的視角進行敘述的：無論跑到哪裡，到處都有一雙雙眼睛在審視著自己，彷彿在端詳從未見過的怪物。以上都是自身與外界的對立關係發展而成的焦慮感與壓抑感，由「勉強應對」、「默默承受」發展到「感到無路可逃」。

如果以上帶給花的是一種排斥孤立感和被審視感，之後的外界壓力則體現出了典型的「超我」概念中的「道德原則」。這種「道德原則」多以人物對話的形式出現。被孩子哭聲吵醒的鄰居的抱怨：好好管教好你的孩子。這句話使得「母職」不再僅僅是潛藏於花內心深處的超我意識，同時也使「母職」成了外界質疑花身為人母資格的攻擊性言辭；房東誤認為花擅自養狗時說：「我們的公寓禁止寵物飼養，契約書上不是清清楚楚寫著嘛！」這裡提及了社會制度與社會契約，並提醒花若不遵守規定的後果便是「另覓他所」；隨後的兒童團體組織則認為花有虐待兒童的嫌疑，試圖強行進入家中調查。之前所提到的不安感、焦慮感、被排斥感經以上這些對話得

以進一步強化，也造成了母性的喪失感與被剝奪感。被房東告誡不遵守規定的後果以及被社會團體懷疑兒童虐待，都有可能導致子離家散、居無定所的局面。這種通過人格之外的法律道德和社會制度剝奪親職權利的局面，無疑是對人格內的母性最嚴苛的壓制。

綜上，從一系列衝突的劇情進展來看，所展現出的「母親辛勞」並非簡單地羅列了花在育兒過程中所面臨的外界與主體心理的對立，而是展現了母職對母性的壓抑程度加深的過程。從父親家庭機能缺失造成的育兒負擔，到外界對異類身分的排斥造成的孤立感與焦慮感，直至發展成為社會制度投射成母職、造成母性的喪失感與被剝奪感。外界壓抑通常會使得主體做出強迫觀念、自我克制、適應與逃避等意識行為（如花的躲避人群、用衣帽遮掩孩子的腦袋等），這些意識行為的出現，意味著與天然人格對立等社會人格的形成。花的天然人格是具有母性原理的「包容人格」，而社會人格則是具有母職色彩的「壓抑人格」。天然人格的花是一個接納並喜愛狼人的母親，散發著母性之愛。社會人格的花則處處壓制孩子們的狼人特徵、掩藏自身與狼人的維繫，極力履行著母職。這兩種對立的母親人格也對雨和雪的成長產生深遠的影響，使得雨和雪最終選擇了不同的人生道路。

（三）母性與母職的投射

花的親職行為主要分為母性行為和母職行為。母性行為是指母子間的接觸和養育，如哺乳和撫摸擁抱；母職行為則是對孩子的社會性角色做出的要求與教導，如教導孩子不要在人前變成狼的教化行為等。

在分析花的母性行為與母職行為時，筆者發現：雖然花的這兩種行為皆投射在雨和雪二人身上，但母性傾向於投射在弟弟雨的身上，而將母職更傾向於投射在姐姐雪身上。

首先，動畫裡唯一的哺乳場景便是花懷抱著雨打瞌睡的畫面。

漫活著
讀作品、性別與人文

而花對於雪的「哺育餵養」這一代表性的母性行為並未出現。其次，雨在其成長過程中長期與母親保持著於視線範圍內的近距離，在進入學校前幾乎片刻不離花的身邊。不僅如此，雨與母親肢體接觸的頻繁程度也大大超過了雪，數次出現了諸如以下的情景：雪出門玩時，雨臥在母親膝上睡覺，母親撫摸著雨的腦袋；雪在上學的第一天興奮不已地在路上蹦蹦跳跳，而身後是母親緊緊牽著雨的手；花背著雨在便利店購物，而雪則是一個人蹲在便利店外玩耍。另外，兩個有關位置的細節也暗示了雨、雪與母親之間不同的距離感。一是在同時懷抱兩個孩子時，雪總是處於母親的背上，而雨則被抱在懷中。唯一一次雪被抱在懷中的情節是誤食乾燥劑嘔吐之後。另一個細節是用餐時的座位，三人進餐時女兒雪總是處於與母親距離較遠的位置，而雨則是待在母親的身邊。

前文涉及到母性定義時，提到「母性」可以通過母子間的接觸和養育行為逐步形成並強化，而雨和母親相對較多的親子接觸與活動，無疑使得花的母性意識更多地向雨投射。

在這種母性的投射下，雨作為「狼」的身分被母親所認可接納。例如，花帶著雨向動物園的狼請教「育兒經驗」，在介紹雨時說到：這個孩子是狼的孩子。在雨哭泣著否定自己「狼」的身分時，花撫摸著雨的後背說：「媽媽喜歡狼。哪怕大家都討厭狼，媽媽也會是狼的夥伴。」由此可見，雖然花將「步入人類社會」作為雨的第一選擇（花首先讓年幼的雨進入小學而非森林，也曾阻止過雨出入山林），但依舊接納了其與人類世界隔閡的「異類」一面。

與對雨的母性投射相反的是，花在無微不至照顧雪的同時更傾向於壓制雪的「狼」型態，將更多的母職投射於雪身上。在雪的成長過程經常會受到來自母親的「管教」，甚至訓斥，這種管教大多以語言方式呈現，例如「不要欺負動物」、「答應我，一定不要變成狼」等等。這些語言體現出了母職意識對雪的規訓傾向。

關於母性與母職投射的對比，作品中呈現了兩個比較有象徵意

義的情節畫面：

　　情節a.（影片38分鐘處）：雨被野貓抓傷，趴在媽媽懷裡撒嬌。此時的雪向媽媽展示自己的「勇敢」，對此花的反應則是一邊撫摸著雨的頭髮，一邊教育雪「不要在動物面前耍威風」。

　　情節b.（影片40分鐘處）：雨哭著問花「為什麼狼都是壞的？」此時遠處的雪抓著一隻野鳥走來向媽媽「炫耀戰績」。而花的反應卻是用手勢示意雪保持安靜，隨後蹲在雨的身邊安慰著他。雪有些失落地遠遠望著母親和雨。

　　情節a是以雪和花的視角互換方式進行的敘述。視角的互換和鏡頭中人物的較遠位置營造出對話主體的距離感。情節展現了雪眼中的母親和雨，母親一邊撫摸著正在撒嬌的雨、一邊教導雪。這種對比使得花的母性投射與母職投射的對比顯得格外明顯。情節b則展現了母親對兩人重視程度的不同，其對比強烈到讓人有種「雪被忽視」的感覺。而雪站在樹下遠遠望著母親的一幕頗有象徵意義：雪一直遠遠處在陰影下，如同一直處於來自母職投射的壓抑。母親與雨所處的大樹下，彷彿是另一個被母愛所滋養著的不同世界（這一幕很像之前花遠望著公園裡母親們的場景）。

　　探究花的母性、母職不同投射，會發現這與雨幼年體弱多病有著密切的關係。首先，對於體弱的嬰幼兒，母親的養育與接觸行為會更加頻繁，通過這些行為，母子間的情感維繫得以強化。其次也與花的背景設定有關：「幼時喪母，青春期時父親去世，誕下二子後，丈夫溺死」。三川孝子（1984）曾指出，母親自身在幼年期至青年期的家族關係，會對其母性行動帶來一連串的深遠影響。花在幼年期至青年期的一系列「家人離世」經歷無疑會帶給她深深的不安感與喪失感。這種焦慮情緒使得花對體弱多病的孩子投注了較多的關懷與精力。

　　而健康活潑的雪相較於雨所獲得的母性關懷自然顯得落寞許多。日本學者平林美都子（2006）曾指出，母親在年輕時曾有著無

限的可能性，然而卻被育兒活動所阻礙。受到社會壓抑的母親們在感受到母職責任感的同時，也感受到外界造成的無力感。由此便把對自我厭惡的意識投影於女兒身上。花對女兒的態度，大概就是母職責任感與自身無力感所交織形成的吧！

（四）投射差異對雨和雪的成長影響

前文所分析的母性與母職的投射差異，對雨和雪的性格形成產生了巨大的影響。幼年的雨對母親常常做出撒嬌舉動、和母親擁抱。撒嬌和表達依賴的行為，從精神分析的角度是一種覺醒「母子一體化」的行為（古沢平作，1971），而母子擁抱則是以觸覺為媒介加強這種「一體化」。母親對雨的撒嬌往往會給出符合其期待的行為反應（即前文所提到的「母性投射行為」），這使得雨在其後的成長中，形成了遵循自我的性格。面對姐姐與母親的勸阻，依舊任性地離開人類社會、選擇了自己喜歡的人生道路。

雪在成長過程中，當表現出狼的特質（如捕捉動物）時，往往不能獲得母親積極的反應。而當她向「人」靠攏時，則會等到母親的鼓勵行為（如雪想要積極融入學校生活受阻時，母親為她做了裙子使雪更容易能與其他女孩子們交流）。於是，雪在融入社會的過程中逐漸有了守護秘密的意識，並由此產生了羞恥心。土居健郎（1971）將「秘密」的形成歸結為「對本能衝動的防衛機制成立」，當「秘密」被揭露時，人就會產生羞恥感。「恥」意識屬於將被劃為劣等的自我置於較低位置的被害者意識；而「羞恥心」則是在恥感基礎上認同自己的「罪過（引以為恥的事物）」並接受了自己的無力感。而雪所感到羞恥的是「與其他的女孩子不同」、「身上有動物的氣味」等等，其深層意識中則是對自己「狼」的身分進行防衛與壓抑。當自己失控變成狼傷到同學時，會陷入深深的孤立感和不安感：「是不是再也不能去學校了？」並哭著向母親道歉。雪的一系列行為說明在成長過程中，已形成了一種壓抑自我的人格。

姊弟二人完全對立的自我定位，也產生了一次激烈衝突，衝突時兩人的對話十分鮮明地展現了不同的性格。

　　雪：為什麼不來學校？（質問）

　　雨：很好玩嘛，山裡。[3] 有很多不知道的事物。（任性）

　　雪：不知道也沒關係。（否定）

　　雨：為什麼？（反問）

　　雪：問夠了！快點來學校！（命令）

　　雨：不。（任性、對抗）

　　雪：為什麼？！（對抗）

　　雨：因為是狼。（自我定位）

　　雪：不是人類嗎？（試圖糾正）

　　雨：是狼。（強調定位）

　　雪：（停頓、深呼吸）我已經決定絕對不會變成狼了。（自我
　　　　壓抑）

　　雨：為什麼？（反問）

　　雪：（沉默、壓抑情緒）

　　雨：喂，為什麼？（追問）

　　雪：因為是人！懂了嗎？！聽好，因為是人！（強調立場）

　　雨：所以，為什麼？（緊追不放）

　　雪：為什麼、為什麼的煩死了！（眼神迴避、壓抑情緒）

　　雨：你是狼才對吧？明明是匹狼。（定義對方）

　　雪：閉嘴！（把橡皮擦扔到雨的頭上）你明明什麼都不懂！（情
　　　　緒失控）

3　此句原文為：「面白いだもん、山」。在日語中「もん」是一種表示撒嬌任性的語氣詞。常用來表達「我就要嘛！」、「我就不嘛！」、「才不是呢！」等十分任性的感情口吻。

漫活著
讀作品、性別與人文

雨：搞什麼阿！（站起來、對抗）

雪：（一巴掌打在雨的臉上）我絕不允許你明天逃課！（強制命令）

雨：不！（對抗）

雪：不然我絕不原諒你！（威脅）

雨：就不！！（掀翻桌子、變成狼）

由上面對話可以看出，姐姐雪繼承了花的母職人格，將自己定位為人類，並多次用強勢的命令語氣，甚至動用暴力要求雨回歸「正途」。前文分析花的母性人格受到「母職」壓抑時，曾說過外界壓抑通常會使得主體做出強迫觀念、自我克制、適應與逃避等意識行為。而在面對質問時，雪的一系列不斷強調人類定位（強迫觀念）、壓抑怒火（自我克制）、轉移話題（適應）、眼神迴避（逃避）等舉動印證了其對母職人格的繼承。而雨則繼承了花的母性人格，面對命令語氣略帶任性地不停反駁，堅決遵循自我定位，並在矛盾爆發時變身以示絕不退讓的立場。

（五）「狼」與「人」的象徵意義

在花的身上，存在著兩種對立的母親：天然的母親與社會的母親。天然的母親將母愛投射於孩子，尤其是雨。弟弟雨繼承了母親遵循自我的母性人格並成為了狼；社會的母親將母職投射於孩子，尤其是雪。姐姐雪繼承了母親壓抑自我的母職人格並成為了人。

適宜人類居住的都市是「人的世界」，人跡罕至的山村是「狼的世界」。那麼，花從現代都市逃到山村生活有著怎樣的寓意呢？

首先，「現代都市世界」與「非現代世界」對立式存在，主人公面對兩種環境的心境描寫是細田守家族題材作品的一個重要特色。在《夏日大作戰》中，在美國任教的軟體天才侘助從異國回鄉，期望能夠融入鄉下的大家庭，獲得家族的認可；在《怪物的孩子》

中，人類少年蓮在怪物世界中成長，融入了怪物世界，面對人類世界卻感到落寞而無所適從；在《狼的孩子雨和雪》中，身為人類的花無法在現代的都市立足，繼而選擇到遠離人煙的山中居住。以上作品的共同特色是，主人公生於人類世界，其個人本質卻往往與現代的人類世界相對立。

那麼《狼的孩子雨和雪》的主人公作為母親，其本質是狼還是人？從花的設定來看，導演賦予花一種幾乎與現代社會脫節的「樸素」：以自給自足的農耕來謀生，生活中幾乎沒有任何如手機、電腦、電視等電子產品。育兒經驗靠傳統的紙質書，教育孩子則用手繪的圖畫。這些設定淡化了花的「現代人」特徵。其次，前文提及與花的母性及母性人格相對立的外界壓抑，主要靠語言對話來體現，而人類語言的習得正是融入人類文化的一種行為，所以沉默寡言的弟弟更接近於狼的世界，而開朗活潑的姐姐則更具有「人性」。這些特徵皆說明「現代人」的特質與花格格不入，甚至對立。

分析至此，「狼」與「人」不再是單純兩個對立的動物種類或是身分，而成為了一種象徵。「狼」代表了自然、是天性、是一種原始的母愛；「人」代表了超我、是社會性、是一種壓抑著母愛的母職。這兩種關係對立的母親特質並存於花的身上。

在「雪地追逐」的情節：花與孩子們在遠離人煙的雪地上奔跑，孩子們甩掉衣服，化身為狼。三人衝下山坡對著遠方嚎叫，無對話旁白，而是以流暢的音樂與三人迴盪在山間的狼嚎聲和笑聲展現。在這個情節中，身心放鬆享受家族之愛的花，不用人類的言語，儼然已化身為一匹狼。

當花在最後一幕入神地聽著遠方地狼嚎，露出滿足的微笑時，也許說明了在本部作品中「狼」才是最原始母親的代表，象徵著純粹的母性，是主人公花最深處的靈魂。

《狼的孩子雨和雪》的「狼」，字面意義上是指狼人，然而其深意則是指花身為母親的本質。

漫活著
讀作品、性別與人文

狼的孩子雨和雪，即是花的孩子雨和雪。

五、結語

主人公（花）如同自己的母親一般，在創作時總會一心期盼她
得到幸福，這是我的理想（小黑祐一郎訪，2012）。

細田守導演懷著對母親的思念與美好的理想創作《狼的孩子雨
和雪》，塑造了一個寄託著美好願望的母親形象。這個母親複雜而
又樸素，飽含著純樸的母性之愛，又存在著一個截然不同的、壓抑
的母親人格。既有樂觀堅強性格，又懷揣著不安與焦慮。無論經歷
怎樣的壓力與挫折，面對世間物是人非的變化，母親的靈魂依舊包
容、純淨且強大。

雨和雪的成長故事，也是一個有關花的繼承的故事。雨和雪最
終成為導演心境的象徵，年輕時離開母親遠走他鄉的細田守就是影
片中成長為狼的雨，而作為人類留在母親身邊的雪則是導演未了的
心願：陪伴。

當狼遙遠的呼喚聲傳入花的耳中、天地一片澄淨時，細田守導
演的思念與心聲也一定傳到遠在天國的母親心中了吧！

參考書目

一、中文書目

林曉珊（2011）。〈母職的想像：城市女性的產前檢查、身體經驗與主體性〉，《社會》2011 年 05 期

思葦譯（2014）。〈細田守訪談錄：幻想與現實的指尖光華〉，《瘋狂英語（中學版）》，1：13-15。（原作者為 Diva, M.）

蔡麗玲（1998）。〈母職作為女性主義實踐〉，清華大學社會人類學研究所碩士論文

車文博譯（2014）。《自我與本我》。北京：九州。（原書弗洛伊德）

二、日文書目

《狼的孩子雨和雪》上映場販宣傳冊（日本）新村出主編（2008 年）。

《廣辭苑》。東京：岩波書店。

三川孝子（1984）。〈母子関係のなりたち：母性行動の精神分析〉，《母親の深層》。東京：有斐閣。

山村賢明（1984）。《日本人と母：文化としての母の 念についての研究》。東京：東洋館。

土居健郎（1971）。《「甘え」の構造》。東京：弘文堂。

小黑祐一郎訪（2012）。〈細田守監督インタビュー〉，《アニメスタイル》，6。

日置俊次（2014）。〈細田守『おおかみこどもの雨と雪』論〉，《青山スタンダード論集》，9：209-243。

古沢平作譯（1971）。〈女性的ということ〉，《土居健郎、小此木啓吾編集解説》，東京：至文堂

平林美都子（2006）。《表象としての母性》。京都：ミネルヴァ書房。

田間泰子（2001）。《母性愛という制度：子殺しと中 のポリディクス》。東京：勁草書房。

河合隼雄（1997）。《母性社会日本の病理》。東京：講談社。

阿部一（2011）。〈家族システムの風土性〉，《東洋學園大學紀要》，19：91-108。

馬場謙一編（1984）。《母親の深層》。東京：有斐閣。

菊水健史（2014）。《母性と社會性の起源》。東京：岩波書店。

小佐井伸二（1973）。《女ゲリラたち》。東京：白水社。（原書 Monique Wittig）

三、外文書目

Chodorow, N. J. (1978). *The Reproduction of Mothering. Berkeley : University of California Press*

Hrdy, S. B. (2000). *Mother Nature: A History of Mothers, Infants, and Natural Selection* (1st ed.). New York: Ballantine Books.

Rich, A. C. (1976). *Of Woman Born: Motherhood as Experience and Institution. Norton; 1st edition.*

歡迎來到地球——
試論飯島敏宏的巴爾坦星人論

一、前言

　　1966 年 7 月 24 日晚上，伴隨著「Fuo Fuo Fuo」的笑聲，超乎人類想像的異星人來到了地球。由飯島敏宏[1]執導與執筆的《超人力霸王》（ウルトラマン）[2]第 2 集〈打擊侵略者〉，超人力霸王系列中的著名異星人角色「巴爾坦星人」（バルタン星人）[3]第一次正式登場。以此為濫觴，開啟了巴爾坦星人時至今日 50 年的輝煌歷史。

　　家喻戶曉的巴爾坦星人可能只亞於 M78 星雲人（即超人力霸

1　飯島敏宏（いいじまとしひろ），1932 年生，畢業於慶應義塾大學英文系，乃日本電影及電視劇導演、劇本家，在擔任劇本家時以「千束北夫」或「千束北男」為筆名。飯島是建構《超人力霸王》基礎的重要人物，擔任《超人力霸王》第 1 集至第 3 集導演，承擔起確立了本劇方向的重責大任（NHK，2016）。

2　《超人力霸王》是由「特攝之神」円谷英二創立的円谷製作公司所製作的特攝電視劇，接續同由円谷製作所推出、引起第一次怪獸熱潮的《超異象之謎》（ウルトラＱ）自 1966 年 7 月 17 日至 1967 年 4 月 9 日間在日本的電視台 TBS 上首播，共計 39 集，最高收視率為 42.8%。之後円谷持續推出超人力霸王系列作品，並成為風靡日本與全世界的系列。《超人力霸王》也在 2013 年以 27 部派生電視劇被金氏世界紀錄認定為「擁有最多派生電視系列的電視節目」。

3　設計出巴爾坦星人的是擔任《超人力霸王》超人力霸王與怪獸角色設計的成田亨。巴爾坦星人的設計是由飯島提出構想後，再由成田完成設計圖，最後由佐藤保完成第一代巴爾坦星人的戲服製作。

漫活著
讀作品、性別與人文

王）的人氣，⁴光是從巴爾坦星人擁有專屬的表情文字⁵就可一窺其知名度與受歡迎的程度。巴爾坦星人自從於《超人力霸王》初次登場，便多次於超人力霸王系列作品中出現，以收錄 1963 年～ 2013 年 50 年間円谷製作公司的作品中登場的怪獸／異星人的《円谷製作全怪獸圖鑑》為例，收錄的相關條項便超過了 20 項。

在今天，巴爾坦星人普遍被認為是超人力霸王的「勁敵」，⁶甚至在可謂《超人力霸王》美國重製版的《超人力霸王 Powered》中登場的巴爾坦星人更被設定為「毀滅了宇宙中許多文明的邪惡異星人」（大石真司、江口水基、島崎淳、間宮尚 ，2013：217）。但「巴爾坦星人之父」飯島敏宏卻在《超人力霸王》50 週年的相關專訪中表示：「希望巴爾坦星人不要再是惡役了」（NHK，2016）。事實上，這並不是飯島第一次對於「巴爾坦星人＝超人力霸王的勁敵」這個現狀發表意見。在 2006 年時，飯島就曾經表示：

> 在《超人力霸王》中最早登場的巴爾坦星人才是真正的巴爾坦星人，在這之後於超人力霸王系列中登場的各式各樣異色的巴爾坦星人，我是不承認的。因為他們擅自將巴爾坦星人作為如同最強惡役的存在。希望今後不要再擅自這樣做了（宇宙船編集部編，2006：54）。⁷

4　如由《Yahoo！JAPAN》在 2013 年 7 月 10 日～ 8 月 7 日所舉行的「円谷怪獸總選舉」中，巴爾坦星人以超過 4 萬 2 千票奪下第 2 名。在 NHK「祝超人力霸王 50 年亂入 LIVE！怪獸大感謝祭」的人氣投票（2016 年 5 月 27 日～ 2016 年 7 月 9 日）中，巴爾坦星人也奪得第 2 名。

5　如：(V)o ￥o(V)、(Y)o\o(Y)、(V)x\x(V)　等。

6　如洋泉社出版的《超人力霸王研究讀本》、巴爾坦星人的日文維基百科、《新超人力霸王列傳》第 155 集〈グランドフィナーレ！ウルトラ 士よ永遠に〉中皆將巴爾坦星人稱為「ライバル」（勁敵）（小沢涼子編，2014：54；〈バルタン星人〉條目，n.d.）。

7　然而，飯島當年的願望並沒有被實現，巴爾坦星人仍然在之後的作品中被

自《超人力霸王》〈打擊
侵略者〉與〈科特隊邁向太
空〉之後，巴爾坦星人繼續在
電視、電影、小說、漫畫等媒
體上登場，但這些「多采多
姿」的巴爾坦星人故事都不是
飯島導演的作品。時隔 35 年
之後，飯島導演的巴爾坦故事
才於 2001 年再次登上螢幕。
究竟，飯島對於巴爾坦星人有
什麼想法呢？又想透過巴爾坦
星人來傳遞什麼訊息呢？本文
便將藉由考察由飯島執導與執
筆的巴爾坦星人作品來試探飯
島敏宏的巴爾坦星人論。

▲ 筆者所持有的 S.H.Figuarts 巴爾坦
星人，其造型以於《超人力霸王》第 2
話〈打擊侵略者〉中登場的第一代巴爾
坦星人為準。（圖片來源：筆者拍攝）

二、概觀飯島敏宏的巴爾坦星人作品

截至 2016 年 9 月為止，由飯島敏宏擔任導演與劇本的巴爾坦
星人作品共有 4 集電視劇與一部電影，其依時間序分別是：《超人
力霸王》第 2 集〈打擊侵略者〉（侵略者を撃て，1966 年 7 月 24
日首播）與第 16 集〈科特隊邁向太空〉（科特隊宇宙へ，1966 年
10 月 30 日首播 ）、 電影《 超人力霸王 Cosmos THE FIRST

作為壞人、超人的勁敵般描寫，如於 2016 年 3 月上映的電影《劇場版 超
人力霸王 X 來了！我們的超人力霸王》便是如此。

漫活著
讀作品、性別與人文

CONTACT》（ウルトラマンコスモス THE FIRST CONTACT，2001 年 7 月 20 日上映）、《超人力霸王 Max》（ウルトラマンマックス）第 33 集〈歡迎來到地球！前篇－巴爾坦星的科學－〉（ようこそ！地球へ 前編 バルタン星の科学，2006 年 2 月 11 日首播）與第 34 集〈歡迎來到地球！後篇－再見了！巴爾坦星人－〉（ようこそ！地球へ 後編 さらば！バルタン星人，2006 年 2 月 18 日首播）。要注意的是，《超人力霸王》、《超人力霸王 Cosmos THE FIRST CONTACT》、《超人力霸王 Max》三者是分別獨立、不相關的世界觀。

其中，《超人力霸王》第 2 集〈打擊侵略者〉是巴爾坦星人的首次登場，第二次登場則是第 16 集〈科特隊邁向太空〉。之後在《歸來的超人力霸王》、《超人力霸王 80》等作品中，巴爾坦星人登場的故事都並非出自飯島之手。而在 1993 年時，飯島完成了作為《超人力霸王》正統續集的電影《超人力霸王‧巴爾坦星人大逆襲》劇本，但並沒有成功進行拍攝。不過劇本的部分元素在後來的《超人力霸王 Cosmos THE FIRST CONTACT》與《超人力霸王 Max》〈歡迎來到地球！〉中被繼承與活用（宇宙船編集部編，2006：54）。

在飯島的巴爾坦故事中，皆可以見到以下元素：(1) 巴爾坦星人因為自身文明的發展而失去了母星（巴爾坦星），(2) 巴爾坦星人為了移居地球而與地球人發生武力衝突。此外，在《超人力霸王 Cosmos THE FIRST CONTACT》與《超人力霸王 Max》〈歡迎來到地球！〉中，除了意圖移居地球而進行武力侵略的巴爾坦星人，也出現反對武力移居的巴爾坦星人，皆在故事中占有重要地位。

飯島曾經表示：「巴爾坦，在某種意義上，是反映了擁有了比現在更加發達的經濟與科學的人類的未來的樣貌」（宇宙船編集部編，2006：54）、「某種程度上描寫了地球的未來」（てれびくん編集部編，2001：48）。換言之，在飯島的巴爾坦論中，巴爾坦星

人是暗示著擁有比現在更加發達的經濟與科學發展的人類未來可能的樣貌。而另一方面，地球人與來自外星球的巴爾坦星人接觸，也是典型的「我群」與「他者」相遇的構圖。在遇到他者時，採取什麼樣的態度與行動才是正確的呢？這也是飯島的巴爾坦星人持續思考的議題。本文認為，貫串飯島巴爾坦星人故事的兩大主軸就是「巴爾坦星人是人類的負面教師」與「非戰的精神／與他者的互動」，而且兩者並非全然獨立，是有所關聯的。兩者都在巴爾坦星人初試啼聲的《超人力霸王》〈打擊侵略者〉中便已出現，之後在《超人力霸王 Cosmos THE FIRST CONTACT》與《超人力霸王 Max》的〈歡迎來到地球！〉中有了更加深入的探討與進展。

三、始焉：《超人力霸王》中的巴爾坦星人

雖然巴爾坦星人在《超人力霸王》中總共出現了 3 集，不過本文只將飯島執導與擔任劇本者納入討論範圍。

在《超人力霸王》中的飯島巴爾坦故事分別是第 2 集〈打擊侵略者〉與第 16 集〈科特隊邁向太空〉，提出「怪獸和平學」的電影社會學研究者永田嘉嗣對於這兩集故事分別下了「做為難民的巴爾坦星人」與「報復的連鎖」的註腳（永田嘉嗣，2016.01.24）。在〈打擊侵略者〉中，失去了母星在太空中流浪的巴爾坦星人為了修理太空船而降落至地球，之後更打算進一步移居地球。在與地球人交涉失敗之後，巴爾坦星人開始全面攻擊，不過最後敗給了超人力霸王，其他巴爾坦星人所搭乘的太空船也被破壞。而在〈科特隊邁向太空〉中，殘存的巴爾坦星人向超人力霸王與地球人展開復仇，然而再次敗於超人力霸王與科學特搜隊的手中。

在《超人力霸王》中，巴爾坦星人母星滅亡的原因在〈打擊侵略者〉中被談及。根據其說法，巴爾坦星是因為瘋狂科學家的「核實驗」而被破壞，但沒有詳細地說明是因為何種核子實驗。不過，

在洋泉社《超人力霸王研究讀本》一書的描述中，巴爾坦星的毀滅是因為「核兵器」的關係（小沢涼子編，2014：54），而飯島本人在《超人力霸王 Max MAX！MAX！MAX！怪獸大畫報》的訪談中，則表示《超人力霸王》的巴爾坦星人是因為「核戰爭」而毀滅，而且巴爾坦這個名字正是取自歐洲火藥庫的巴爾幹半島（宇宙船編集部編，2006：54），這樣的命名也暗示了巴爾坦星人的背景。由此可知，《超人力霸王》中巴爾坦星滅亡的原因應該與核能的軍事用途研究有關。

　　1966 年的日本正值高度經濟成長期。隔年在美國的核能輸出戰略與自民黨政府的能源政策之下，日本第一座商業運轉的核能發電廠——福島第一核能發電廠的一號機動工，並在 1971 年開始運轉。當時的日本人雖然普遍對於「核能的軍事利用」存疑，但對「核能的和平利用」則持正面態度。吉見俊哉指出，這樣對於核能印象的分裂與戰後日本和平主義與成長主義的並存是相互對應的（吉見俊哉，2012：42）。

> 戰後日本的輿論長期認為「反戰／和平」與導向「富足的生活」的成長是合致的，而在同時是戰爭技術亦是經濟成長技術的核能場合，則導入了將核能的軍事利用視為「惡」、將核能的和平利用視為「善」的分離來思考（同上引：42）。[8]

雖然作為科學象徵的「核」實驗確實可能是為了經濟發展而進行的核能實驗，就如同前文所提的飯島本人在進入 21 世紀後對於巴爾坦星人的「人類的負面教師」發言中，除了科學發展之外也同時強

8　然而另一方面，美國輸出核能發電技術的戰略「Atoms of Peace」，其實是為了緩和世人對於核武裝的反感，以建構其世界規模的核保護傘策略。亦即，冷戰時期的「Atoms of Peace」其實是與「核能的軍事利用」密切相關的（吉見俊哉，2012：122）。

調經濟發展」。但在《超人力霸王》中，並沒有像後續的《超人力霸王 Cosmos THE FIRST CONTACT》與《超人力霸王 Max》〈歡迎來到地球！〉一樣明確地提及「過度的經濟發展對於地球的破壞」。另外，考量前文所提的「核實驗應該是指軍事利用方面的核實驗」推論，以及當時日本人對於核能的軍事利用與和平利用分離處之的態度，本文認為飯島在創作〈打擊侵略者〉時，批判對象只有、或主要是「過度／失控的科學發展」，尤其是指軍事利用方面的科學發展，亦即「人類軍事科技的發展，終有一日會使人類如同巴爾坦星人一般摧毀掉自己的母星」。本文認為至少在〈打擊侵略者〉中還沒有明確地意識到經濟發展對於地球生態的破壞，以及在資本主義之下經濟發展與戰爭的關聯性（以下會再說明）。

在〈打擊侵略者〉的一開始，巴爾坦星人占領了科學中心並讓中心內的地球人進入了假死狀態。面對占領科學中心，但意圖未知的異星人，科學特搜隊與防衛軍召開了對策會，而在會議中，科學特搜隊的松村隊長與軍隊的幹部們展現完全不同的態度。軍隊幹部們從一開始就不斷主張應該直接對巴爾坦星人發動全面攻擊，然而科特隊的松村隊長卻堅持應該先嘗試對話。之後，與巴爾坦星人直接交涉的科特隊早田隊員[9]也提出了共存的道路。雖然在聽聞巴爾坦星人的人數之後，認為無法讓巴爾坦星人移居地球，接著便提議巴爾坦星人可以移居火星。但是不願意移居火星[10]的巴爾坦星人決定停止交涉，全面開始武力侵攻。

9　由黑部進飾演的「早田」（ハヤタ）為《超人力霸王》的主角，是和超人力霸王合為一體的科學特搜隊隊員。黑部進在《超人力霸王 Cosmos THE FIRST CONTACT》與《超人力霸王 Max》中也都有演出，只是皆並非演出其最為人所知的「早田隊員」一角。

10　火星上有巴爾坦星人所厭惡的物質「Spacium」（スペシウム）。Spacium 是《超人力霸王》劇中登場的架空物質，超人力霸王的光線技「Spacium 光線」中亦含有此物質。

在「科特隊⇔軍隊」的對立關係以及早田的行動中，可以明確地確認到飯島在〈打擊侵略者〉所揭示「與他者的互動」應有的樣貌：應該採取和平的手段為之。[11] 在「科特隊⇔軍隊」的對立構圖中，可以說是藏有對於軍事主義的批判。

要注意的是，早田等科特隊的隊員在面對巴爾坦星人時，最先採取的動作是開槍射擊（雖然對於巴爾坦星人來說不痛不癢）。在交涉失敗後，巴爾坦星人、地球人以及超人力霸王間展開了全面戰爭，巴爾坦星人被超人力霸王的 Spacium 光線擊中而死；最後更發生了極度爭議的「超人力霸王將滿載 20 億巴爾坦星人的太空船爆破」事件。[12] 前述巴爾坦星人被擊敗或是巴爾坦太空船被擊毀，在〈打擊侵略者〉的描寫上都感覺不到絲毫悲劇或是不應該如此的意涵，反之是「侵略者被超人消滅了、地球安全了」的正面描寫。

不論是巴爾坦星人毀滅的原因抑或是科特隊對於異星人的態度，都可以發現其中皆含有「非戰的精神」成分，而飯島巴爾坦論的兩大主軸「巴爾坦星人是人類的負面教師」與「與他者互動應有的樣貌」也已經具備，只是「非戰的精神」或兩大主軸的呈現，都尚不夠徹底與完備。

---

11 飯島本人也指出，村松隊長的「首先進行對話」以及早田的共存之提議，都有使觀眾認為超人力霸王不只是會打倒怪獸，而是和平使者的意圖（NHK，2016）。

12 如同《超人力霸王研究序説》所説明的，若認為異星人與地球人擁有一樣的人權，此舉毫無疑問是地球史上最惡劣的大屠殺（萩原能久，1991）。

四、21 世紀的飯島巴爾坦：《超人力霸王 Cosmos THE FIRST CONTACT》與《超人力霸王 Max》中的巴爾坦星人

　　以下將對於 21 世紀飯島敏宏的巴爾坦星人故事《超人力霸王 Cosmos THE FIRST CONTACT》與《超人力霸王 Max》第 33 集〈歡迎來到地球！前篇－巴爾坦星的科學－〉與第 34 集〈歡迎來到地球！後篇－再見了！巴爾坦星人－〉進行考察。

（一）巴爾坦星的滅亡：對於資本主義文明的觀察與批判

　　在《THE FIRST CONTACT》電影中，巴爾坦星人向地球人發表了以下的「移住宣言」解釋為何巴爾坦星人會來到地球。

> 我們是接受到你們地球所發出的邀請訊號才來這裡的。你們地球上的電視節目傳到了我們的星球，看了你們的電視節目內容之後，我們發現地球發展的方向，完全和我們巴爾坦星當初步向毀滅的方向一樣。就在僅僅 30 年的時間中，你們地球人就把地球上的大自然全部都親手毀滅了。（中略）我們這些擁有比地球人更高科技能力的巴爾坦星人，決定移居到你們的地球上來，為了拯救這美麗的藍色與綠色的星球，不再走上我們錯誤的道路。[13]

　　當巴爾坦星人說到「地球的電視節目」時，畫面中出現了許多新聞與紀錄片的片段，其中包括了戰爭、工業污染、核試爆等畫面。

13　這段台詞翻譯採用木棉花國際股份有限公司所發行的 VCD 版本。另外，台詞中有提及巴爾坦星是從 50 年前開始看到地球的電視節目，只是木棉花版的中文翻譯並未翻出。

在《THE FIRST CONTACT》中明確地指出了地球文明的發展，與最終毀滅的巴爾坦星文明的發展是一致的，而巴爾坦星人決定移居地球除了要尋求安居之地之外，也有避免地球步上巴爾坦星後塵的目的。

相較起《超人力霸王》暗示「巴爾坦星人是地球人未來可能的樣貌」，《THE FIRST CONTACT》直接指明「巴爾坦星人就是未來的地球人（如果地球人繼續現在的文明發展方式）」。《THE FIRST CONTACT》也表明了導向「地球／巴爾坦星毀滅」的除了戰爭與科學的發展之外，經濟發展也是其中一項因素。

而在《超人力霸王 Max》〈歡迎來到地球！〉中登場的巴爾坦星人原本和地球人長相相似，而非一開始就是擁有雙手是大剪刀、頭部宛如蟬外型的異星人，然而「巴爾坦星的環境因為愚蠢的核戰爭而被破壞殆盡，如果不進行這悽慘的進化就活不下去了」（飯島敏宏，千束北男，2006.02.11）。致力於恢復母星環境的穩健派巴爾坦星人少女——Tiny 巴爾坦（タイニーバルタン），與意圖以武力征服地球、進行移民的激進派巴爾坦星人男性青年——暗黑巴爾坦（ダークバルタン）對抗，她為了警告地球人而找上少年勉時，則說了下面這段話：

> 真是吃驚啊，身為地球人的你竟然不知道地球正面臨著危機。因為過度的經濟活動與不斷重複的戰爭，地球環境已經沒有救了。對吧？然後人類還企圖侵略月球與火星。主張抹殺掉這樣貪心的地球人、侵略地球的暗黑巴爾坦正要進攻地球呢（飯島敏宏，千束北男，2006.02.11）。

雖然 Tiny 巴爾坦的警告是要傳達暗黑巴爾坦的進攻，然而這裡的地球人沒有看到「地球危機」，不只有暗黑巴爾坦的來襲而已，還包括過度的經濟活動與戰爭所造成的地球環境破壞。因為自身的文

明發展使得地球變得無法居住的地球人，決定將「生存空間」擴張到其他行星。對此，暗黑巴爾坦對於地球人的宣戰是這樣說的：

> 我是為了毀滅地球人而來的正義的異星人。持續破壞自己的環境，然後還想向月球與火星伸出侵略之手的地球人，是不可饒恕的全宇宙公敵（飯島敏宏，千束北男，2006.02.11）。

並且，對「人類進出月球與火星是侵略行為」的指控並不只是暗黑巴爾坦的單方之詞，防衛組織 UDF 的富岡（トミオカ）長官與吉永（ヨシナガ）教授 [14] 在之後的對話中也承認，人類將月球與火星納入地球經濟圈的行動，是一種向外擴張、將經濟活動造成的汙染轉嫁於其他地方的惡質行為。

> 富岡：巴爾坦星人說地球人才是宇宙的侵略者。
> 吉永：人類以經濟優先的科學不斷糟蹋著地球，還想將其惡果轉移到其他星球上。
> 富岡：比如說月球。
> 吉永：終於沒有地方可以丟的地球的垃圾就丟到月球去。月球也會受不了的呢。
> 富岡：雖然說月球上沒有生命體，但就算沒有生命體也可能存在著什麼。
> 吉永：至於人類還想要移居的火星則是有著生命體，現在也還在。（飯島敏宏，千束北男，2006.02.18）

---

14 飾演富岡長官與吉永教授的分別是在《超人力霸王》中演出科特隊早田隊員與富士隊員黑部進與櫻井浩子。

而在這段對話之後的下一幕,是向 DASH[15] 的瑞希(ミズキ)隊員解說情況的 Tiny 巴爾坦與少年勉的對話。

> Tiny 巴爾坦:就是因為這樣。現在的巴爾坦星由於不斷的核戰爭使得環境遭受到了嚴重的破壞,因此有許多的巴爾坦星人像我的父母一樣想修復環境破壞的創傷,他們與藉由侵略地球達成移民的暗黑巴爾坦正在戰鬥中。
>
> 勉:暗黑巴爾坦想要占領地球?!這樣說他們才是侵略者啊!
>
> (飯島敏宏,千束北男,2006.02.18)

藉由以上的對話,我們可以看到在《超人力霸王 Max》中,地球人的形象與暗黑巴爾坦的形象是彼此重疊的,少年勉對於暗黑巴爾坦「侵略者!」的指控,宛如同時在說和想要把垃圾丟到月球與移民火星的人類一樣,也是「侵略者」。

　　從上可知,在 21 世紀飯島巴爾坦星人的故事中,地球╱巴爾坦星滅亡的原因都是「戰爭」與「經濟活動」,以及為了前述兩者而來的科技發展。本文認為,這樣的原因並列除了代表著飯島意識到工業資本主義下的經濟活動對於環境的危害之外,更凸顯了在資本主義下「經濟發展」與「戰爭」的關聯。亦即,飯島除了再次強調「戰爭」、「環境破壞」這兩個問題的不可分割性之外,也意識到其和資本主義經濟發展的關係。「戰爭」、「環境破壞」這兩個問題與「經濟貧富懸殊」一樣都是「匯集了人類與自然的關係、人與人的關係。而且,這都是歸結到國家與資本的問題」(柄谷行人,n.d.╱墨科譯,2007:230-231)。在 21 世紀的飯島巴爾坦故事中,

---

15 DASH=Defence Action Squad Heroes,《超人力霸王 Max》的特搜隊,在設定上是地球防衛聯合 UDF=United Defence Federation 的下屬機關。

明示飯島已掌握到在資本主義的經濟體制之下戰爭與經濟發展——資本增殖的關係，[16] 其過程中會出現的生態破壞，以及產業資本主義的發展早已超過了自然環境循環再生所能負荷的程度一事（柄谷行人，n.d. ／林暉鈞譯，2011a：240）。

再者，飯島表示他也藉由《THE FIRST CONTACT》傳達希望孩子們能夠更加珍惜地球，能在地球長久居住，而非在地球無法居住後移居月球或火星，要抱持夢想讓地球回到適合居住的環境（てれびくん編集部編，2001：48）。這則訊息顯然是與產業革命後，資本主義以無限擴張為內在邏輯的現代經濟主流思想相違背。而在《超人力霸王 Max》中的巴爾坦星人即使擁有重力操作、短時間就能橫跨銀河系的高度科學發展，卻仍然無法解析「音樂」這個必須要用心（mind）才能真正體會其意涵的事物。飯島亦曾表示：

> 本來的巴爾坦星人是有著和地球人相似的樣貌、比較溫和的種族，但是因為母星被放射能汙染之故，若不變成有著厚皮的昆蟲般樣貌便無法生存。我並不是要否定促進人類幸福的科學與經濟的發展，我想傳達的是在承認科學進步的同時，地球的和平是絕對不可或缺的（宇宙船編集部編，2006：55）。

因此，本文認為飯島想要提示的是：失去了「心」的科學與經濟活動，非但無法帶給人們幸福，還會邁向毀滅。而「失去了心的科學與經濟活動」，就是違反「不只把他人作為手段，同時也要將他人做為目的對待」此一康德的倫理者，今日的產業資本主義即是

---

16 資本主義成立的前提建立在國家存在之上，而資本為了自我增殖一定要去找到價值體系的差異（剩餘價值），國家也是如此，不論付出何種代價一定會去尋找差異。而戰爭就是讓資本與國家能夠繼續增殖／生存下去極為有效的手段（柄谷行人、小嵐九八郎，n.d. ／林暉鈞譯，2011b：146-147）。

漫活著
讀作品、性別與人文

如此。與飯島巴爾坦論中的資本主義文明批判相連接，「缺乏了『心』，無法帶給人們幸福還會導向毀滅」正是飯島對於以功利取向與無限擴張為內在邏輯的資本主義之批判。

另外，在《超人力霸王 Max》中，也可以看到飯島更加強調了資本主義與戰爭的關係。為了擴張「生存空間」、得到更多的資源與市場、尋找差異讓資本得以增殖，因此發生對外侵略的戰爭，就如同在帝國主義時代的帝國主義國家與資本家們一樣，為了使國家、資本能夠無限生存下去，而對於亞洲、非洲等地區進行侵略，不把當地的人當作與自己對等的存在，肆意侵攻；也就是不將亞洲人、非洲人視為與自己一樣具有主體性的存在，僅將其作為達成「國家與資本的增殖」目的的手段／工具。而在今日持續發展資本主義的人類，則將侵略的視野放到了地球以外之處。

綜上所述，本文認為飯島巴爾坦論中的「文明批判」，準確地說是對於以資本主義為前提的文明發展批判。而至於為什麼在 21 世紀的飯島巴爾坦論中會如此強調經濟活動、戰爭、生態破壞這三者之間的關係呢？本文認為，這與新自由主義在全世界取得了支配性地位的時代背景有所關聯，飯島看到了在新自由主義的時代中等著人類的，恐將是慘烈的戰爭，而透過自己的作品對此做出回應。這點將在接下來的章節詳加說明。

（二）SRC 與銅鑼：世界市民主義與非戰精神

> 大家有聽過「Family of Man」這句話嗎？這是呼籲住在地球上的人們超越膚色、宗教、風俗、習慣等的差異，大家如同家人般地一起生活。雖然有這種想法，但事實在地球上仍有數不盡的戰爭與暴力。「Family of Space」，全宇宙是一家人。[17]

---

[17] 《超人力霸王 Cosmos THE FIRST CONTACT》中 SRC 的隊員、主角春野武藏的老師渡邊響子的台詞。

暗黑巴爾坦：正義，是強者的專利！

富岡：不是，絕對不是！發起戰爭的人是沒有任何正義的！（飯島敏宏，千束北男，2006.02.18）

　　在《超人力霸王》〈打擊侵略者〉帶出「科特隊⇔軍隊」的對立關係，在《THE FIRST CONTACT》被更加徹底的呈現。《超人力霸王》的科特隊與軍隊雖然在想法上有分歧之處，基本上仍然是互相合作、同一陣線，但在《THE FIRST CONTACT》登場的 SRC 與統合防衛軍間的合作關係僅止於情報交換，在行動上是各自獨立的，從雙方的行動也顯示出兩者間截然不同的想法。

　　SRC，Scientific Research Circle[18]是以「調查所有的謎團，對於異星人、怪獸與人類之間所產生的問題尋求和平的解決之道」（岩畠壽明、鈴木洋一，2003：8）為目的而存在的組織，其在《THE FIRST CONTACT》的行動也徹底展現了這個宗旨。與歷代超人力霸王系列中所登場的特搜隊、防衛隊不同，SRC 所配備的裝備（飛機）並沒有搭配任何武裝，在劇中也認為不應該將之認定為「兵器」，而在面對巴爾坦星人時亦採取非暴力的對策。

　　反之，防衛軍緊急部隊 SHARKS 的司令官繁村（シゲムラ）參謀對於異星人（巴爾坦星人與超人力霸王 Cosmos）所採取的態度是「不管是 ET 還是什麼東西，只要是會對我國造成威脅的都會殲滅之」、「不管對方是一種還兩種，我們（防衛軍）的任務是把他們擊退，一個都不留」。[19]不管是面對異星人還是怪獸（吞龍），

---

18 故事中時間點起始於《超人力霸王 Cosmos THE FIRST CONTACT》故事 8 年之後的電視劇《超人力霸王 Cosmos》中登場的特搜隊「TEAM EYES」在設定上是 SRC 的下屬組織。不過在《超人力霸王 Cosmos THE FIRST CONTACT》的時點，SRC 還不是如同 TV 版中的巨大組織，而是只有 6 名隊員與 1 名顧問的志工團體。

19 兩者都是《超人力霸王 Cosmos THE FIRST CONTACT》中繁村參謀的台詞。

漫活著
讀作品、性別與人文

防衛軍在劇中採取的是將一切的「非我族類」都直接視為威脅、敵人，並且採取以武力強行排除的排斥態度。而在劇中防衛軍兩次武力行使分別招來了市民的反感以及造成 SRC 的計畫失敗，進而開啟地球人與巴爾坦星人的全面戰爭，而最後繁村參謀甚至還打算向制止巴爾坦星人的超人力霸王發動攻擊。

《THE FIRST CONTACT》中「SRC ⇔ 防衛軍」的對照，明確地表示飯島導演所認為「在面對他者時應該採取的態度」與對於軍事主義與軍隊本身的嚴屬批判。值得注意的是，在《THE FIRST CONTACT》中的防衛軍並不像以往的超人力霸王系列作品中一樣是擔任「地球」防衛軍，而是明確指出是「（故事世界中的）日本」軍隊，也就是說，所影射的對象完全是現實中的「軍隊」，[20,21] 而常備軍正是最接近國家本質的國家體制構成。另一方面，之所以要將 SRC 設定為非武裝的志工團體，原因是飯島想要完全排除超人力霸王特搜隊──防衛隊中「使用稅金的軍隊」的意象（てれびくん編集部編，2001：49），也就是說《THE FIRST CONTACT》的 SRC 強調了以各種出乎意料的手段解決怪獸災害──此一超越常識的問題。而在此一超人力霸王系列防衛隊／特搜隊一向具備此特質的同時（同上引：49），也完全排除一切被聯想為軍隊的可能性與軍事組織的色彩，以及帶有超脫國家、「心中無國界、看到他者

---

20 屬於國家的國軍與奠基於聯合國憲章而發動的聯合國軍，或是虛構的地球防衛軍有本質上的不同之處。身為常備軍的國軍是國家核心本質的一部分，國家的自立性在戰爭中最為顯現，「所謂的國家，實際上一直都是為準備與其他國家作戰而存在，（中略）實行戰爭的就是常備軍與官僚機構」（柄谷行人，n.d.／墨科譯，2007：127）。因為有其他國家軍隊的存在，本國軍隊的存在才能被允許，而一國的軍隊也只為自己的國家之國益而戰。

21 本作中「日本擁有國防軍」的設定與將其描繪為「壞人」，或許正是對於創設國防軍修憲主張的回應。

的立場與價值觀」的世界市民主義（Cosmopolitanism）[22,23] 的意涵。SRC 與防衛軍不同，不是國家統治體制的一環，亦非為國家服務的機關，而是以世界市民主義為出發點的團體。「國家的軍隊」統合防衛軍與「世界市民主義的和平組織」SRC 兩者間形成了強烈的對比，並且在電影中也做出了選擇。

在 21 世紀的飯島巴爾坦故事中，「音樂」是一個重要的元素，尤其在《超人力霸王 Max》〈歡迎來到地球！〉中更成為了終結戰爭的關鍵。「音樂是全宇宙共通的語言」，在《THE FIRST CONTACT》木本博士如此說道。而在《超人力霸王 Max》來自巴爾坦星的音樂在不同人的耳中響起的是自己熟悉的樂聲，另一方面也代表了巴爾坦的銅鑼所傳達出來的和平之音是超越國界、星球與文化隔閡的。除了一樣的「音樂的普遍性」[24] 之外，在《超人力霸王 Max》中，「音樂」有了更加重要的地位，音樂終結的不只是暗黑巴爾坦與超人力霸王 Max 的戰鬥，更終結了 40 年來巴爾坦星人與超人力霸王漫長的戰爭。在飯島巴爾坦論中，擁有跨越語言、文化之性質的「音樂」成了和平的象徵。

在《THE FIRST CONTACT》中，巴爾坦星人的自爆為戰爭劃下了句點，雖然這是超人力霸王以武力對抗之下的結果，但巴爾坦

---

22 「通常一般人所謂的『公領域』，指的是國家層級的事務。但相反地，康德稱國家層級的事務為『私領域』；反而從國家的考量抽離出來，以個人為基礎來思考，才是『公眾的』。像這樣的個人，康德稱之為『世界公民』（cosmopolitan）。」（柄谷行人，n.d.／林暉鈞譯，2011a：111-113）

23 其實不只是 SRC，在歷代超人力霸王系列中登場的特搜隊／防衛隊幾乎都帶有濃厚的世界市民主義色彩，其中 SRC 特別強調了「非暴力的問題解決」。而除了 SRC 與 TEAM EYES 之外，其他的特搜隊／防衛隊就算擁有武裝與戰力，仍然時常強調其「不是軍隊」、「非軍事組織」。

24 確實許多音樂作品中都具有民族性，然而在《超人力霸王 Cosmos THE FIRST CONTACT》所採用的搖籃曲與《超人力霸王 Max》所採用的單純鐘聲都是具有普遍性者。

星人的「自爆」也是一種暴力，即使是對自己為之。而在《超人力霸王 Max》〈歡迎來到地球！〉中，結束了巴爾坦星人與超人力霸王最終戰爭的，不是英雄的實力行使，而是希冀和平與非暴力的音樂——現實中亦是如此，戰爭是沒有辦法終結戰爭的，只有非暴力的事物才能終結暴力的戰爭——飯島 40 年來思索與反省之後的答案，相信就是如此。

（三）少女與少年：對於成年男性主導支配下的現實之反抗

在《THE FIRST CONTACT》中，地球人的大人防衛軍採取將一切的他者予以武力殲滅的排斥態度，而巴爾坦星人的大人們也堅持以武力強行移居地球。防衛軍是為了防衛國家，巴爾坦星人是為了「想讓孩子們能夠在這顆星球（地球）上得到幸福」，[25] 但不願意尊重對方、只想採取暴力手段去排除他者的大人們互相為了自己的「大義」與「正義」之下招致全面戰爭。反之，地球人的少年春野武藏與巴爾坦的小孩「Child 巴爾坦」（チャイルドバルタン）卻願意互相理解與接納對方。而最終結束了大人間戰爭的，也是跨越星球的少年、少女們所招喚來的超人力霸王。

而在《超人力霸王 Max》登場的 Tiny 巴爾坦從一開始就是為了阻止暗黑巴爾坦而來到地球，主導對抗行動。最後終結了暗黑巴爾坦侵攻與戰爭的非超人力霸王，是 Tiny 巴爾坦與地球的少年、少女。相較起原本臣服於巴爾坦大人的 Child 巴爾坦， Tiny 巴爾坦顯然更具有主動性與主體性。

Child 巴爾坦雖然沒有明示性別，但是其是附在武藏的女同學麻里身上，配音員也是女性；[26] 而 Tiny 巴爾坦更是明示了其性別即

25　《超人力霸王 Cosmos THE FIRST CONTACT》中 SRC 顧問木本博士的台詞。

26　最上莉奈（岩畠寿明、鈴木洋一，2003：11）。

為女性。反之，主戰派的巴爾坦星人則皆被指涉其為成年男性。[27]
這個「女性⇔男性」、「小孩⇔大人」的對立關係，本文認為主張
和平與理解對方的少女所抱持的想法才是正義，與總是以武力強迫
對方和以掠奪的方式，來達成擴張發展的成年男性錯誤間的對立構
圖，正是對於現今由男性與男性思維主導之下，所造成的戰爭與經
濟發展混亂的世界支配體系批判。

在《THE FIRST CONTACT》的最後，巴爾坦星人給了地球上
的孩子們「請不要失去夢想」的訊息，武藏也向超人力霸王
Cosmos 承諾要成為「即使長大了也不會失去夢想」的真之勇者。
而在《超人力霸王 Max》中願意理解對方並締結友誼，最後讓超
人力霸王 Max 重新得到光，得以站起來與演奏巴爾坦銅鑼終結戰
爭的，正是 Tiny 巴爾坦、少年勉與地球的少年、少女們。本文認
為，從中可以看出飯島的願望，希望還沒有被「現實」所束縛的年
輕人與孩子們能夠成為改變世界的希望。

（四）飯島巴爾坦論中的「正義」

> 富岡：超人力霸王 Max 的正義，就是和平。
>
> 吉永：各自的行星都能擁有各自的和平，這就是宇宙的正義吧。
>
> Tiny 巴爾坦：沒錯，我們的祖先在開始那恐怖的戰爭之前，
> 就是在綠意盎然、空氣與水都乾淨不已的巴爾
> 坦星上一起生活的啊。
>
> 土方：[28] 互相理解對方的平靜之心與和平，這是現在的地球最
> 需要的。
>
> （飯島敏宏，千束北男，2006.02.18）

---

27 《超人力霸王 Cosmos THE FIRST CONTACT》中的巴爾坦星人大人由鄉
里大輔與堀之紀兩位男性配音員配音，而《超人力霸王 Max》〈歡迎來到
地球！〉則明指其為男性青年。

28 ヒジカタ，DASH 隊長

上述《超人力霸王 Max》〈歡迎來到地球！〉最後的台詞，闡明了飯島巴爾坦論中的「正義」為何物。在戰爭之中是沒有正義的，和平才是正義。而且這個「和平」，是要對於他者互相理解為前提的，無視他者、只將他者作為實踐自己意志與利益工具的資本主義經濟活動與戰爭，當然都不是和平了。而以超越國家、否定戰爭、理解他者的身為世界公民的心──也就是世界市民主義──才是飯島巴爾坦論中所揭示的正義。

在《THE FIRST CONTACT》的最後，巴爾坦的孩子們在啟程離開地球時，也給了地球的孩子們以下的訊息。

> 於是，最後傷害到的是我們自己，我們決定和我們自己的星球共存亡，再見了。然後，最後，給地球上的孩子們：請你們絕對不要失去夢想。大人們拋棄了夢想，只知道追求現實的後果就是我們星球的毀滅。

透過 Child 巴爾坦的話語，飯島傳達了「即使成為大人，也不要放棄夢想」的訊息。將巴爾坦星帶向毀滅的是捨棄了夢想、追求現實的大人。本文認為，這裡顯示的是對於所謂「現實主義」的批判，也就是認為諸如日本國《憲法》第 9 條的「戰爭放棄」等的非戰精神、國際和平主義，基於人道主義的關懷、能夠和他者互相理解一起共存的「Family of Space」，追求人人平等與友善的社會主義式社會等想法是「不切實際的幻想」，而選擇維持軍隊與參加軍備競賽來「保護自己」，將與自己不同的存在視為潛在的敵人、信奉在國際上「拳頭大才是硬道理」，以及信仰在占有支配地位的工業資本主義，相信發展經濟等僅將他者做為手段的所謂「合乎現實」的現實主義。[29] 然而，這種只會繼續複製現有狀態的現實主義最後將

---

29 以日本國《憲法》第 9 條改憲論為例，認為應該修改成讓日本成為包含真

導致毀滅，而另一方面，懷抱夢想的人們才有改變世界的力量，能夠堅持夢想的人，才是拯救地球的真之勇者。本文認為，這就是飯島想要傳達的訊息。

不論是《超人力霸王 Cosmos THE FIRST CONTACT》抑或是《超人力霸王 Max》〈歡迎來到地球！〉，飯島在描寫殘酷的事實與滿溢著社會諷刺的同時，也不忘傳達觀眾繼續邁向未來的「夢想」與「希望」（岩畠寿明、鈴木洋一，2003：105）。

五、40 年來的流變

2015 年 9 月，飯島敏宏與其他 45 位日本的電影導演一起發出《反對安全保障關聯法》[30] 的聯合聲明：

> 我們作為電影導演、做為表現者，不，作為一個人是無法允許這樣的政權的。在此宣言，以廢止這個戰爭法與打倒獨裁政權

正的軍隊在內完整軍事主權的改憲論者中，就有不少人以「現實主義者」自居，指稱從「國家武力決定一切」的所謂國際現實來看，戰爭放棄的日本國《憲法》第 9 條乃「不切實際」。然而東大名譽教授三谷太一郎指出，這些現實主義者忽略了日本在戰後的和平繁榮與第 9 條密不可分此一事實。且此種主張也顯然忽視了二戰後的國際法秩序（三谷太一郎，2014.06.10）。

30 包含新設國際和平支援法與實現憲法修改的《安全保障關聯法》是為實踐安倍政權「解釋改憲」而解禁的集體自衛權行使。除了壓倒性多數的憲法學者認為集體自衛權之行使乃違憲之外，包含憲法學者在內的各界學者、文化人等也批評安倍政權以閣議的方式變更多年來慣有的「集體自衛權之行使乃違憲」的政府憲法解釋是踐踏了立憲主義。除此之外，日本民意超過半數也不支持安保法，以 SEADLs 為首的反安保法的集會遊行頻發，造成可謂日本自 1960 年 70 年代以後最大規模的社會運動。然而即使如此，執政黨仍然以數量優勢強行通過《安保法》。

漫活著
讀作品、性別與人文

為目標，與所有守護「憲法與和平」的人們連帶全力戰鬥（自由と生命をまもる映画監督の会，2015.09.24）。

從戰後到今日，飯島一直維持「反戰」的思想；而另一方面，與許多同時期的文化人一樣，他在思想上也是抱持著偏向左翼、革新主義、護憲的立場。飯島曾表示，「在那個時候，我們那個年齡層很多人都是心情左翼」（白石雅 ，2011：39）。除了身為創作者的飯島本人偏向左翼、反戰，本文認為若從作為集體日本人的思想來觀察，或許也是一個理解飯島巴爾坦論的角度。

思想家柄谷行人指出，「反戰」的想法是存在於日本人的集體潛意識之中的。拋棄國家軍事主權的日本國《憲法》第 9 條 [31] 雖然在思想的淵源上是繼承自康德的永久和平論、一戰後的戰爭非合法化論運動，以及 1928 年巴黎非戰條約（河上曉弘，2006：339），但是這並非全然是「西方外來的產物」。雖然第 9 條是由幣原喜重郎向 GHQ（General Headquarters，盟軍最高司令官總司令部，簡稱 GHQ）的麥克阿瑟提案的，但若非是有 GHQ 的推動，第 9 條恐怕也不會成為《憲法》的一部分（柄谷行人，2016：189）。儘管改憲派主張的「《憲法》是 GHQ 強加在日本身上」的說法，柄

---

31 關於第 9 條的文義解釋，日本憲法學界通說是採「第 9 條第 2 項全面放棄說（第 9 條第 1 項部分放棄／第 2 項全面放棄說）＋『戰力＝武力』說」，結論：第 9 條第 1 項雖沒放棄自衛戰爭與制裁戰爭，但因第 2 項的一切戰力不保持與交戰權否認之結果，包含自衛戰爭與制裁戰爭在內的所有戰爭皆放棄。而日本政府則為了正當化自衛隊，自 1954 年起開始採「第 9 條第 1 項部分放棄／第 2 項全面放棄說＋『戰力＞自衛力』說」，認為維持「為了自衛的必要最小限度之實力（＝自衛隊）」並不違憲。在與自衛權間之關係的方面，學界通說與政府見解皆肯認沒有放棄自衛權，但前者採「非武裝自衛權說」，後者則採「自衛力肯定說」（辻村みよ子，2012：78-94）。

谷認為也不能說毫無理由。[32,33] 然而問題在於，美國沒過幾年後悔了，要求日本放棄第9條重新軍備，但日本卻拒絕了美國的要求，也就是說，日本「自主地」選擇了第9條。之後，即使日本政府在1950年代開始就沒有真正的施行第9條，[34] 以解釋的方式來合理化自衛隊的存在，也沒有辦法更動《憲法》第9條本文，頂多只能以解釋、安保法或是推行國家緊急權入憲化來試圖架空第9條。

柄谷指出，日本人這個集體即使對於戰爭有罪惡感，也不是意識性的產物，若是有意識的反省，第9條早就被放棄了（柄谷行人，2016：18）。日本人之所以接受第9條，是與其集體的潛意識有關，第9條展現出了日本人對於戰爭強烈的「潛意識的罪惡感」（同上引：17-18）。而潛意識是沒辦法以宣傳的方式操作的（同上引：20），所以也不是所謂「GHQ的宣傳策略」所造成的。柄谷認為，戰後的日本人對於侵略戰爭的「潛意識的罪惡感」是來自對於破棄「德川的和平」[35] 的明治維新以來，日本所選擇之道路的悔恨，其

32　然而柄谷行人點出了「自主憲法」的迷思。柄谷指出，所謂的「自發」與「外在的強迫」是脫離不了關係的，如身為自主憲法的明治憲法，其實是因為日本被西方強行納為世界的一部分這個外來的強迫因素才有的「自發性」的行為（柄谷行人，2016：191-192）。

33　然而學者指出，GHQ民政局在起草憲法時其實也參考了日本民間學者所發起的、思想繼承自自由民權運動的憲法研究會的草案，在帝國議會的審議中也進行了修改，而在審議中所加入將社會權規定等內容導入憲法，也是來自日本當時在野黨的提案。另外當時《每日新聞》的民調也顯示日本國民對於新憲法原理的歡迎，如其中有70%的受訪者贊成放棄戰爭（辻村みよ子，2014：97-99）。

34　「自衛隊合憲」的憲法解釋雖然是自1954年來日本政府長年的見解，然而學界多數皆不採之。許多憲法學者認為自衛隊乃違憲（辻村みよ子，2012：78-81）。

35　戰爭放棄與戰力不保持的日本國《憲法》第9條所呈現的「狀態」並不是第一次出現在日本，德川幕府這個「戰後」正是沒有戰爭、武士成為非武士的時代。柄谷指出，「德川的和平」可以說是戰後憲法的先行型態。不過並不表示柄谷贊同德川時代的國制，柄谷指出《憲法》第9條所涵義

漫活著
讀作品、性別與人文

與在帝國主義戰爭中攻擊慾望所流露的「潛意識的罪惡感」有所關聯但不相同，可謂因為有「德川的和平」為基礎，二戰後「潛意識的罪惡感」才能如此深深定著（同上引：74-75）。

　　總而言之，「反戰」或言「對於戰爭的厭惡」的想法，是存在於日本人集體潛意識之中的。若以此側面觀察，則充滿著「非戰精神」的飯島巴爾坦星人故事能夠穿越時代而被接受，也並非什麼奇怪的事情。

　　1966 年的《超人力霸王》〈打擊侵略者〉、〈科特隊邁向太空〉與 21 世紀的《超人力霸王 Cosmos THE FIRST CONTACT》及《超人力霸王 Max》〈歡迎來到地球！〉有很關鍵性的不同，前者的時空背景，經濟活動造成的生態破壞還沒有被明確地提及，而在 21 世紀的飯島巴爾坦故事中，可以很清楚地看到「非戰的精神」被飯島努力地貫徹。換言之，飯島巴爾坦論中對於文明的批判與提示，與他者互動該有的態樣，在這 40 年間逐漸完備，從「核實驗」到明確地展現出對於資本主義文明的批判，以及從打倒惡人（雖然是可憐的惡人）到非戰精神的貫徹。本文認為這樣的流變與其時代背景有著密切的關係。

　　如前所述，《THE FIRST CONTACT》及《超人力霸王 Max》〈歡迎來到地球！〉的前身是在 1993 年寫成的劇本《超人力霸王巴爾坦星人大逆襲》，而 1990 年代初期，正好是一個轉捩點。

　　柄谷行人從世界史的角度與參照華勒斯坦的主張，提出世界的歷史在「帝國主義的階段」與「自由主義的階段」之間反覆的看法。所謂「自由主義的階段」是指霸權國家擁有霸權的時期，華勒斯坦認為自由主義是霸權國家所採取的政策；而「帝國主義的階段」則是指舊有的霸權國家沒落，世界各國為搶奪霸權的競爭狀態（柄谷行人、小嵐九八郎，n.d. ／林暉鈞譯，2011b：136）。在帝國主義

的還是康德所明確化的普遍的理念（柄谷行人，2016：60-79）。

的階段，國家會不顧國族的需求，遺棄本國的勞動者，為朝向海外發展的資本，提供制度與軍事上的支援（同上引：141），於是隨之而來的就是社會福利的削減以及社會達爾文主義成為具有支配性地位的意識形態，而國家與資本間激烈鬥爭的結果，自然就是戰爭。如今被稱為新自由主義的這個時代，其實就是 1880 年代開始帝國主義時代的反覆。根據柄谷的分段，進入現在這個「帝國主義的階段＝新自由主義時代」的分界點正是 1990 年（柄谷行人，2016：142）。另外要再次強調的是，帝國主義與資本主義經濟是無法分割的（同上引：144）。若以日本的情況來看，日本也是從1990 年開始施行新自由主義，並且在 2001 年小泉政權上台前完成了新自由主義體制的建立，除了最大工會國鐵勞動組合與最大在野黨社會黨早已分別在 1980 年代末期解體與 1996 年解散 [36] 以外，日教組被鎮壓、國家的手深入教育、公明黨（宗教勢力）被收編，放棄了長年主張的大眾福祉與反戰、支援所有被歧視者與制衡右翼力量的部落解散同盟被鎮壓，直到 2000 年時，日本可謂已是新自由主義者等右翼分子的天下（柄谷行人、小嵐九八郎，n.d. ／林暉鈞譯，2011b：100-101）。

　　如果參照《THE FIRST CONTACT》及《超人力霸王 Max》〈歡迎來到地球！〉所傳達的精神，就會發現其正好是對於新自由主義時代的抵抗。反戰、共生的精神，毫無疑問地就是在對新自由主義之下會被合理化的戰爭，與為了配合戰爭及資本競逐、為資本服務的「設定與排斥敵人」、「適者生存」等價值觀的反抗。而對於資本主義文明整體的批判，更不用說是反映了對新自由主義時代資本主義所造成的惡害。在製作《THE FIRST CONTACT》與《超人力

---

36 國鐵民營化造成了國勞解體，而國勞的解體也造成社會黨瓦解。社會黨在 1996 年改組為社會民主黨，但如今的社民黨是在參眾兩院只有共 4 席的小黨，已非足以與自民黨抗衡的在野第一大黨社會黨。

漫活著
讀作品、性別與人文

霸王 Max》〈歡迎來到地球！〉的時間點，前述排外與社會達爾文主義的現象在日本社會顯而易見，但本文認為飯島除了看到當時的現狀之外，可能也看到了在今後新自由主義的意識形態只會越演越烈而已。事實上，若參照製作訪談，便會發現製作者特別在作品中強調「溫柔」、「共生」是反映著時代的意涵，《THE FIRST CONTACT》特效導演佐川和夫便在該作品的製作訪談中這麼說：

> 這一次的課題是可以直到最後的最後都表現出超人力霸王的溫柔嗎？雖然到目前為止都有被作為在怪獸出現時保護人類的戰士性看待，但是，總覺得現在的日本變成了沒有溫柔、感覺不到痛苦的世界。所以，超人力霸王必須自己展現出什麼是溫柔（てれびくん編集部編，2001：54）。

另一方面，由於蘇聯的瓦解伴隨第二世界崩壞，原本夾在美蘇之間、依據聯合國活動的第三世界也隨之消失，在原本第三世界的地區，世俗主義的社會運動被宗教原理主義所取代（柄谷行人，2016：171），同時伴隨的就是不寬容、排斥與戰爭，而冷戰結束之後各種民族紛爭、地域紛爭確實也越演越烈。對此，作為相對於社會主義的「試圖以新的樣貌來復原遭到資本主義破壞的共同體與古代的社會型態、經由強調國族以否定資本主義、否定國家」的「對抗──革命」的法西斯主義以及宗教原理主義也正在興起（柄谷行人、小嵐九八郎，n.d.／林暉鈞譯，2011b：127），而其所帶來的也是不寬容、排斥[37]與戰爭。而飯島巴爾坦論的精神，正是對於現實與即將到來世界的反應。

　　對於日本國《憲法》第 9 條來說，1990 年代初期也是一個重要的時間點。隨著日本進入新自由主義體制，旨在讓日本可以隨時

---

37 需要「敵人」此一外部的存在，國族才容易凝聚。

參加戰爭的改憲論與修法也陸續浮出水面。波斯灣戰爭時，日本被要求以聯合國的多國聯軍身分參戰，根據柄谷行人的說法，「第 9 條才開始產生了真正的意義」（柄谷行人、小嵐九八郎，n.d. ／林暉鈞譯，2011b：93）。[38] 雖然最後在自民黨鴿派與社會黨等的反對下，執政的海部內閣放棄派遣自衛隊參加波斯灣戰爭，僅提供金錢予多國聯軍。可是此後，為了維持全球自由市場的擴大／維持，施行對於美國的軍事行動為軍事性的支援與圓滑化，與為了日本的企業享有特殊權益之地域安定的軍事性存在確保為目的的改憲論風起雲湧（小林武，2008：44），並且以波斯灣戰爭時只出錢不出人，被國際社會批評為藉口，各種為了海外派兵的《憲法》解釋與修法陸續出現，即使有學者批評其曲解了第 9 條的意思（岩間昭道，2002：434-437），然而之後諸如《PKO 法》、《伊拉克特遣法》[39] 等派遣自衛隊至海外參加國際和平行動的法律仍然陸續成立，之後意圖再更有突破的，便是前文所提的安倍政權強推的《安保關聯法》。

面對上述的改憲與海外出兵的浪潮，如果以護憲論 [40] 的角度來看意圖貫徹「非戰精神」的《超人力霸王 Cosmos THE FIRST CONTACT》與《超人力霸王 Max》〈歡迎來到地球！〉的出現，

---

38 在當時，柄谷行人與中上健次、田中康夫等人一起舉行了反對日本參戰的文學家集會與共同聲明；而在美國，呼籲將日本國《憲法》第 9 條寫入美國《憲法》的 Charles M. Overby 教授也因為波斯灣戰爭而創立了美國的「第 9 條之會」（Article 9 Society）。另外，受到 Overby 教授之行動的影響，日本各地、各領域也有有識者創立了「9 條之會」。其中最著名也最有影響力的乃屬鶴見俊輔、大江健三郎等 9 人為招集人、2004 年正式成立的「九条の会」。

39 名古屋高等法院（2008 年，青山邦夫審判長）認定派遣至伊拉克的航空自衛隊定期替多國聯軍進行運輸的行為乃《憲法》所禁止的「武力行使一體化」而違憲。

40 這裡的「護憲」主要指的是對於《憲法》第 9 條的態度。反對修改第 9 條的人中亦有支持修改憲法中其他條文者。

也是可以理解的。之所以要如此強調非戰的精神與和平的重要性，正是因為處於日本正在邁向戰爭的時代，就如同寫於「帝國主義的階段」的康德永久和平論，在 1880 年代的帝國主義時代與進入新自由主義時代的現代再次被閱讀與重視是一樣的道理。

總而言之，飯島巴爾坦論的流變除了與飯島本人的思想與日本人「拒絕戰爭」的集體潛意識息息相關之外，也反映了時代。對於資本主義文明的批判、非戰精神的貫徹、互相理解共生的世界市民主義的提倡，這樣的發展都與其所處的時代有所關連。

六、結語：A mon seul désir[41]

聽到故鄉音樂的暗黑巴爾坦，失去了戰意，找回了初心。〈打擊侵略者〉與〈科特隊邁向太空〉的巴爾坦被 Spacium 光線所焚燒；《THE FIRST CONTACT》的巴爾坦被超人力霸王 Cosmos 的實力行使所阻止後，自我了斷；在〈歡迎來到地球〉中，巴爾坦沒有死亡，而是反省了自己過去的錯誤並且改變。40 年後，終於不是以一方的滅亡告結，而是走向了和解；不再是以力服人，而是以非暴力終結了暴力的連鎖，戰爭無法終結戰爭，只有非戰才能真正地消滅戰爭。最後，作為人類負面教師的巴爾坦，也終於得到了救贖。

以強制力（物理上的暴力）阻止對方的暴力攻擊，並徹底地消滅對方，並不是終結戰爭的方法；而以強制力阻止對方的暴力攻擊，但以最小限度實力行使為限，並且不去殲滅對方，亦不足於讓戰爭劃下句點，真正尋找出暴力方法以外的戰鬥才是王道──只有非戰才能真正地終結戰爭。

這個過程，或許也是 40 年來飯島導演思考「何謂正義」的結果；也呈現了飯島導演反映這個議題上的作品思考、反省與貫徹的

---

41 我唯一的願望（我が唯一つの望み）。

過程。「不僅僅只是打倒怪獸，更是和平主義者」（NHK，2016）。

而同樣的道理，也應該落實在經濟活動與科學發展之中。經濟活動與科學發展，本來是為了人們的幸福，但是只知道追求現實、失去了「心」、僅將他者做為手段的資本主義之下經濟與科學的發展，最後只會帶來毀滅。

所以，不能失去夢想。即使成為了大人，也不要失去夢想與初衷。不要輸給了「現實」而失去了可能性。永續性的發展、將他者亦作為主體／目的對待、非戰的精神、互相理解的和平與勇氣，還有勇於向「現實」挑戰，不臣服於其之下的精神。這些理想或許會被現實主義者嘲笑為不切實際，但是這些夢想與希望才能改變在現實主義的支配下，逐步邁向滅亡的人類與這顆星球。

光之國的超人與母星毀滅的巴爾坦星人，都曾經是人類。而未來的地球人要成為 M78 星雲人還是巴爾坦星人，操之在我們自己手中。[42]

---

42 本文初稿發表於 2016 第五屆御宅文化國際學術研討會，感謝評論人林齊晧先生及與會來賓提供之寶貴意見。另外，因限於篇幅之故，本文乃刪減後之版本，完整版敬請參閱：https://goo.gl/jxQD0r。

參考書目

一、中文書目

林暉鈞譯（2011a）。《倫理21》。臺北：心靈工坊。（原書柄谷行人著）

林暉鈞譯（2011b）。《柄谷行人談政治》。臺北：心靈工坊。（原書柄谷行人著，小嵐九八郎訪談紀錄）

墨科譯（2007）。《邁向世界共和國》。臺北：臺灣商務印書館。（原書柄谷行人著）

二、日文書目

てれびくん編集部編（2001）。《劇場版ウルトラマンコスモス THE FIRST CONTACT 超全集》。東京：小学館。

三谷太一郎（2014.06.10）。〈（安全保障を考える）同盟の歴史に学ぶ〉，《朝日新聞》，15 版。

大石真司、江口水基、島崎淳、間宮尚（2013）。《円谷プロ全怪獣図鑑》（円谷プロダクション兼修）。東京：小学館。

小沢涼子編（2014）。《ウルトラマン研究読本》。東京：洋泉社。

小林武（2008）。〈平和憲法の国際協調主義 改憲論への根本的批判のために〉，《平和憲法の確保と新生》，頁 37-51。札幌：北海道大学出版会。

白石雅（2011）。《飯島敏宏「ウルトラマン」から「金曜日の妻たちへ」》。東京：双葉社。

吉見俊哉（2012）。《夢の原子力》。東京：筑摩書房。

宇宙船編集部編（2006）。《ウルトラマンマックスマックス！マックス！マックス！怪獣大画報》。東京：朝日ソノラマ。

辻村みよ子（2012）。《憲法》（第4版）。東京：日本評論社。

辻村みよ子（2014）。《比較のなかの改憲論──日本国憲法の位置》。東京：岩波書店。

岩畠寿明、鈴木洋一（2003）。《テレビマガジン特別編集ウルトラマンコスモス》。東京：講談社。

岩間昭道（2002）。《憲法破毀の概念》。東京：尚学社。

河上暁弘（2006）。《日本国憲法第9条成立の思想的淵源の研究「戦争非合法化」論と日本国憲法の平和主義》。東京： 修大学出版局。

柄谷行人（2016）。《憲法の無意識》。東京：岩波書店。

三、網路資料

〈バルタン星人〉條目（n.d.）。維基百科。上網日期：2016 年 9 月 17 日，
　　取自 https://goo.gl/H3ReSR

NHK（2016）。〈監督・脚本 飯島敏宏氏 インタビュー｜祝ウルトラマン
　　50 乱入 LIVE! 怪獣大感謝祭〉。上網日期：2016 年 9 月 18 日，取自
　　http://www.nhk.or.jp/ultraman50/interview/interview02.html

永田嘉嗣（2016.01.24）。〈ゴジラ・ウルトラマン怪獣平和学入門〜怪獣
　　映画にみる戦争〜 講演レジメ〉。上網日期：2016 年 9 月 17 日，取自「市
　　民社会フォーラム」http://shiminshakai.net/post/6?doing_wp_cron=146
　　9374410.9322090148925781250000

自由と生命をまもる映画監督の会（2015.09.24）。〈恩地日出夫氏、深作
　　健太氏ら映画監督４６人、安保法成立に抗議声明〉。上網日期：2016
　　年 9 月 18 日，取自 http://tamutamu2011.kuronowish.com/eiga46.htm

萩原能久（1991）。〈ウルトラマンの正義と怪獣の「人」〉。上網日期：
　　2016 年 9 月 18 日，取自「慶應義塾大學法學部萩原能久研究會」http://
　　fs1.law.keio.ac.jp/~hagiwara/ultra1.html

四、視聽媒體資料

円谷一夫（製作人），飯島敏宏（導演）（2001）。超人力霸王 Cosmos
　　THE FIRST CONTACT【影片】。（東京：映画ウルトラマンコスモス製
　　作委員会／木棉花國際股份有限公司代理發行）

飯島敏宏（導演），千束北男（劇本）（1966.07.24）。超人力霸王（第 2 集）。
　　日本：円谷プロダクション、TBS

飯島敏宏（導演），千束北男（劇本）（1966.10.30）。超人力霸王（第 16 集）。
　　日本：円谷プロダクション、TBS

飯島敏宏（導演），千束北男（劇本）（2006.02.11）。超人力霸王 Max（第
　　33 集）。日本：円谷プロダクション、中部日本放送（CBC）

飯島敏宏（導演），千束北男（劇本）（2006.02.18）。超人力霸王 Max（第
　　34 集）。日本：円谷プロダクション、中部日本放送（CBC）

漫畫作為溝通互動的場域──
以《航海王》為例

楊哲豪

一、緒論

　　東浩紀（2001）在《動物化的後現代》（褚炫初譯，2012）指出，故事消費 [1] 已然消亡，現在進入一個資料庫消費的時代。故事消費意指過往被讀者消費的作品，透過作品表層的許多小故事，進而消費深層結構「大敘事」的設定及世界觀；資料庫消費則是指被消費的作品深層沒有「大敘事」的存在，讀者消費的不再是故事當中的設定或世界觀，而是根據自身的喜好選擇特定的要素，例如對角色圖像進行消費。他以《鋼彈》及《新世紀福音戰士》為例，前者作為故事消費的代表，其愛好者多意識到該作品故事背後「大敘事」，有其穩固的設定及世界觀，對其進行分析與討論；後者則是作為資料庫消費的例子，其愛好者並不特別在意故事背後的設定與世界觀，而是關注於當中的人物設定，指出過往主要被消費的「大敘事」，已經轉變為消費人物角色的「萌」或其他非故事的設定（東浩紀，2001／褚炫初譯，2012：62）。但在該書的分析中，關注的對象明顯忽略了漫畫這個持續生產故事的創作類型，仍持續地被漫畫讀者消費。讀者們津津樂道於談論漫畫故事的設定與伏筆，而資料庫消費的角色符碼，則是被漫畫所吸收成為圖像元素的一環，例如漫畫《境界觸發者》中雨取千佳這個角色的髮型，便符合東浩

1　本文使用「故事消費」指的是個別章節劇情故事，也是東浩紀在該書中的用詞。而「敘事消費」指的是消費者對作品設定與世界觀這類「大敘事」的消費，乃是與「資料庫消費」相對的，存在於表面故事之下的深層結構。

紀在該書舉出「如觸角般的翹髮」的萌要素（同上引：70）。

《航海王》作為目前世界銷量最高的漫畫，按照東浩紀的定義應是屬於大敘事的類型，充滿完整的劇情架構與角色故事，多個支線與伏筆都是漫畫愛好者在 BBS 或網路論壇熱烈討論的主題。由此可見，漫畫的大敘事仍持續的吸引漫畫讀者，好的劇情架構與世界觀依舊發揮著作用。筆者認為，漫畫的大敘事之所以能發揮效果，在於它提供了一個基礎，讓讀者能夠援引故事的內容，挪用到日常生活經驗之中，產生共鳴、感動或反思。《航海王》雖然是一個架空的世界，許多層面都與讀者所處環境差異甚大，但故事中各種事件、價值觀的衝突，其實都奠基於創作者與讀者所在的現實生活，彼此分享了相近的經驗。

因此本文將著重於分析《航海王》中三個章節串連在一起的故事，〈惡龍樂園篇〉（《航海王》第 8 集，第 69 話 - 第 11 集，第 95 話）、〈夏波帝諸島篇〉（《航海王》第 50 集，第 490 話 - 第 53 卷，第 513 話）、〈魚人島篇〉（《航海王》第 61 集，第 589 話 - 第 66 集，第 653 話），梳理關於魚人族的故事，透過這三個章節，筆者將與現實中自 911 攻擊事件以來，所謂的「恐怖分子」與「西方國家」的衝突進行論述，指出漫畫文本很大程度上可以與之對照、呼應，並且透過漫畫的敘事，指出讀者在《航海王》的閱讀過程中，因為被敘事安排所影響，可能產生對魚人種族的負面印象，與通常被媒體貼上標籤的「穆斯林」的負面印象，兩者其實是雷同的。進一步也會談論在〈魚人島篇〉中，從未受過人類壓迫的新魚人海賊團，與近期歐洲及美國的穆斯林第二代是如何在排擠隔絕中成長，因而產生問題。

透過筆者個人的閱讀經驗，將漫畫故事與現實事件進行對照連結，進一步指出讀者對漫畫故事的詮釋，乃是奠基於漫畫敘事及讀者閱讀背後共有的社會文化脈絡。一方面，不同的讀者皆能夠援引

日常生活的經驗，對漫畫故事進行個人的詮釋，另一方面則是不同的讀者皆能以相同的漫畫文本進行意見交流，使得漫畫閱讀不再只是個人性的行為，而是溝通互動的場域。

二、漫畫的敘事：魚人恐怖分子的故事

（一）〈惡龍樂園篇〉：魚人恐怖分子現身

在《航海王》故事的開始，主角魯夫與小偷娜美相遇，暫時性的組成團體行動，但到〈海上餐廳篇〉時，娜美拋下草帽海賊團突然間消失，回到她生長居住的村莊——可可亞西村。

進入〈惡龍樂園篇〉，魯夫一行人踏上娜美的故鄉，卻發現她其實是惡龍海賊團的航海士，可可亞西村則被占領，受到各種壓迫。但惡龍海賊團並非一般的海賊團，其特別之處在於它是由一群魚人所組成。在當時的劇情設定上，魚人有著比人類更強的生理能力，除了憎惡人類外，更將人類視作低等的種族。而娜美從小展露出的航海天賦，使得她受到惡龍海賊團的脅迫，交換條件是只要收集到一億貝里，娜美便能買回自己的村莊，脫離惡龍海賊團的掌控。

但當娜美發現惡龍海賊團一直以來都在欺騙她的時候，她無力的請求魯夫的救助，這時魯夫將草帽託付給她，而已經加入草帽海賊團的索隆、騙人布及香吉士，也分別與惡龍海賊團的魚人幹部進行戰鬥，最終獲得勝利將惡龍擊敗。

按照漫畫敘事的設定，讀者在故事開始通常會預設魚人是殘暴的種族，憑藉其天生優越的身體能力為非作歹。但隨著劇情橫跨到中期，草帽海賊團進入到夏波帝諸島時，原本對魚人的印象或觀點被徹底的翻轉，才會意識到原本先入為主的錯誤想法，就是對於種族的偏見。

（二）〈夏波帝諸島篇〉：受迫害的魚人種族

　　草帽海賊團在進入夏波帝諸島前，再次遇見惡龍海賊團的幹部：小八。當時已經改邪歸正的小八經營一家章魚燒店，卻透過小八引出新的角色人魚海咪。因為對陸地的嚮往，海咪及小八隨著草帽一行人登上夏波帝諸島，他們卻對上島一事表現出擔憂，直到其魚人身分被島民發現時，伴隨著主角群的震驚錯愕，讀者也同樣驚覺到原來魚人這個種族，長久以來一直受到人類的歧視與迫害，甚至被視作可以買賣的奴隸與觀賞物。

　　在〈惡龍樂園篇〉迫害人類的種族魚人，到了〈夏波帝諸島篇〉翻轉成為被人類歧視迫害的對象。不管是被抓走作為觀賞物販賣的海咪，又或者是魚人身分被指認出來的小八，被人類視為噁心的外貌長相，甚至直接遭到天龍人的射擊，都反映出在漫畫世界觀的框架下，魚人相較於人類其實才是一直受到迫害的種族。

　　該篇章的結尾，草帽海賊團作為主要以人類組成的團隊，在救出海咪後隨即遭遇到團隊被迫分散的磨練，至於為什麼〈惡龍樂園篇〉的惡龍海賊團會有那些行徑，必須到兩年後草帽海賊團再次相聚，進入〈魚人島篇〉時才有完整清楚的說明。

（三）〈魚人島篇〉：魚人恐怖分子再現

　　劇情進入〈魚人島篇〉時，作者將橫跨三個章節的魚人故事進行了完整的描繪，把分散的劇情重新連結在一起。交代了最初〈惡龍樂園篇〉對可可亞西村進行占領及迫害的惡龍海賊團背景——這些魚人都曾遭遇人類的歧視與迫害，並且拉出新的兩條軸線，分別是面對人類採取和平主義的改革者：乙姬王妃及費雪泰格；以及面對人類採取歧視態度的恐怖分子：新魚人海賊團。

　　首先，在長時間受到人類壓迫的情況下，魚人長期居住在水中，無法自由的踏上陸地，以避免遭受到人類的歧視與迫害，甚至

漫活著
讀作品、性別與人文

被視為奴隸販賣。其中魚人冒險家費雪泰格，解放了被作為奴隸的魚人，使得魚人種族逃離了人類的奴役，並進一步組成了太陽海賊團，接納這些魚人並透過新的刺青遮蓋掉奴隸的烙印。但這些曾遭受到人類迫害的魚人中，部分對人類懷抱有強烈的恨意，在費雪泰格死後爆發出來。當時仍在太陽海賊團中的惡龍，便進一步組成了惡龍海賊團。在〈惡龍樂園篇〉可以看到惡龍海賊團據點的建築物惡龍樂園，與在〈夏波帝諸島篇〉的夏波帝諸島上夏波帝公園幾乎一模一樣（《航海王》第 63 卷，第 620 話）。反映著惡龍對於人類世界憧憬，卻也顯示了他複製相同的方式，採取人類迫害魚人以種族為中心的觀點，反過來對人類進行奴役與迫害。

再來，當時在魚人島上有兩種改革的立場，一種立場是與人類和平共處，代表人物是魚人島的乙姬王妃；另一種立場則是與人類決裂，採取不交流互動的方案，卻也非反過來進行迫害，對受歧視的歷史做出復仇，否則就與人類是同類，代表人物是費雪泰格（《航海王》第 63 卷，第 622 話）。兩位代表人物分別面臨不同的困境與死亡，乙姬王妃在倡導與人類共處的和平方案時遭到暗殺，一開始以為是人類所為，結果其實是魚人荷蒂瓊斯為了阻止乙姬王妃的和平連署，同時也為了煽動魚人對人類的憎恨所為（《航海王》第 64 卷，第 632 話）；而費雪泰格則是受到委託，在將被天龍人奴役的人類女童克爾拉帶回家鄉時，反遭到克爾拉家鄉居民的舉報，使得費雪泰格在與海軍的戰鬥中身負重傷，因為不願意接受人類血液的輸血而死。

最後，〈魚人島篇〉新魚人海賊團在魚人島發起內亂，他們宣稱延續了惡龍海賊團的信念，不滿魚人島皇室長期以來對人類採取的親近政策，認為魚人是更優秀的種族，必須對迫害魚人的全體人類進行報復。他們一方面脅迫奴役人類，另一方面則對立場不同的魚人加以迫害，可以發現種族只不過是用來凝聚和形塑他們意識型態的工具，不願接受的魚人也只能受到暴力的對待。雖然〈惡龍樂

園篇〉及〈魚人島篇〉都出現了反派魚人的角色，但模式卻有很大的差異，〈惡龍樂園篇〉的反派惡龍，其壓迫是針對自身種族與國家以外的人類，但〈魚人島篇〉的反派荷帝瓊斯則是在自己的國家內，不分種族對象進行各式迫害。

隨著故事發展，透過主角的視角可以發現，〈魚人島篇〉從事暴行的新魚人海賊團成員們的憤怒背後，其實並沒有實際遭受迫害的經驗，而是長時間以來受到環境的影響，逐漸產生對人類的憎恨。因為這些新魚人海賊團的成員，從小就生長在貧民窟，被排擠在魚人島的邊緣，作為這個島嶼的黑暗面，接受了各種對於人類的恐懼與憤怒。因此即便他們未曾實際經歷過人類的迫害，卻自認承襲了惡龍海賊團那一套因為迫害而產生的報復意識與種族主義的想法。因此他們是環境孕育出的怪物。

在此可以看到出現在劇情中不同類型的角色：迫害魚人的人類、被魚人迫害的人類、經歷過迫害的魚人及未經歷迫害的魚人，分別代表了夏波帝諸島上的人類、可可亞西村的村民、惡龍海賊團及新魚人海賊團。尾田榮一郎透過這四種不同類型的人類與魚人，描繪出一幅極具說服力的政治圖像，串起種族歧視，以及種族內部衝突的故事。只是在〈魚人島篇〉更能看見魚人種族內部的差異，一如人類中有迫害魚人的天龍人，但也有像草帽海賊團那樣接受魚人的人類。

三、國際恐怖主義（International Terrorism）及本土恐怖主義（Homegrown Terrorism）

在開始談論恐怖主義前，必須先做幾項澄清，本文並非是針對恐怖主義進行的研究，因此未採取既有學術研究的論述，就恐怖主義的發生及類型做出精細的區分與定義。筆者主要是從媒體報導所

漫活著
讀作品、性別與人文

呈現出的恐怖攻擊活動，幾乎都是著眼於穆斯林的這一現象，不管是個人報復性或者組織性的行為，一律視為所謂的恐怖主義談論，因此將針對恐怖分子的國籍，指出這些恐怖分子在媒體中較少被呈現出的一面，並在後續與漫畫文本進行對照。

國際恐怖主義（International Terrorism）最慘烈的攻擊就是2001年美國的911事件，乃是由基地組織發起的自殺行動，挾持客機襲擊紐約世貿中心，造成大規模的死傷。基地組織是伊斯蘭教激進組織，但其發展有其歷史脈絡，先不論政治經濟結構的問題，至少在冷戰時期以及波灣戰爭的時候，中東一直受到美國的迫害。這類恐怖攻擊的特點，在於有組織、有計畫，而且多是由境外人士所發起，也就是恐怖行動的攻擊者皆是外國人，成長於其所攻擊的國家之外，因此稱之為「國際恐怖主義」。

然而近年發生的許多恐怖攻擊，許多行動不再是透過境外的人士執行，而是透過本國的穆斯林發動攻擊。例如2013年4月15日發生的「波士頓爆炸案」以及2015年1月7日發生的「《查理周刊》槍擊案」。這兩起不同的恐怖攻擊事件，其參與者多是擁有該國國籍的居民。波士頓爆炸案的兩兄弟是吉爾吉斯的移民，移民至美國時分別是16歲及9歲，哥哥擁有美國永久居留權，弟弟則已取得美國的公民權；《查理周刊》槍擊事件的兩位兇手是在法國出生長大的阿爾及利亞裔的兄弟。兩起案件都一反預期中所謂的恐怖分子是境外人士的想像。

上述兩個恐怖攻擊行動相較於911事件，必須注意的並非是這些恐怖分子的穆斯林身分，而是這些人其實都具有該國的公民身分，卻在自己的國家從事恐怖攻擊活動。像這樣由該國公民所從事的恐怖攻擊，被稱之為「本土恐怖主義」（Homegrown Terrorism），簡單說就是本國人從事的恐怖攻擊行動。

911恐怖攻擊的發生，其目的主要是針對美國在中東的軍事干預，其中一部分也是對於西方文化入侵的焦慮，使得基本教義派的

穆斯林無法接受，在長時間醞釀下導致了 911 的發生。不管是阿富汗的塔利班或蓋達組織，均是在中東動盪的政治環境下產生，例如蓋達組織便是在蘇聯入侵阿富汗後創立，即是針對入侵伊斯蘭世界西方勢力的反動。因此在思考這些恐怖行動為何會發生時，除了宗教信仰的因素外，似乎更能夠理解在動盪政治環境下，如何滋養恐怖行動的發生。

然而面對本土恐怖主義時，則較難以理解為什麼這些國家的公民，會在自己的國家從事恐怖攻擊活動。而這些行動者的穆斯林身分，往往在恐怖攻擊發生後，隨即因群眾恐慌而被貼上標籤，忽略這些行為背後可能有的成因，進而單純歸咎於宗教信仰的問題。

首先，對波士頓爆炸案來說，幼年移民到美國的查納耶夫兄弟（Tamerlan & Dzhokhar Tsarnaev）已分別取得了永久居留權及美國公民的身分。但弟弟佐哈在應訊時表示，他們受到了極端伊斯蘭教義的驅使，目的報復美國在中東的戰爭干預。從此推論，即便他們移民到美國居住後未曾經歷過戰爭，但或許幼年的經驗，使他們對於其宗教有強烈的認同，才導致了該次恐怖攻擊的發生。

然而若將焦點移向發生在法國的《查理周刊》事件，則會發現成長的環境與背景可能才是促使事件發生的主因，而宗教與《查理周刊》的諷刺漫畫，不過是事件發生的導火線。《查理周刊》事件的兇手是寇瓦奇兄弟（Saïd & Chérif Kouachi），兩人皆是在法國出生的阿爾及利亞裔穆斯林，在幼年時期便成為孤兒。他們成長經驗所見西方勢力對於伊斯蘭世界的入侵與干預，成年後與蓋達組織接觸，接受訓練並且策劃恐怖攻擊行動。對他們來說，他們的敵人是詆毀穆罕默德的《查理周刊》，甚至是所謂的西方世界對於伊斯蘭的敵視。他們成長於貧民窟，即便作為法國的公民，始終沒有融入到法國的社會中，反而是被排擠在法國的邊緣角落，這時宗教成為他們最主要的認同。而《查理周刊》的諷刺畫作除了針對宗教，亦對處於邊緣的穆斯林社群進行了攻擊。

實際上，法國的穆斯林人口比例並不低，伊斯蘭教已經是法國第二大宗教。但由於法國並沒有直接對民眾進行調查的官方數據，僅能透過不同的方式估算出大略的比例。根據 Euro-Islam.info 組織的調查，法國大約有 350 萬至 500 萬的穆斯林人口，而根據美國國務院（United States Department of State）在 2008 年的調查，則是估計約有 5 百萬至 6 百萬的穆斯林人口，最多約占法國人口比例的一成。根據 2016 年六月調查，法國青年的失業率約為 23.30%，自 1983 年到 2016 年法國青年的平均失業率約為 20.04%。[2] 但有報導指出（Muhammad, H. , 2015)，第一代或第二代從舊殖民地移民至法國的青年穆斯林，居住在巴黎郊區的失業率高達 50%，且面臨經常性的就業歧視。法國穆斯林青年的問題更反應在監獄中，有高達 60% 的法國穆斯林，使得監獄成為了恐怖組織尋找新成員的場所，成為滋養恐怖分子誕生的溫床。

四、漫畫敘事與現實的連結

筆者閱讀《航海王》的過程中，一開始以種族的視角理解魚人與人類的關係，魚人作為強勢的種族利用自身的優勢對人類進行迫害，連結到社會環境的狀態，基本上就是既得利益者對於弱勢群體的歧視與壓迫。但當章節進入〈夏波帝諸島篇〉時，這樣的理解被徹底打亂，即便在漫畫的敘事中以種族作為壓迫的情形仍在，但人類與魚人的關係卻徹底翻轉過來。原本壓迫人類的強勢種族魚人，變成在更長時間受到歧視與迫害的對象，而人類則是其加害者。

---

2 France Youth Unemployment Rate 1983-2016. (2016). Retrieved September 12, 2016, from TRADING ECONOMICS: http://www.tradingeconomics.com/france/youth-unemployment-rate

而〈魚人島篇〉，除了知曉魚人種族過往的歷史外，也了解到原來惡龍海賊團是一群曾經受到迫害的魚人，在被費雪泰格拯救後成為太陽海賊團的海賊，並且在費雪泰格死後，進一步組織成惡龍海賊團，向東海移動占領了娜美的村莊，導致悲劇的發生。但真正讓筆者感到震驚之處，是在漫畫第 643 話所揭露的，新魚人海賊團的成員是環境孕育出的怪物，人類從未對他們做過任何事情，但他們把自己與過往受到迫害的魚人種族連結在一起，進而發動所謂的「聖戰」，其行為背後的原因並非實際的受迫害經驗，而是在於他們自生長環境所接收到的一切。第 644 話更進一步描繪了荷帝瓊斯他們在貧民窟的成長過程，如何耳濡目染在對於人類的仇恨中，即便未曾有過任何直接受到迫害的經歷，也因為環境的關係強化了他們對於人類種族的憎恨，甚至成為他們自身種族認同的一部分。

此時，筆者拋棄了原有的理解，重新思考作者在漫畫中的安排，再次將這個章節的敘事與現實世界連結在一起，作者講述了一個關於仇恨如何延續到下一代的故事，也提供了一個途徑讓讀者去理解當代社會恐怖主義的誕生。

就筆者的閱讀理解來說，惡龍海賊團的行為較接近於國際恐怖主義的行為，因為遭遇到人類種族的迫害，所以反過來對人類進行報復。如 911 事件等恐怖攻擊的發生，多是由中東的穆斯林組織所發起，是對美國干預中東的一種報復行為。相對的，新魚人海賊團則更接近本土恐怖主義，雖然在漫畫的設定中，這些魚人不是住在地面上的人類住民，然而透過漫畫敘事的安排，卻讓筆者將兩者連結，進而理解所謂的本土恐怖主義為何發生。

在漫畫的敘事中，新魚人海賊團居住在島嶼的黑暗面，被社會排擠，處在非常邊緣的位置，他們耳濡目染受到了仇恨的影響，認為人類長時間迫害魚人，必須要進行染血的報復。連結到現實中的恐怖攻擊活動，這些在美國或法國成長的穆斯林，其生長經驗實際上並未受到美國或法國的迫害，不同於阿拉伯半島上的民眾在戰亂

中成長，體驗過直接被壓迫的經歷，進而加入蓋達組織。因此本土恐怖主義的發生，以及從事這種類型恐怖攻擊的公民，他們日常生活環境所接觸到的、經驗的，完全與國際恐怖主義不同。

2013 年的「波士頓馬拉松爆炸案」，經查與任何恐怖組織都無關連，是兩兄弟自行籌劃進行的恐怖攻擊行動。弟弟佐哈在偵訊時表示，其行為是受到激進伊斯蘭教義的驅使，為了報復美國在伊拉克及阿富汗的戰爭干預。其穆斯林身分無法構成他行為的動機，而是因為不滿美國主導伊拉克與阿富汗戰爭，促使他自發地極端化（self-radicalized），在與極端的伊斯蘭信仰結合後成為了恐佈分子。就如同新魚人海賊團的成員們，其魚人的身分並不構成任何恐怖行為的動機，但當種族意識被高舉並且與特定立場結合後，便成為具有種族主義意識形態的恐怖分子。在此，佐哈與魚人島的新魚人海賊團一樣，前者作為美國成長的公民，在戰亂經驗上的空缺，透過宗教填補並支持其行為；後者作為魚人島的居民，也未曾經歷過實際的迫害，透過種族主義來合理化其攻擊的行為。兩者有著高度的相似性。

而 2015 年發生的《查理周刊》事件，這些犯案的兇嫌也是法國土生土長的公民，其出生背景與新魚人海賊團在魚人街成長的不良分子相同，都是生長在國家及城市的邊緣，受到排擠的陰暗面。這些兇嫌針對《查理周刊》的攻擊，很明顯是為了報復《查理周刊》嘲諷、褻瀆伊斯蘭教的諷刺漫畫，但這樣行為發生背後的原因，卻又難以與西方對中東的干預切割，其中 Chérif Kouachi 便企圖在 2005 年前往敘利亞，參與抵抗美國在伊拉克進行的戰爭。然而他們所從事的行為，並不是他們實際遭遇的事件，而是與宗教信仰連結後選取特定解讀的想法，認為有義務進行類似於「聖戰」的工作。然而這樣對號入座的行為，進而實踐了偏見中激進穆斯林的形象，使得社會陷入虛假的對立。後續造成的影響則是，法國國內對於穆斯林群體的不信任感驟升，甚至出現騷擾與攻擊行為。

然而，在漫畫中並非所有的魚人種族都是恐怖分子，一如並非所有的穆斯林皆是恐怖分子，像〈魚人島篇〉中特別出現兩個與新魚人海賊團對照的角色。乙姬王妃是和平主義者，認為人類與魚人必須要互相理解包容、放下敵視與仇恨，即便面對的是迫害魚人最深的天龍人，她仍抱持著寬容的心，甚至為闖入魚人島受到攻擊的天龍人擋下子彈（《航海王》第 63 卷，第 625 話）；費雪泰格則因為曾經作為人類的奴隸，受到迫害、理解人性背後的瘋狂，即便知道世界上存在著善良的人類，在他的心中卻一直存在著矛盾，仍舊無法放開心胸接納人類（《航海王》第 63 卷，第 623 話）。而在他身受重傷時，雖然理性上知道接受人類血液輸血才能存活，在情感上卻完全無法接受人類血液進入到自己的身體，最終選擇了死亡。但他在死前指出，他認為乙姬王妃的理想是正確的，不過能產生改變的並非這個世代的人類與魚人，而是像他所救助的人類女孩克爾拉，還有乙姬王妃在魚人島捍衛的小孩，那些還未受到汙染的下個世代。因此費雪泰格死前便要求他的手下，回到魚人島後不要透露他的死因，避免造成魚人島下個世代對於人類的憎恨。在此，尾田榮一郎透過倒敘的方式揭露事實的真相，讓讀者了解到憎恨才是罪魁禍首，而克爾拉這個角色更在〈德蕾斯羅薩篇〉第 731 話再次出現，加入了革命軍組織，作為人類卻習得了魚人空手道，是人類與魚人友好的象徵之一。

五、漫畫敘事與讀者消費─從文化消費的觀點理解

　　本節，筆者將使用 John Storey 談葛蘭西學派的文化消費觀點（John Storey, n.d. ／張君玫譯，2001：頁 203- 頁 234），指出漫畫作為大眾文化或流行文化（Popular Culture），如何在讀者消費的過程中生產出多種不同的意義。

John Storey 指出文化消費可以分為三個面向，分別是生產、文本分析及消費（Storey, 2001）。生產面向指的是如何在既有的結構下生產出各種大眾文化的產物，例如《航海王》的生產方式，除了作者的想法與創作外，出版社的編輯也發揮了影響力，在更大的框架下漫畫作為商品販售的經濟架構，也影響了漫畫的生產，作為一部「少年漫畫」類型的作品，被預期迎合男性讀者的偏好，以達到好的銷售成績。甚至在讀者看到漫畫之前，出版社就已對各種不同的作家與作品進行篩選，再將商品呈現到讀者的面前。

　　然而商品的生產即便能預期消費者的喜好，但很顯然的並非所有商品都一定會受到消費者的愛戴。如同漫畫，有的連載作品雖然經過出版社的篩選進入到市場中，卻不受讀者歡迎，被迫腰斬必須在短時間內結束連載。因此漫畫作為商品在資本主義社會的結構下，讀者身為消費者仍具有一定程度的能動性，選擇自身喜愛的作品閱讀。當讀者購買的時候，並不是為了漫畫週刊或單行本的實體，而是在於頁面上繪製而成的故事。這便使得漫畫讀者的消費，乃是針對漫畫的內容，一個透過墨水在紙張平面上建構出的立體世界，有不同的角色、圖像、世界觀設定，而讀者對於漫畫進行文化消費的經驗，則是非常重要的。

　　東浩紀指稱的第三代御宅族 [3] 的消費，是一種動物化的消費，追求的幾乎是專屬於個人的感動。漫畫閱讀的過程，大多時候都是一個人進行，往往會在特定的章節段落獲得感動或刺激感受。然而，筆者自身作為漫畫讀者，以及對於身邊漫畫讀者的了解，認為讀者對漫畫的消費並不僅止於此。就如本文第二節所指出的個人閱讀經驗，漫畫內容即便虛構、架空，但作者的想法與意識型態，透

3　按照東浩紀的論述，「第三代御宅族」指涉的是 1980 年代前後出生者，當《新世紀福音戰士》出現時正好是高中生的年紀。關注推理與電腦遊戲，迎接了網路普及的社會情境的轉變，使得同人活動重心轉向網路，也是東浩紀在《動物化後現代》一書中關注的焦點。

過漫畫世界觀的架構及劇情的鋪陳，建構了一個能夠與現實呼應的世界，除了感動外也能給予人啟發，兩者甚至可能是相互伴隨的關係。〈魚人島篇〉乙姬王妃與費雪泰格的死亡之所以令人動容，就必須放置在整個敘事鋪陳的脈絡上閱讀，才能感受到他們的嚮往與面對到的挫折阻礙，若抽離了漫畫的敘事則會變得空洞。

John Storey 指出文本分析的問題，在於預設了特定的意義潛藏在文本之中，而且文本分析者所分析出來的意義，相較於其他讀者的解讀來得更具有優位性（Storey, 2001）。但文化研究所關注的，並非是特定文本分析下的文本意義，而是關注在日常生活中消費者在消費活動中所生產出來的意義。不同的消費者，根據不同的生活環境與社會背景，都會把自身的經驗帶入到漫畫閱讀裡，甚至是更具主動性的參與商品意義的建構。例如筆者在前述對《航海王》中魚人故事進行跨篇章的統整，便是主動參與漫畫閱讀經驗的意義建構，將漫畫敘事中魚人與現實中的恐怖分子連結在一起。但這絕非是〈魚人島〉篇，或者《航海王》中魚人相關故事的唯一讀法，而是眾多讀者可能有的眾多解讀中的一種。

John Storey 進一步援引了 Daniel Miller 文化消費的理論，指出被消費文化商品與消費者的關係，是一種先「外化」（externalization）再「內化」（internalization）的過程（Storey, 2001）。意即，這些文化商品是創作者外化出一個外在於自身（或所處的社會文化）的對象，然後在消費的過程中，消費者認知到這些被消費的對象其實是自身（或所處的社會文化）的一部分，進而內化它們。這些被生產出來的文化商品，透過個人的文化消費，進一步回歸到社會文化中，作為消費者所處的社會文化的一部分，經由這樣的過程，文化成為一種人類的實踐活動。總而言之，漫畫作為文化商品，是創作者在既有的社會文化中所生產（外化）出來，但在讀者的消費過程中產生出不同的意義，成為形塑個人或文化認同的一部分（內化）。

藉由對生產、文本分析、消費的理解，John Storey 開展出對葛蘭西學派文化研究的討論，探究文化商品可能具有各種不同的意義，也就是文化商品作為文本的「社會意義」，在消費者的實踐中如何被使用。他進一步說明並使用「闡連」（articulation）這個概念所具有的雙重意義，除了說出來、講清楚外，還有連結的意思（Storey, 2001）。當這個詞使用在文化研究時，一方面文本的意義必須被表達出來，另一方面更重要的是與消費者的經驗連結在一起。這些文本在被消費前是不具有意義的，即便文本的生產有其脈絡，不管是作者的想法，又或者是生產模式的影響，都無法決定最後消費者在消費文本時會產生出怎樣的意義。因此文本的意義是必須經過「闡連」，也就是在文化消費的過程中，透過與個別消費者的連結生產出來。在這樣的觀點下，文本根據不同個別的消費者生產出不同解讀，因此成為了意義鬥爭跟協商的場域。不同的群體，可能是階級、性別、種族或者是更複雜的組成，文化商品的消費是在既有的結構中，透過消費者創造出不同的文化。

　　回歸到漫畫的消費上，作者及出版社影響了漫畫的生產，而不同讀者的閱讀也會生產出不同的意義，使得漫畫成為一個意義鬥爭與協商的場域，而這個意義往往是針對漫畫的敘事進行，不管是就其世界觀設定、角色設定，又或者是當中性別刻板問題的討論，都涉及到讀者不同的解讀。但在文化消費的觀點下，討論著重在不同群體因為不同的背景而在消費過程中生產出不同的意義，忽略了文化商品或許可能作為一個溝通的場域，例如漫畫讀者除了在閱讀的過程中生產出不同的意義外，更能夠因為透過與其他讀者的討論，而使得原有意義產生改變，甚至取得共識。

　　因此在下一節，筆者將援引高達美詮釋學的理論概念，指出漫畫更豐富的可能性，在於漫畫敘事提供了一個基礎，使得不同的讀者詮釋都奠基在已被寫定的結構，在相同的世界中讓不同的想法交流得以發生，進而使得漫畫文本作為溝通互動發生的場域。

六、漫畫作為溝通互動的場域

在此節筆者想指出漫畫的敘事尚未死亡，而是持續地發揮作用作為讀者詮釋的基礎，使其除了娛樂的效果、傳遞訊息意義外，甚至能作為溝通互動發生的場域。即便不同的讀者可能產生差異極大的詮釋，但漫畫敘事提供了穩定的結構基礎，使得讀者的想法意見有互動交融、取得共識的可能，進而能持續創造出新的意義，並且回歸到漫畫之中。在此論述的概念，受到高達美詮釋學的啟發，因此有必要對其詮釋學中的基本概念進行說明。

首先，高達美詮釋學認為藝術品具有知識性的功能，並非單純給予讀者美感體驗而已。就漫畫來說，便不全然只是給予讀者視覺上或精神上的娛樂刺激，同樣也能透過劇情敘事帶給讀者啟發，在讀者的詮釋下產生各種豐富的意義。這與上一節談到文化研究的觀點類似，文本被閱讀後產生意義，是讀者參與到漫畫閱讀之中產生個人理解與詮釋，而非獨立在閱讀之外冰冷的分析漫畫內容。這是讀者詮釋非常重要的部分，在於讀者與漫畫的關係，按照詮釋學的用詞來說就是「共在」（Dabeisein），是讀者投入其中與作品交融後，進而產生個人的理解。

其次，藝術品具有結構的限制，一方面讓藝術品有個穩定的基礎，不會讓詮釋者每次看到的東西都是完全不同的樣貌；另一方面則是限制了讀者的詮釋，不能提出與結構衝突或矛盾的解讀。[4]《航海王》作為一部漫畫作品，有著固定的圖像畫面，包含分鏡、狀聲詞及人物等圖像要素，在閱讀的過程中，除非是破損、缺頁或印刷

4　高達美所指的藝術品，並沒有包含到漫畫的類別，多是以戲劇作為主要的例子。一齣劇會因為每一次的搬演而不斷的產生各種細微的變化，但它作為同一齣劇，即表示它仍是在既有的結構限制下演出，例如劇本的設定（陳榮華，2011）。但就漫畫來說，在印刷的情況下並不涉及到反覆搬演會產生變化的狀態。

不清楚，否則這些圖像作為穩定的結構皆不會改變。但個別讀者反覆的閱讀時，可能因為發現未曾留意到的細節，又或者經過一段時間後再次閱讀，進而產生新的理解與詮釋，使得漫畫作品的意義逐漸變得豐富而完整。雖然每次閱讀的過程是分散且有先後次序，每次閱讀時都有屬於當下的閱讀經驗，但這些不同閱讀經驗最後都被讀者統合在一起，將其整合為《航海王》的意義。

在此，並非是要硬性的套用高達美詮釋學在漫畫閱讀上，而是借用其理論的觀點啟發。筆者認為，詮釋學的觀點與文化消費的理論，至少在兩個面向上有著類似的特性。第一，詮釋學重視讀者的閱讀經驗，一如前述文化研究中對於讀者經驗的重視，認為詮釋者會受到過往經驗的影響，在認識事物時總是帶著既有成見進行認識活動，作為讀者的「視域」，構成詮釋者理解活動的基礎；第二，詮釋學也重視詮釋與文本的關係。文本作為意義的整體也有著自己的視域，讀者帶著自己的視域與文本進行互動時，兩種視域便產生了碰撞，詮釋者是透過自身的經驗進行理解，對於無法接受的內容可能會嘗試理解，也可能視為狗屁不通而將之排除，但在進行詮釋活動的過程中，詮釋者與文本都在不斷的排除彼此的差異，進而讓彼此的視域取得共識，當新的詮釋出現後融入了詮釋者的觀點，化解了既有的矛盾與衝突，成為更深入、普遍的視域，而這也就是高達美所謂的「視域融合」（Fusion of Horizons）。

詮釋學與文化研究最大的差別，在於前者處理的對象主要是藝術作品，而後者處理的對象主要是大眾文化的商品，當兩個理論套用在漫畫文本的時候，可以發現文化研究較關注讀者的面向，探究不同背景的讀者如何使用漫畫文本進而形塑出個別的文化，而作為文化商品的文本在研究中則退居於次要的位置。但詮釋學則指出了另一個可能性，漫畫可以是具有知識性的存在，除了閱讀時的感官刺激外，也對讀者有所啟發，但這啟發必須透過讀者主動的詮釋才能達成。更進一步，在不同詮釋者的接觸下，漫畫能讓不同的詮釋

產生交流，而好的作品就是能在各種詮釋中歷久彌新，不斷生產出新的意義。

因此筆者透過詮釋學理論，企圖指出的是漫畫作品除了娛樂的面向，還有知識性的面向。讀者閱讀《航海王》時，除了戰鬥畫面所提供的感官娛樂刺激外，也可透過漫畫敘事的安排獲得啟發。例如筆者整理《航海王》關於魚人故事安排的敘事，指出漫畫敘事與現實世界可以相互對照的關係，在閱讀的過程中，漫畫作品除了搞笑、熱血戰鬥、感人情節的安排，也具有能夠改變讀者觀點、視角的能力。筆者的詮釋當然受到日常生活關注議題的影響，進而將魚人的故事與現實中的恐怖分子連結，這樣的閱讀方式在文化消費的研究中已經指出。但重點在於，筆者因為受到閱讀刺激後產生的想法，從既有的視域出發的閱讀，在閱讀的過程中並非一成不變的，僅僅只是解讀漫畫文本的內容，閱讀出屬於個人的意義，同樣也受到了其文本視域的影響，正是因為受到〈魚人島篇〉的啟發，才會讓筆者想要將魚人的故事與現實世界相連結，而在經歷了一系列的理解活動後，針對自身的詮釋進行反省與修正，才能夠與漫畫文本視域融合在一起，也進一步豐富了《航海王》這部作品的意義。

在《航海王》中，可以發現不管是迫害魚人的人類，或者迫害人類的魚人，其實都在進行同樣的行為，將人類與魚人的異質性完全抹滅，而僅貼上各種生理上的特徵進行評價，粗俗的、噁心的、低等的，並與自身相對產生優越的感受。而面對現在世界各地不斷出現的恐怖攻擊，筆者認為對照漫畫當中的劇情，惡龍海賊團對可可亞西村的暴行，原本應是純粹的惡，然而到了〈夏波帝諸島篇〉拉出了另一條軸線，讓讀者意識到原來魚人族在作者安排長期不被讀者所見的脈絡下，其實是被人類迫害的種族。

讀者所處世界面對的問題，不僅僅只是種族或者宗教，而涉及國家在世界下的權力關係，中東的問題即是冷戰時期美蘇惡鬥所留下的後果。那些參與恐怖攻擊活動的穆斯林之所以投入其中，很大

程度是起因於他們過往生長環境的經驗，而穆斯林身分及伊斯蘭教只是被用來號召的工具，如同漫畫中魚人的種族被高舉用來對抗人類這樣的種族。可是在〈魚人島篇〉卻發現，新魚人海賊團對待不符合他們看法的魚人，其實也採取對待人類的方式剷除異己，一如現實中的恐怖分子所針對的群體，並不只是在媒體上經常看見的西方國家，中東其實也處於戰亂的狀態，而在西方國家內部的穆斯林同樣害怕成為受迫害的對象，因為他們處於雙重壓迫的處境下，夾在西方白人社群與激進伊斯蘭分子之間。

　　不管是西方或者從事恐怖行動的人或組織，都是在尋找代罪羔羊的情結中，讓對方背負自己所有責任，把一切良善的理由留給自己，將一切負面的都投射給對方。回過頭看《航海王》，人類與魚人的對立因為漫畫敘事的安排而被消解，讀者代入並認同主角們的冒險時，便能夠透過以主角群視角出發的安排，了解到魚人種族除了共同遭遇人類的歧視迫害外，當魚人開始以種族之名反過來傷害人類種族的時候，尚有許多面臨雙重壓迫處境的魚人，夾在可能歧視他們的人類以及因為意見不合反過來迫害的魚人同胞之間。因此讀者能夠透過漫畫了解魚人處境，進而同理現實世界中大多數穆斯林的生活處境，尤其是在西方社群的穆斯林，便是處於這種雙重壓迫的狀態中（楊靜，2016.08.16）。

　　最終魯夫擊敗新魚人海賊團的首領，卻也身負重傷必須接受輸血，因此魚人島過去因費雪泰格的遭遇，而禁止魚人輸血給人類的法律，也在此時被打破。魚人甚平輸血給人類魯夫，將原有的芥蒂與隔閡一併打破。漫畫架空世界的特性提供了一個基礎，讓讀者閱讀的經驗能夠更自由的連結，如果是一部寫實的作品，描述特定時代背景的故事，則可能將讀者的詮釋限縮在特定的範圍內。〈魚人島篇〉完整的交代故事後，收尾在人類（魯夫）與魚人（吉貝爾）因輸血重新建立的友好關係，給了讀者一個對於未來還是美好的想像，人類與魚人的關係對應到現實，如種族或宗教之間的分界，都

是可以因為連繫而被打破。

透過《航海王》漫畫的敘事與現實生活連結，筆者試圖指出敘事消費尚未消亡外，亦指出敘事的價值與效用。漫畫作為藝術創作的文類，作者同時具備高度的自主及能動性，在作品中提出對於世界的想法與批判，讀者亦有能力去進行解讀並在詮釋後獲得啟發，使得漫畫作為溝通互動發生的場域。漫畫並不完全是虛構或單純反應現實，而是在現實生活的脈絡下所生產出來的，因為讀者的閱讀與日常生活連結，才充滿意義。漫畫作品的意義並非單一，敘事的各種可能性是讀者在閱讀後，與自己所處的日常生活連結，經由主動詮釋而產生，更甚者在高達美的理論下，讓不同讀者個別的詮釋才有交流的空間，使得《航海王》這部作品的意義越來越豐富完整，對讀者產生啟發與影響。

七、御宅族作為群居動物的可能性

東浩紀所描述的敘事，主要是指所謂的世界觀、劇情架構，有著完整脈絡跟系統，能夠讓讀者進行統整分析與比較。而漫畫所謂的敘事主要是指，這部作品講述了一個怎樣的故事，包含世界觀的架構、角色設定及劇情的鋪陳。東浩紀在《動物化的後現代》中宣稱大敘事已經過去了，並舉出電子小說遊戲的例子，其遊戲畫面是由複數的資料組合而成，有著固定數量的背景、角色與文字，經過排列組合而產生多樣的可能。正因為電子小說遊戲這樣的特性，使得玩家們可以透過解析該遊戲，取得軟體背後的影像、聲音等資料，能夠操作資料庫的元素，改變資料排列組合的方式進行二次創作，以獲得他們所渴求感動的需求，他表示：

> 九〇年代對於故事性的關心轉強，這一點和他們對貓耳和水手服的關心轉強，本質是一樣的。他們對於遊戲所要求的不是以

往所重視的故事張力，也不是世界觀或寓意，而是能快速令他們感動的方程式（東浩紀，2001／褚炫初譯，2012：122）。

在此筆者不否認東浩紀所指出的後現代現象，但其論述多次提到的故事消費，基本上並沒有意識到漫畫故事的效果，而只是將之與大敘事連結在一起，認為就是在消費漫畫的設定與世界觀，忽略了透過故事拼湊而成敘事，具有指涉到外部現實的能力，連結到讀者所處的社會現實及生命經驗。筆者認為只有世界觀的設定並不足以讓讀者愛上一部作品，尤其是像《航海王》這樣架構龐大的作品，許多讀者喜愛的除了世界觀的設定外，故事所給予的感動及啟發更是重要。以《航海王》為例，人們津津樂道特定的章節段落，就是梅莉號的燒毀、艾斯的死亡、羅賓的拯救，這些特定段落都感動了讀者。然而這樣的事實並無法透過資料庫消費解釋，原因在於對於特定角色或事物的感動，必須奠基在敘事的安排上。

以筆者所討論的〈惡龍樂園篇〉、〈夏波帝諸島篇〉及〈魚人島篇〉，對讀者來說可能有許多令人感動的要素，這與資料庫消費的概念有點類似，這些感動都是非常個人的，而非群體性的感動。在東浩紀的論述中，這些從事資料庫消費、動物化的第三代御宅族，表面上維持一定程度的社交性，主要目的是在交換必要的資訊，在人際互動上保持隨時都可以離開的自由。他提到「他們對故事的渴望是極其個人的，不需要他人且滿懷孤獨」（東浩紀，2001／褚炫初譯，2012：145），如此看來，第三代御宅族這群具有相似消費特性的人們，似乎是獨居的動物，在各自的體驗中獲得感動。

就文化消費的觀點來看，個別讀者的漫畫閱讀或許是非常個人的行為，但可以發現的是不同的階級、文化與性別等背景，都影響了讀者的閱讀，因此讀者對於文化商品的消費，具有一定程度社會性的影響。但漫畫不只是被消費的商品，它還具有知識性的內容，尤其當讀者關注漫畫敘事安排，便脫離了如動物一般對個別章節段

落感性的「刺激」，例如當讀者討論劇情的安排設定時，都是以漫畫作為基礎，形塑一個共通的語言，將漫畫作為意見交流的場域。

這是從東浩紀描述的第三代御宅族身上所看不出的「社群」特性，人類是互動的生物，不單只是對喜愛作品的彼此交流，對於特定要素有類似的感覺反應，更多時候也是好於爭辯、討論的生物。漫畫讀者作為人類應該是群居的動物，必須聚集在一起，不管是天性或者是為了存活的目的，會彼此靠攏、溝通與交流，而這就是這場御宅文化研討會正在發生的事情。筆者並不熟悉漫畫外的動畫或遊戲文化，但就漫畫來說，透過前文的論述理解，大多時候的個人閱讀經驗絕非資料庫消費，只是換取感動的作品，一部好的漫畫除了感動也有啟發，漫畫的世界觀除了角色超能力的設定外，為什麼主角群會遭遇不同的冒險，以及當中所遭遇到的各種磨練與壓迫，甚至是與現實世界之間能夠交互指涉的關係。漫畫的敘事在建構一套真實，而讀者的詮釋則能夠使得漫畫的敘事充滿更豐富的意義。

漫活著
讀作品、性別與人文

參考書目

一、中文書目

方郁仁譯（2013）。《ONE PIECE 航海王》（單行本漫畫第 28-70 集）。臺
　　北：東立。（原書尾田榮一郎著）

李衣雲（2012）。《變形、象徵與符號化的系譜─漫畫的文化研究》。臺北：
　　稻鄉。

洪嘉慧（2009）。《漫畫《航海王》之互文性研究》。臺東大學兒童文學研
　　究所碩士論文。

張君玫譯（2001）。《文化消費與日常生活》。臺北：巨流。（原書 John
　　Storey 著）

張家銘譯（1998）。《ONE PIECE 航海王》（單行本漫畫第 01-27 集）。臺
　　北：大然。（原書尾田榮一郎著）

陳仲偉（2004）。《日本動漫畫的全球化與迷的文化》。臺北：唐山。

陳仲偉（2009）。《日本漫畫 400 年：大眾文化的興起與轉變》。東海大學
　　社會學系博士論文。

陳榮華（2011）。《高達美詮釋學：《真理與方法》導讀》。臺北：三民。

傻呼嚕同盟（2003）。《因動漫畫而偉大》。臺北：大塊。

葉怡君（2003）。《法蘭克福學派對大眾文化的批判及其文化精英的觀點》。
　　淡江大學歐洲研究所碩士論文。

褚炫初譯（2012）。《動物化的後現代：御宅族如何影響日本社會》。臺北：
　　大鴻藝術。（東浩紀 [2001]。《動物化するポストモダン：オタクから
　　見た日本社会》。東京：講談社。）

談璞譯（2009）。《阿宅，你已經死了！》。臺北：時報文化。（原書為岡
　　田斗司夫著）

蕭湘文（2002）。《漫畫研究：傳播觀點的檢視》。臺北：五南。

二、網路資料

France Youth Unemployment Rate 1983-2016. (2016). Retrieved September
　　12, 2016, from TRADING ECONOMICS: http://www.tradingeconomics.
　　com/france/youth-unemployment-rate

Euro-Islam.info. (n.d.). Islam in France. Retrieved September 12, 2016, from
　　http://www.euro-islam.info/country-profiles/france/

Muhammad, H. (2015.01.14). Is France failing its Muslim youths? Retrieved

September 12, 2016, from ALJAZEERA AMERICA: http://america.
aljazeera.com/articles/2015/1/14/france-islamophobiaimmigration.html

Paris attacks: Suspects' profiles. (2015.01.12). Retrieved September, 12,
2016, from BBC NEWS: http://www.bbc.com/news/world-
europe-30722038

Pearson, M. (2013.04.24). Official: Suspect says Iraq, Afghanistan drove
Boston bombings. Retrieved September 12, 2016, from CNN: http://
edition.cnn.com/2013/04/23/us/boston-attack

Street, C. W. (2016.07. 16). French Prisons are 'Radical Islam' Terrorist
Universities. Retrieved September 12, 2016, from Breitbart News: http://
www.breitbart.com/california/2016/07/16/french-prisons-radical-islam-
terrorist-universities/

U. S. Department of State. (2008). France - International Religious Freedom
Report 2008. Retrieved September 12, 2016, from http://www.state.
gov/j/drl/rls/irf/2008/108446.htm

黃珮蓁譯（2015.02.12）。〈恐怖分子大部分是穆斯林？事實跟你以為的完
全不一樣〉。上網日期：2016 年 9 月 12 日，取自「苦勞網」http://
www.coolloud.org.tw/node/81658 （原作者 Obeidallah, D.）

楊靜（2016.08.16）。〈「穆斯林」標籤之外，你還能看到我是一個人嗎？〉。
上網日期：2016 年 9 月 12 日，取自「端傳媒」https://theinitium.com/
article/20160816-international-german-muslim/

漫活著
讀作品、性別與人文

《FINAL FANTASY》的真實幻想論

梁世佑

一、序言：最終作為一個概念形容詞

　　眾所皆知，這款遊戲之所以被稱之《FINAL FANTASY》，[1]
是因為「FF 之父」坂口博信把這款作品當作自己最後一次的嘗試，
抱持著破釜沈舟——如果失敗的話，就要放棄遊戲開發者一職——
的心態來製作，所以掛上了「最終」一詞，賭上一切之意來作為遊
戲標題。1987 年 12 月 18 日發售的初代《FINAL FANTASY》，一
推出便獲得了相當的好評，奠定本系列遊戲的輝煌曙光，之後不僅
與《Dragon Quest》成為日本國民角色扮演遊戲的雙璧之一，更是
日本遊戲業界在聲光效果表現、技術力與創造力的指標，更或許是
全球玩家最熟悉且知名的日式 RPG 代表。迄今 30 年來已成全球知
名品牌，相關作品擴及各種平台與領域，亦涵蓋電影、動畫和紙質
媒體等商品。系列遊戲銷售占據全球電子遊戲排行第八，不斷挑
戰、提供著全球玩家「最終」且接連不斷、不斷求新的「幻想」。[2]

1　早期臺灣在版權未明時代將此遊戲譯為《太空戰士》，一般玩家更簡化以
　　「太」字加上數字來稱呼，例如「太五」就表示「太空戰士五代」。隨著
　　版權意識和日本官方正式授權中文版本的引進，目前中國官方使用《最終
　　幻想》作為正式譯名，但臺灣官方則使用《FINAL FANTASY》，無中文
　　正式譯名，本論文使用英文和縮寫「FF」作為指稱。若在文章內使用到《太
　　空戰士》或《最終幻想》等名稱時，均為強調當時時空性之特定現象或引
　　用。

2　在可被承認與計算的正式銷售作品，包含資料片但不包含外傳盜版國家之
　　銷售或衍生性周邊作品的情況下，《FINAL FANTASY》依序排在《瑪利
　　歐》、《精靈寶可夢》、《俄羅斯方塊》、《The Sims》、《Need for
　　Speed》、《GTA》、《FIFA》 系 列 之 下 （〈List of best-selling video

或許也是因為這一軼事的爆發性成功暗示，後來許多保持著相同想法的作品，也都取了類似的命名，例如《The Last Story》、《The Last Remnant》、《Lost Odyssey》、《Infinite Undiscovery》與《Last Rebellion》等等，如果加上網頁和智慧手機遊戲，則類似的命名更是多不可勝數。有趣的是，坂口博信承認因為同系列電影作品失敗的契機，離開 Square Enix 公司後所製作的遊戲，也都刻意使用了這樣的命名，「最後」、「最終」、「無盡」、「終焉」之類的形容詞來描繪自己的作品，[3] 也是一種心境上的「FF 傳承」，希望能複製與重現《最終幻想》的奇蹟和榮景，這或許也是本遊戲帶來的一個深遠影響。在這篇文章中，筆者則想要談一個問題，也就是這一款發售長達 30 年歷史的系列作品，一直以獨特的系統、最先端的聲光效果和求新求變不固守傳統而聞名；每一代的故事和劇情原則上並不連續也無相關，僅靠著某些特定的元素、名稱和人物串連，那貫串其中的「幻想」，是否有一個本質性的精神元素和核心概念呢？

◀《FINAL FANTASY》系列遊戲（圖片來源：筆者自攝）

game franchises〉，n.d.）。

3　例如由他本人設立的 Mistwalker 公司和 feelplus 開發，微軟遊戲工作室發行的 Xbox 360 遊戲《失落的奧迪賽》（Lost Odyssey）和 Wii 平台上之《夢幻終章》（The Last Story）。另外上述訪談中坂口表示《Final Fantasy：夢境實錄》（Final Fantasy: The Spirits Within）確實是一場巨大的挫敗，但他依舊還是想要拍電影（コンティニュー編集部編，2012：59-83）。

漫活著
讀作品、性別與人文

二、《FINAL FANTASY》的幻想核心：
否定時序性的文明結構

　　簡論之，相較於《Dragon Quest》之類的日式角色扮演遊戲，或是正統的科幻、奇幻小說，《FINAL FANTASY》的「幻想」是建構在一套無視時序性的文明統合論架構下。一般所謂的「科幻」（science fiction），乃指科學幻想或科學虛構小說之簡稱，其概念包含科幻電影與電視影集、科幻漫畫、科幻卡通與動畫、科幻詩，以及新興的科幻類電腦遊戲。關於科幻的界定可謂十人十義，但其中最主要的概念為：「作品中存在著超現實因素」便可稱之為科幻作品，但何謂「超現實」則可能隨著時代的定義而有所不同。「時間旅行」在今天依舊屬於不可能實現，只存在於電影、小說和動畫遊戲中的「科幻題材」，但相較於一百年前，時間旅行的科學性和定義已經有了顯著的差異。喬治歐威爾（Herbert George Wells）的《時間機器》（*The Time Machine*）可說是此一類型創作的濫觴。但是《時間機器》中對於時間旅行的描繪和設計，和今天具備愛因斯坦相對論和蟲洞相關科學知識下的當代科幻作家有著極大的差異。不用提太複雜的，例如《涼宮春日的憂鬱》或《命運石之門》等動畫，對於時間旅行的複雜度或科學性已經遠超過百年前的小說，但即便如此，哪怕穿越劇碼早已陳腔濫調，「時間旅行」依舊是一個超現實題材，符合「現在不可能」和「未來一定有可能」或「未來一定不可能」其中之一的超現實題材。

　　其次，相較於「科幻」，奇幻（Fantasy）則略有不同。「科幻」雖然通常表達「超越今天科學知識所能解釋的虛構部分」，但依舊是在科學這條實證道路的延長線上；相對的，「奇幻」則容許妖精、矮人、魔法、咒術、元素精靈等各種生物及自然層次的宗教神話或超自然力量。古典奇幻可以上追到古代流傳的童話故事與神話，直到中世紀騎士文學與近現代哥德文學成為近代奇幻文學的雛形，而

現代奇幻大多以托爾金（John Ronald Reuel Tolkien）的《魔戒》（*The Lord of the Rings*）和C.S 路易斯（Clive Staples Lewis）的《納尼亞傳奇》（*The Chronicles of Narnia*）為起點，「幻想」指的是一種暗示超自然之物存在的寫作手法，例如在日常生活中引入實際上並不存在的生物，或是將平常人引進一個非日常的境地，不論是過去、未來、地球的內部或第四度空間、深入人格的底層及分割人格；或對另外一種作品作嘲仿（parody）或改編（adaptation）的工作（Forster, n.d.／蘇希亞譯，2009，轉引自全球媒體研究室，n.d.）。這一世界觀通過被設計出來的「現實感」，而讓讀者、觀眾或玩家感受到栩栩如生的表現方式，這與過去傳統透過口耳相傳，具備高度神話色彩的古典幻想不同。《魔戒》不只是描繪以這枚戒指為主題的冒險故事，而是透過作者所建構的山川河流、原野山脈等地理環境與歷史故事，來描繪生活在其中的所有人物；換言之，讀者透過小說得到的是一整個世界，而不只是其中主軸的冒險故事，龐大的世界觀設定賦予了這一作品有太多的衍生和周邊得以適用（杉山洋子，1979；天野喜孝，2014）。

　　而筆者認為《FINAL FANTASY》的「FANTASY」，是把「科幻」加上「奇幻」構成一套無視時序性文明建構論的世界，在某種意義上可說是「科學奇幻（Science fantasy）」的擴大版本。[4] 所謂的「文明時序性」指的是一套線性的歷史科技發展論。例如《文明帝國》（Sid Meier's Civilization）之類的模擬遊戲都會有所謂的科技樹，不管是科技或文明都是從簡單到複雜、循序漸進（Hamma, 2007）。而我們從小接受的教育也告訴我們：先有舊石器時代，才會有青銅器時代和金屬時代。這種順序性的基礎是一種科學邏輯的規範，先有 A，才有 B，時間不可倒回，先有牛頓的力學，才會有

---

4 關於「科學奇幻」的定義，以及其中「科學」和「超自然」比重之區分與適用性，參見 Attebery (1992)；Batchelor, & Howells (2003)。

反對牛頓力學的相對論。不可能先有了相對論，過了一百年才有人發現力學；一定是在電磁學、力學充分發展下，才會有人提出綜合全體的統一場論，不可能反其道而行。因為「按順序前進」才是一種合乎宇宙時間邏輯的原則，也就是所謂的線性文明史觀。如果把這一概念放到強度和競爭的狀態中，則：徒手打架→石器→鐵製武器→槍械→飛彈→雷射武器等強度刻板印象，其實已經深深的烙印在腦海中。[5]

　　但是在《FIANL FANTASY》中，玩家控制的角色所創造出來的破壞力和攻擊手段並無關係，例如在七代中，主角克勞德揮一刀所造成的傷害可能比施德（FF 系列的重要人物，多為機械技師）召喚飛空艇所投擲的飛彈或是 Balttle 所射出的大口徑巴爾幹砲威

---

[5]　歷史文明通常具有一種崇尚過去的心態。我們習慣把偉大的光輝盛世稱之為黃金時代（Golden Age），這說明了我們把貴重金屬投射成人類文明的顛峰，運動比賽的獎牌分為金、銀、銅，更表示我們將之階級化排序，使這些金屬象徵著不同程度的表現。但容易忽略的一點是，其實這種金銀銅的排序是一種嚮往古代、今劣於古的反線性思想。思想通常成為相反的兩極，一個是線性的認為今天會比昨天好，人類將不斷進步；另外一種則是反線性，也就是認為人類的偉大過去在昨日，然後每下愈況，也同時代表著樂觀論與悲觀論。中國自古以來就有嚮往三代夏商周、堯舜盛世、大同小康的遠古情懷。西方亦同，柏拉圖《理想國》中的亞特蘭提斯、摩爾的《烏托邦》都表現了這種嚮往古代盛世的思想，追尋過去榮光意念。社會主義在理路最初發展時，也是看到無產階級備受資產階級壓迫，而發願要破除階級分界，回歸人類自然的平等。許多超機人動畫更把無法解釋的尖端科技歸於遠古的古代文明。「返璞歸真」、「世風日下，人心不古」更說明了現代不如過去的表現。我們的父母親，也都經常說著「我們那時候怎樣怎樣，你們現在啊～」之類的批評話語，這種返古思想，在人類遭遇困境，對現實充滿不滿時特別容易產生。距今約 2600 年前的愛奧尼亞哲學家海西奧德（Hesiod）的作品《工作與時令》（*Work and Days*），便把文明分為五個階段，從黃金、白銀、青銅向下，而他認為人類生活在黑鐵時代之中。他的另外一本著作《神譜》（*Genealogis*）對神之力的解釋也如此。關於線性史觀參見 Francez, Lehmann, & Pnueli (1984)；Van Glabbeek (2001)。

力一樣，威力甚至遠勝飛彈，Tifa 血肉之軀、赤手空拳造成的破壞力，可能比如地球般大小的炸彈轟擊還要巨大。除了戰鬥力之類的「數值表現強度」問題外，筆者想說的是在《FINAL FANTASY》這類作品中，因為融合了帶有工業技術科學和魔法超自然力量的奇幻，所以拳頭威力可以和飛彈相比，刀劍勝過戰鬥機與機槍大砲，玩家並不會覺得有什麼奇怪的地方。

　　很難想像《魔戒》中土世界出現雷射砲，抑或是《冰與火之歌》的小惡魔拿智慧手機講電話，但是在《FINAL FANTASY》世界中，我們可以接受古代咒語、精靈密術、宗教神蹟和戰術飛彈、鈾235、雲端網路和智慧手機被放在同一個世界裡，「甚至還可以在強度、材質和範圍上一較高下」。你召喚精靈使用的精神護盾竟然可以將自己用突擊步槍射出去的麥格農子彈反彈回來，而且可以很自然的並存。所以幻獸、召喚師、衛星通訊電話、登陸月球的太空技術、中古城市建築、穿西裝的男士、地上的馬車、怪獸結伴過馬路、浮在空中軌道列車可以共處一個城市，還有日清泡麵可以吃；在四代中玩家可以肉身登陸月球、揮舞神器；但在八代中，你需要穿著太空服帶著氧氣面罩才能在無重力宇宙中互道愛意，那怕是同一個系列的遊戲，一點也不奇怪，或者說玩家早就接受了這樣的「幻想世界」才是幻想。

▲ 多樣化的作品呈現了豐富的世界觀和幻想結構（圖片來源：筆者自攝）

三、真確性的模糊：建構在真實世界上的幻想

《FINAL FANTASY》最初的幾代，基本上還延續著以中古劍魔法為基調的幻想系列，水晶作為主要的世界物質或穩定支柱，可區分為四大系統（風火水土），而水晶的力量形成「力量的根源」或是「生命的循環」，提供主角們（也被稱為光之戰士或水晶戰士，作為繼承此一力量的象徵）力量（例如以多元的職業或技能形式）實現，若生命死亡和消逝，則再度回歸到水晶之中。雖然每一代的設定略有不同，水晶比重也各有不同，但這種光與闇的對立，光之戰士守護世界的穩定力量，大概在前五代都十分顯著。[6] 但隨著遊戲的發展與各種創意的加入，「幻想世界」也不斷新增各種科學乃至於工業的元素。或許應該說早在 1987 年的初代作品就有船隻、潛水艇和飛空船，[7] 到了六代，整個世界成為完全的工業都市，但是透過獵捕另一個世界的幻獸，魔法可以透過魔石來學習和使用，這一概念在七代成為了星球的生命，連結到了當代環保問題與資源保護議題，主角一開始就是作為激進環境保護組織的傭兵而前來破壞魔晄爐，八代魔法變成了可隨意抽取、使用的消耗性道具，也可以裝配在身上用來提升各種能力的身體能量，最新的十五代也是採取類似的方式，把精鍊的魔法能源濃縮在道具中使用，使用魔法就像使用手榴彈或是球類運動把球丟出去一樣的感受，「魔法」已經失去了任何神秘宗教超自然力量的傳承。雖然《FINAL FANTASY》每一代的特色就是各自獨立，有全新的系統，就算下一款新作品再度把魔法設定成傳統 MP 魔力制度的神秘力量也無

6　水晶作為世界力量根源最為明顯的是一、三、四、五代。三、五代都透過水晶來獲得職業變換，四代雖然沒有這一設計，但在地球和月亮共有 8 顆水晶。七代的精神能源魔晄 Material、九代的霧或是十代的幻光蟲都是一種世界能源的形式。

7　一代和二代都稱之為「飛空船」，三代之後則稱之為「飛空艇」。

妨，接受這一世界觀的玩家不會感到任何困惑，可以理所當然地接受這一設定。

2016 年 11 月 29 日發售，最新一款《FINAL FANTASY XV》將此生活的想像到達了一個新的層次。《FINAL FANTASY XV》以一個開放世界為主軸，裡面所有的都市設計均有真實世界可供參考，水都的模組來自義大利威尼斯，而王子的國度則是東京。除此之外，可以說裡面的各種物品都盡可能的真實世界化，例如開車要加油，旅館和自拍攝影更讓這趟冒險充滿了旅行的氣氛。但在這個高度真實化的世界中，《FINAL FANTASY XV》又營造出一個建構在真實世界加乘之上的幻想感。例如遊戲中需要住宿和吃飯，這是一個現實感的投射，因為真實的我們需要吃飯和睡覺才能維持生活，但是除了蔬菜、馬鈴薯、胡椒等調味料和部分的魚類料理以外，幾乎所有的肉類料理都是來自於現實不存在的怪物魔獸身上。

難以想像的神話大鳥或是幾十公尺長的巨大蟒蛇和高樓大廈一樣高的巨獸四處盤據，在《FINAL FANTASY XV》中沒有正常的豬、羊、牛肉可以吃，大家都是吃這些可怕的怪獸維生，而過著理所當然的生活，這彷彿在《精靈寶可夢》世界，路上都是各式各樣的寶可夢，而沒有正常世界的動物存在。同理，因為有了「陸行鳥」作為本遊戲系列的受歡迎交通工具，所以在整個 FF 系列中就不需要馬匹作為馱獸了嗎？[8] 當然如同註釋所示，《FINAL FANTASY》系列中還是有馬匹，但是筆者的意思是：正因為陸行鳥這一「虛構的幻想動物」成為了本遊戲的主要騎乘工具，所以在 FF 系列中就再也不需其他會減弱陸行鳥存在感的「真實動物」存在，遊戲需要建構出：「在這個名為 FF 的幻想世界中，陸行鳥就是最主要，且

8　除了召幻獸奧丁會騎著神話之馬以外，在《FINAL FANTASY III》中軍事國家薩隆尼亞軍隊中有大量馬匹，故並非沒有馬匹，另外在怪物系統中，也不乏存在著獨角獸或此類型的怪物。

再自然不過的交通工具了」。[9]對比《Dragon Quest》的馬車或是其他歐美各式各樣的 RPG，馬匹都是一個最主要的交通工具，這也同樣解釋了為何《FINAL FANTASY XV》無須其他牛、豬、羊的真實動物存在。不要忘了，在這個世界中，王子會使用智慧手機，城市還會停電；車子可以在地上跑，可以在空中飛；而且真的有神存在，祂會在你最危險的時候真身降臨來幫助你，筆者認為這是一種高度生活感的幻想，存在於對超自然力量的渴望或打破日常規律習慣現象的一種追求，而對於「幻想」的接受程度，就是一種我們對於自身想像力和現實世界融合的接受程度。[10]這種將「幻想世

---

9 筆者在多次的訪談中詢問相關學生或是遊玩本遊戲的玩家，幾乎沒有注意到這一論點，因為玩家已理所當然地接受：在 FF 中，當然就是騎陸行鳥。關於想像力在教育和特定長時間中的影響，可以參見 Greene (1995)；Johnson (2013)。

10 筆者將其意思歸整如下：我認為「幻想」是一種我們對於超自然力量或打破日常的渴望結果。例如「網路」，這是一個今天與你我密切相關，不可區分的詞彙，而且我們可以預見，不管是電影、小說或是動畫作品，網路所形成了巨大資訊網會隨著時間擴大其影響範圍，不僅是整個社會結構、人群關係，甚至最後可以連結生命和靈魂。但「網路」是一個 1970 年代才逐漸興起的東西。對於臺灣而言，真正的網路普及要歸因到電信公司的民營化與 ADSL/Camble 的普及，換言之是近 15 年的事情。那我們和一個 1950 年代的人物，比如說愛因斯坦這樣的天才解釋何謂網路，他能理解嗎？愛因斯坦的時代並沒有網路，但已經有電子計算機，也有電話和電報，所以我們使用各種詞彙和他解釋，這是一種比電話、電報更方便、更快速的訊息傳達方式，愛因斯坦大概可以理解什麼是網路。
那，如果我們和一個 100 年前的人解釋網路呢？該時代並沒有電子計算機，不過已經有電話和電報了，換言之，我們少了一個語彙和連結。我們利用電報、電話這些百年前人們能理解的語彙盡力解釋何謂網路、網路的方便性，使他能透過他所認識的電報、電話來想像網路，這種情況下，百年前人們所能理解的網路「真確性」顯然比愛因斯坦來得小的多。那，我們有辦法和一個二千年前（甚至更遠）的人物，不管是柏拉圖、孔子等人討論解釋什麼是「網路」嗎？
我認為這非常困難，因為那個時代的人，無論多天才，多有想像力，這都不是他能夠「想像的」，他們缺乏理解這個詞彙所有的相關語彙、元素

界」和「現實世界」加以融合，而且捨棄材質主義和文明時序性的
「幻想」，成為了《FINAL FANTASY》的一個特徵和型態，是當
代遊戲的特徵，也是屬於他們時代的最終幻想。

▲ 天野喜孝的原畫作品（圖片來源：筆者自攝）

四、作為系列時代的中介點：《FINAL FANTASY VII》與雜論

　　2015 年 E3 上歡呼聲最大，也讓人為之瘋狂討論的，莫過於
Square- Enix 宣布重製《FINAL FANTASY VII》（最終幻想，早期
也譯為太空戰士）了。這款 1997 年發售的角色扮演遊戲具有里程
碑式的意義，無數的玩家都希望能重製，盼了那麼多年，中間還出
了全 CG 動畫的劇場版《降臨神子》，而且這電影版還從 PSP
UMD 光碟發售一直打到 PS4、無數的外傳與衍生作品，當然還有

　　和精神，時代的差距太大，無法彌補認知的差異。換言之「連作夢都想不
　　到」，我把這一觀點稱之為「想像的限制」（Pavlou, & Reichert, 2004；
　　RainReader，2006.02.09）。

漫活著
讀作品、性別與人文

不斷又不斷、一次又一次的高清方塊人移植作品。

公開首波預告片後，彷彿先打預防針一般，Square-Enix 大方地宣稱《FINAL FANTASY VII REMAKE》將會採取分段銷售。其官方理由：原版《FINAL FANTASY VII》遊戲份量十分龐大，為了維持遊戲的水準和品質，並以最尖端 PS4 畫面水準來完整重現的考量下，《FINAL FANTASY VII REMAKE》將會以多部曲的方式推出。這一做法也是為了可以讓玩家盡早搶先遊玩到本重製作品。另外也將加入或補完原始作品的劇情，使其完整呈現 FFVII 的故事原貌。故我們可以推測，過去缺乏的部分，例如克勞德好友兼前輩 ZACK 的劇情部分，或是文森的部分都可能會補完；換言之，可能把過去《BCFFVII》、《CCFFVII》、《DCFFVII》等外傳性質作品都納入，反正近 20 年來，早就不知道累積了多少額外的劇情和登場人物。坦白說，對筆者這種從一代開始玩 FF 的老玩家而言，確實十分期待重製的《FFVII》能以什麼方式來回味、補完過去的劇情和整個世界觀。

說到《FINAL FANTASY VII》的重要性，大多數的電玩迷大概都可以列舉下列各點的其中之一：例如《FFVII》代表著索尼 Play Station 陣營取代任天堂電玩帝國霸權的分水嶺、作為 Square 與任天堂分手的象徵（直到 2002 年大張旗鼓地宣布和解）、代表著從傳統點陣畫時代走向全面 3D 多邊形建模、代表著從卡夾到光碟讀取時代、凸顯電腦動畫電影作為串場或是劇情插入的重要元素，之後的遊戲都開始大量採用電腦動畫、〈片翼天使〉是最終 BOOS 戰採取歌劇合唱形式表現的代表作……每個人都可以找到屬於自己的《FF VII》定位，因為這就是如此劃時代的作品（Smith, 2002）。

《FFVII》蘊含著日式廠商金三角明星架構體制的崩解與對整個舊時代的告別

　　日本是一個重視「職人」和專家的國度。賦予每一項事物專有名詞，並提高至專業的境界。《FF》和《DQ》作為日本國民兩大 RPG，從一開始的取向就十分不同。在日本《DQ》銷售量比《FF》高，而且只出在最成功的主機系統上；相對而言《FF》則重視聲光效果和最新技術之發展，《DQ》可以讓你馬上認出來這就是勇者鬥惡龍，但《FF》則可能每一代都有顯著的變化。

　　為了與《DQ》的金三角崛井雄二、すぎやまこういち、鳥山明相對抗打對台，《FF》也逐漸建構起坂口博信、植松伸夫和天野喜孝的金三角，剛好就是製作、音樂和角色。迄今《DQ》依舊保留這個金三角傳統，雖然鳥山明親自參與作畫設定的機會已經微乎其微，但後繼執行者依舊會把角色設定的很「鳥山明」風，讓玩家一眼就認得出來，而《FF》的金三角則在七代中面臨崩解，野村哲也取代了天野喜孝。一個原因是當時的多邊形能力根本不足以呈現天野那種幻想式的畫風，而最初版本的克勞德頭髮像超級賽亞人尖銳突起一樣更是為了方便多邊形立體化。如果回溯 1997 年前後的論壇和討論，可以發現基本上大多數是批判野村設定，認為這樣的角色根本不足以表現《FF》那種獨有的空靈幻想氛圍，但是因為七代的成功，野村的設定被大多數的新玩家接受，而在七代以後，FF 的金三角也整個崩解，後續的事情大家都知道，坂口和植松都離開了 Square，也遠離了 FF。八代可說是七代的「加強版」。電腦動畫更長、更精美了，容量也從三片光碟變成了四片，還邀請王菲唱了主題曲〈Eyes On Me〉，採用了非等級制的全新 Junction 魔法抽取系統，劇情訴說著帥哥美女的愛情戲碼，是全系列在日本銷售數字最高的一代，部分老 FF 玩家反對八代的設定和劇情，而這一玩家的反撲，就形成了發售於 2000 年的九代《FFIX》。雖然

漫活著
讀作品、性別與人文

其銷售量和評價都相對普通，但九代幾乎把所有傳統 FF 要素全部放了進去：不考慮到 PS 的機能和讀取速度的限制，恢復了傳統四人戰鬥（在原始非模擬器的版本中，這導致了戰鬥流暢感不足，下達指令到動作有時需要耗費數秒以上），天野喜孝重新被找回來，不僅擔當全部的角色設計、封面繪畫，甚至連遊戲中的所有角色都用天野的圖加以多邊型化；背景 LOGO 重新把象徵水晶找了回來，副標題大大寫著「水晶復歸」、角色 HP/MP 係數都被改回《FF 5》左右的程度、角色分工明確，不再像 《FF 7》、《FF 8》 這樣十項全能，連砍出來的攻擊數字也都回歸傳統，完全不會 9999 數字狂飆，故事更是回到了傳統的中古歐州、騎士妖精、劍與魔法的王道時代，劇情大大諷刺了八代的愛情戲碼，把傳統那種復國王女、熱情英雄的要素全部找回來，害怕孤獨的ユーコ、希望找回自己存在意義的ビビ、各種不同背景的角色重新被詮釋，可以說這一切的改變，都是對於《FF》七、八代的反撲。Square 呼應了傳統的 FF 玩家，製作出這樣一個作品，可惜結果並不成功，一方面是九代本身的系統和 Ggameply 並不理想，精確地說：跟不上時代主流玩家的喜好。更重要的是，九代發售之後，舊的金三角終於完全被掃進了懷念的記憶堆中，不管喜不喜歡、悲不悲憤，事實就是這樣。

代表著日本電玩產業技術和文化峰點

當我們在談論當代電子遊戲是在美國發展出來的，直到 1983 年雅達利（ATARI）全面崩壞導致了電玩產業大恐慌，而同時間日本的任天堂則推出了 Family Computer（俗稱紅白機），任天堂記取了 ATARI 的教訓，並發展出自己的制度和文化，建構起日本的電玩帝國，許多限制都可在這個時代中洞窺一二。但是所有帶有裸露和情色的成人作品幾乎只發售在個人電腦平台上，而一些歐美海外遊戲廠商的移植作品，在日本國內發售時甚至會有裸露圖像的修正，這相較於日本是一個成人工業大國的印象似乎顯得十分詭異，

或者可以這樣說：「明明各種變態亂倫的行為早就存在於日本動漫，但在電玩領域上卻相對保守」

　　1983 至 2000 年初期是日本遊戲一路向上攀爬的峰期，而《FINAL FANTASY VII》在歐美受到的歡迎，可說是這一遊戲文化的喜好表現。許多歐美網站和玩家都會票選最受歡迎的十大電玩人物，或是《Wired》、《紐約時報》和《時代雜誌》等主流刊物也曾舉定當代最重要的虛擬人物票選，在歐美世界的票選中，會被選上的日式角色有誰？不外乎是馬利歐、林克、《銀河戰士（Metroid）》的主角、Sanke 和克勞德。而在這過程中，《FINAL FANTASY VII》剛好代表著峰點，不僅是文化流行的，還是技術廣度深度的象徵。那時候日本，更精確地說是 Square 的《FFVII》，代表著全球尖端的電玩技術實力；而筆者參考過一些完全和電玩無關的文化學者相關論述，在談到 21 世紀文化思潮轉移的前夕，竟然也巧合引用到了《FFVII》，這不能說是一個巧合，但筆者想要訴說一點給沒有接觸過原始《FF7》的年輕朋友知道：

> E3 那滿場歡呼的歐美玩家，他們吶喊的不僅僅是這款劃時代作品的重溫舊夢，更蘊含著一種文化鄉愁的體現：那個對於日式遊戲憧憬的懷念。今天 30 歲左右的歐美遊戲製作人，他們懷念啟蒙的是什麼？大概就是宮本茂，也可能是《FFVII》。

故雖然今天日式遊戲衰微，但這些主流歐美遊戲的製作人小時候就是玩這些遊戲長大的，這更是他們感受到遊戲樂趣，立志做製作人的生命啟蒙點，也是大家歡呼感動的原因。

《FFVII》其實在電子遊戲同性戀發展史上有代表性，克勞德女裝子和 BL、GL

最後一點很少被人提到的，也就是《FINAL FANTASY VII》在電子遊戲同性戀發展史上具有一席之地。在電玩藝術的課程中，我們指出：「電子遊戲由於早期被視為是不高級的大眾娛樂，其實反而容易反映一般大眾對於同性戀或是膚色人種等種族歧視的看法。」換言之，遊戲內對於同性戀、人妖角色的設計和看法，其實凸顯了整個時代對於同性戀議題的發展，而《FINAL FANTASY VII》發售的 1997 年剛好也是分水嶺。直到最近任天堂的《朋友收藏集：新生活》還因為無法選擇同性婚姻而被歐美玩家投訴法院，所以後來的《聖火降魔錄》才可以同性結婚，蜂蜜之館設計了克勞德需要 COS 成女裝子；換言之，玩家必須讓克勞德比愛麗斯、蒂法還要美、更女性化才會被選上；在金碟還有根據好感度而一起搭纜車的事件，在這邊甚至可以和粗漢巴雷特一起搭乘。今天「腐」字當道，有官配私配、有攻有受，但是 20 年前 GL、BL 尚未流行時，那時候的經典女性向作品不也是正常的男女相戀？男的帥女的美，但是《FINAL FANTASY VII》開風氣之先、渡時代之趨，其實與後來的的日本男子草食無口女性化，或是同性戀作為一個被社會正常看待的感情都有關，就這一角度而言，其實《FINAL FANTASY》也凸顯了電子遊戲發展與社會思潮演變的關係。不管如何，這都是一款影響深遠且重要的作品，值得我們去探討其背後的幻想與真實。

參考書目

一、中文書目

蘇希亞譯（2009）。《小說面面觀：現代小說寫作的藝術》。臺北：商周。（原書愛德華佛斯特 [Forster, E. M.] 著）

二、日文書目

コンティニュー編集部編（2012）。《ゲームの流儀》。東京：太田。

天野喜孝（2014）。《天野喜孝展－想像を超えた世界》。東京：東映株式會社／パイインターナショナル。

杉山洋子（1979）。《ファンタジーの系譜─妖精物語から夢想小説へ》。中教。

三、外文書目

Attebery, B. (1992). *Strategies of fantasy*. Indiana University Press.

Batchelor, P. E., & Howells, D. W. (2003). CNS regeneration: clinical possibility or basic science fantasy?. *Journal of clinical neuroscience*, *10*(5), 523-534.

Francez, N., Lehmann, D., & Pnueli, A. (1984). A linear-history semantics for languages for distributed programming. *Theoretical Computer Science*, *32*(1-2), 25-46.

Greene, M. (1995). Releasing the Imagination: Essays on Education, the Arts, and Social Change. Jossey-Bass.

Hamma, J. (2007). Sid Meier's Civilization. In F. von Borries, S. P. Walz, & M. Böttger (Eds.), *Space Time Play* (pp. 178-179). Birkhäuser Architecture.

Johnson, M. (2013). The body in the mind: The bodily basis of meaning, imagination, and reason. University of Chicago Press.

Pavlou, A. K., & Reichert, J. M. (2004). Recombinant protein therapeutics—success rates, market trends and values to 2010. *Nature biotechnology*, *22*(12), 1513-1519.

Van Glabbeek, R. J. (2001). The linear time-branching time spectrum in the semantics of concrete, sequential processes. In J. A. Bergstra, A. Ponse, & S. A. Smolka (Eds.), *Handbook of Process Algebra* (chapter 1). Elsevier Science.

四、網路資料

〈List of best-selling video game franchises〉（n.d.）。維基百科。取自 https://goo.gl/B1a5s7

RainReader（2006.02.09）。〈想像的限制（The Limit of Imagination）初論〉。上網日期：2016 年 12 月 20 日，取自 http://blog.xuite.net/tuyu/MIYU/3920813

Smith, G. M. (2002). Computer games have words, too: dialogue conventions in Final Fantasy VII. *Game Studies*, *2*(2). Retrieved from http://www.gamestudies.org/0202/smith/

全球媒體研究室（n.d.）。〈奇幻文學〉。取自「fandom」http://globalmedia.wikia.com/wiki/%E5%A5%87%E5%B9%BB%E6%96%87%E5%AD%B8

國家圖書館出版品預行編目 (CIP) 資料

漫活著：第五屆御宅文化研討會暨巴哈姆特論文獎文集. 下 / 梁世佑編.
-- 初版. -- 新竹市：交大出版社, 2017.02
面； 公分. -- (御宅文化研究系列叢書；A006)
ISBN 978-986-6301-97-1(平裝)

1. 次文化 2. 網路文化 3. 文集

541.307   105024478

御宅文化研究系列叢書 A006

漫活著
第五屆御宅文化研討會暨巴哈姆特論文獎文集（下）

編　　者：國立交通大學數位動畫文創學程 梁世佑
書系主編：胡正光

出 版 者：國立交通大學出版社
發 行 人：張懋中
社　　長：盧鴻興
執 行 長：李佩雯
執行主編：程惠芳
編　　輯：程芷萱、程惠芳
校對協力：謝萬科
封面設計：SAFE HOUSE T
內頁排版：theBAND・變設計 — Ada
製版印刷：華剛數位印刷有限公司
地　　址：新竹市大學路 1001 號
讀者服務：03-5736308、03-5131542（週一至週五上午 8:30 至下午 5:00）
傳　　真：03-5728302
網　　址：http://press.nctu.edu.tw
e - m a i l：press@nctu.edu.tw
出版日期：106 年 2 月初版一刷
定　　價：350 元
I S B N：978-986-6301-97-1
G P N：1010600051

展售門市查詢：
交通大學出版社 http://press.nctu.edu.tw
三民書局（臺北市重慶南路一段 61 號））
網址：http://www.sanmin.com.tw　電話：02-23617511
或洽政府出版品集中展售門市：
國家書店（臺北市松江路 209 號 1 樓）
網址：http://www.govbooks.com.tw　電話：02-25180207
五南文化廣場台中總店（臺中市中山路 6 號）
網址：http://www.wunanbooks.com.tw　電話：04-22260330